大学受験スーパーゼミ 徹底攻略・きっちりわかる

入門
英文解釈の技術70

桑原信淑 著

音声オンライン提供版

桐原書店

はじめに

本書は発売以来版を重ね，ロングセラーとなった『英文解釈の技術 100』『基礎英文解釈の技術 100』（共に共著）の弟・妹版です。本書の出版で，『英文解釈の技術』シリーズは 3 部作として完成したことになります。

既刊の『基礎英文解釈の技術 100』では，先に出版された『英文解釈の技術 100』より易しいものをという要望に応え，冒頭から例題の解説をするのではなく，その前段で，解釈に必要な文法の復習を取り入れました。しかし最近になり，「さらに基本から学べる英文解釈の本がほしい」という声が多数寄せられるようになり，そのような「英語が読めるようになりたい」と切望する高校生・大学生，そして中学生・社会人の方々の期待に応えるべく，本書の出版となりました。

英文解釈で一番重要なことは，文構造の把握，そしてそのための文法運用力を磨くことです。この考えは既刊 2 冊の学習項目・執筆の要点を策定したときから一貫して変わりません。何も単語や長文読解に取り組むことを否定しているのではありません。文の構造が理解できなければ，単語だけを覚えても意味を正確に理解することはできませんし，ましてや長文を理解できるわけはないからです。この「文を正確に理解すること」の重要性は入試においても同様で，ある難関国立大学の英語担当教授は，「入試の和訳問題で見たいのは，翻訳能力ではなく文法の運用力である」と明言しています。

「入門レベルから学べる」ことをねらいとした本書では，高校 1 年生（または中学 3 年生）から取り組める項目で，かつ入試で高度な英文を理解するときにも不可欠な構造把握のノウハウを精選してあります。構造把握の武器は文法ですから，本書では文法をどのように運用して構造把握を達成するのか，そのプロセスをきちんと提示することを心がけました。取り上げた項目は中学校の既習事項の復習，プラスアルファ，高校 1 年生で学習する文型とその判別法をはじめとした重要なものばかりですから，ぜひ頑張って取り組んでみてください。また本書には，例題と演習問題の英文の音声が付いています。英文を何度も聞き，構造と和訳を意識しなくなるまで音読を繰り返したり，聞いて書く練習をするなど，大いに活用してください。

読者の皆さんが本書を最大限に活用することで，英語に自信を持ち，さらには英語が好きになることを願ってやみません。

2008 年 9 月

桑原信淑

もくじ

はじめに… iii

本書の構成と利用法… viii

日常のおすすめ勉強法　英文解釈の勉強はこうする！… xi

学習の基礎知識… xii

第1部 英文解釈の技術 70

■SとVを発見する技術

❶Vの直前の名詞がS ……2
❷前置詞句は（　）に入れろ……4
❸〈There is S ...〉は「存在」構文……6
❹〈助動詞＋動詞〉は1つのV……8

■文の主要素の把握

❺be動詞と結合する名詞・形容詞は補語……10
❻be動詞の使い方を確かめろ……12
❼動詞を見たら自・他の判別……14
❽VCかVOかはbe動詞でチェック……16
❾名詞の役割を確認せよ……18
❿VOOかVOCかはbe動詞でチェック……20
⓫受動態を見たら動詞の文型を確認せよ……22
⓬動詞の後の分詞／形容詞(句)は補語……24
⓭〈VO＋分詞〉にSPを読め……26
⓮〈VO＋形容詞（句）〉にSPを読め……28
⓯〈VO＋to Ⓥ〉はVOCの可能性……30
⓰〈VO＋Ⓥ〉は「OがⓋする」のSP関係……32

■等位接続詞の働き

⓱〈A and B〉はBからチェック……34
⓲notとセットのbutをキャッチ！……36
⓳and/butの後の省略を見抜け……38

■時間関係の把握

⑳ 過去完了は「基準時」を探せ ……40

■従属節の把握

㉑ 従属節は[　]でくくれ ……42
㉒ 文頭の従属節の範囲を決めろ（〈[接SVX] SVX〉） ……44
㉓ 文頭の従属節は，後が V なら S で名詞節 ……46
㉔ 他動詞の後の that-節は O で名詞節 ……48
㉕ 他動詞の後の SVX は[(that)SVX]で目的語 ……50
㉖ 〈V it C ＋[名詞節]〉は形式目的語構文 ……52
㉗ 疑問詞は名詞節の始まり ……54
㉘ 名詞節は補語にもなる ……56
㉙ 前置詞は節をも目的語にする ……58
㉚ so とセットの that-節は副詞節 ……60
㉛ 副詞節中の〈S ＋ be〉の省略を見抜け ……62
㉜ 接続詞 as は「とき・ので・ように」 ……64

■関係詞節の把握

㉝ 関係代名詞は「接着代名詞」なり ……66
㉞ 〈S[関代...] V...〉の構造は V が決め手 ……68
㉟ which/that は後が V なら主語 ……70
㊱ which/that は後が SV なら目的語 ……72
㊲ which/that は後が〈S ＋ be〉なら補語 ……74
㊳ 〈前置詞＋関係代名詞〉の修飾先を探せ ……76
㊴ 前置詞と関係代名詞の分離を見抜け ……78
㊵ 関係代名詞 what は先行詞を内蔵 ……80
㊶ 関係副詞の修飾先は節内の V ……82

■関係詞の省略

㊷ 〈名詞＋ SV〉に潜む that は関係代名詞の可能性が高い ……84
㊸ 〈名詞＋ SV〉に潜む that は，次に関係副詞の可能性が高い ……86

■同格節の把握

44 〈名詞＋[that SV]〉は that が接続詞なら同格節 ……88

■ It is ～ that-節の把握

45 〈It is ＋形容詞／過去分詞＋ that-節〉は形式主語構文 ……90
46 〈It is ＋名詞＋ that-節〉はまず形式主語構文 ……92
47 〈It is ＋名詞＋ that ...〉は，次に強調構文 ……94
48 「それは」と訳せる It，従属節に 2 つのタイプ ……96
49 〈It is ＋副詞(句／節)＋ that ...〉は強調構文 ……98

■準動詞の把握

50 to Ⓥは削除不可なら名詞的用法 ……100
51 〈It is C ＋ to Ⓥ〉は形式主語構文 ……102
52 〈V it C ＋ to Ⓥ〉は形式目的語構文 ……104
53 「形容詞」役の to Ⓥは名詞に後置 ……106
54 副詞的な to Ⓥは修飾先もいろいろ ……108
55 too/enough を to Ⓥが修飾 ……110
56 〈for O to Ⓥ〉の役割を決めろ ……112
57 〈be to Ⓥ〉＝〈助動詞＋Ⓥ〉に注意 ……114
58 Ving は削除不可なら動名詞 ……116
59 現在分詞は「形容詞」役で能動的 ……118
60 過去分詞は「形容詞」役で受動的 ……120
61 名詞の後の-ed 形を判別せよ ……122
62 形容詞的ではない現在分詞は分詞構文 ……124
63 being のない分詞構文を見抜け ……126

■ with 構文の把握

64 〈with ＋ O ...〉の中に SP を予期せよ ……128

■比較構文の把握

65 副詞の as は同等比較の先導役 ……130
66 比較級には不等号を使え ……132
67 〈no ＋比較級＋ than〉＝「差がゼロ」 ……134

■仮定法の把握

68 助動詞の過去形に仮定法を予測せよ ……136

■倒置構文の把握

69 VS/v SV の語順の変化を見落とすな ……138
70 So VS, Neither/Nor VS の中身をつかめ ……140

▶復習トレーニング… 142

第2部 演習問題 70

演習 1・2 ……156
演習 3・4 ……157
演習 5・6 ……158
演習 7・8 ……159
演習 9・10 ……160
演習 11・12 ……161
演習 13・14 ……162
演習 15・16 ……163
演習 17・18 ……164
演習 19・20 ……165
演習 21・22 ……166
演習 23・24 ……167
演習 25・26 ……168
演習 27・28 ……169
演習 29・30 ……170
演習 31・32 ……171
演習 33・34 ……172
演習 35・36 ……173
演習 37・38 ……174
演習 39・40 ……175
演習 41・42 ……176
演習 43・44 ……177
演習 45・46 ……178
演習 47・48 ……179
演習 49・50 ……180
演習 51・52 ……181
演習 53・54 ……182
演習 55・56 ……183
演習 57・58 ……184
演習 59・60 ……185
演習 61・62 ……186
演習 63・64 ……187
演習 65・66 ……188
演習 67・68 ……189
演習 69・70 ……190

さくいん… 191

本書の構成と利用法

英文を解釈するためには，その英文の構造が複雑になればなるほど，構造を見抜く力が重要になります。本書では，中学校～高校１年生レベルの文法項目を復習しながら，構造の見抜き方の基本，またその知識をいかに解釈に運用するのかを，易しい入試問題を使って学びます。

■本書の効果的な利用法

本冊

第１部　英文解釈の技術 70

例題

- **単語の品詞**を推定しながら，文の構造を考えましょう。

▼

- 文型，**修飾関係**のほか，and/but/or などの**等位接続詞が結合する表現**を見つけましょう。

▼

- **句や従属節の役割**も考えましょう。

▼

- 自分で和訳してみましょう。

解説

- 解説を読み，**ポイントとなる文法の要点**を確認しましょう。

▼

- 文法の知識をどのように構造把握や解釈に運用するのかに注意して読みましょう。

63 beingのない分詞構文を見抜け

次の英文を訳しなさい

Women's leaving the home and entering the workforce has diminished men's traditional value to women. Increasingly **independent and self-sufficient**, contemporary women no longer feel the same need for men to provide for or protect them.

（玉川学園女子短大）

分詞構文の being は省略される

分詞構文の基本形は Ving ですが，**分詞構文の being はよく省略されます**。多く見られるのは，以下の (a) ～ (c) の例です。

(a) Seen from the moon, the earth looks like a ball.　（過去分詞の前）
(b) Kind to anyone, he was liked by everyone.　（C（補語）である形容詞の前）
(c) A man of sense, the doctor speaks softly.　（C である名詞の前）

過去分詞・形容詞・名詞，いずれも be 動詞と結合して文の骨格を担う語である点で共通しています。**Being を前に置くと，**(a) Being seen ...，(b) Being kind ...，(c) Being a man ... のように**分詞構文の基本形**ができあがります。

意味上の S が明示されない限り**文の S が分詞構文の意味上の S** です。各々の文の SV（特に「時」に注意して）に着目して (a) ～ (c) の分詞構文の中に **S と P の関係**を読み取りましょう。(a) では The earth is seen ... (b) では He was kind ... となります。

(c) では The doctor is a man of sense. の文を意識してください。訳の確認です。

(a) 「（月から見られると→）月から見ると，地球はボールに似ている」
(b) 「誰にも親切で（親切なので），彼は皆に好かれた」
(c) 「分別がある人で（人なので），その医者は穏やかに話す」

意味上の S が being なしで明示される

(d) Her work done (→ Her work **being** done), she went home.

上記のような，過去分詞などの前に **being なしで意味上の主語が置かれるタイプ**に

音声は「復習トレーニング」(p.142) と「演習問題70」(p.156) に対応しています。
音声は右のQRコードから聞くことができます。

構文図解

図解を見て，自分の文構造の理解を**チェック**しましょう。

慣れましょう。訳は「(仕事が終えられて→) 仕事を終えて (終えたので)」となります。

第 1 文

女性が を出ることは 家庭 そして に加わることは 労働人口 いる を減少させて

Women's leaving the home and entering the workforce has diminished

(意味上の S) S(動名)(Vt) (O) (等) S(動名)(Vt) (O) Vt(現完)

男性の 従来の 重要性 にとっての 女性

men's traditional value (to women).

O M

Women's は所有格なので 2 つの Ving は動名詞。「女性が…すること」と解釈する。

第 2 文

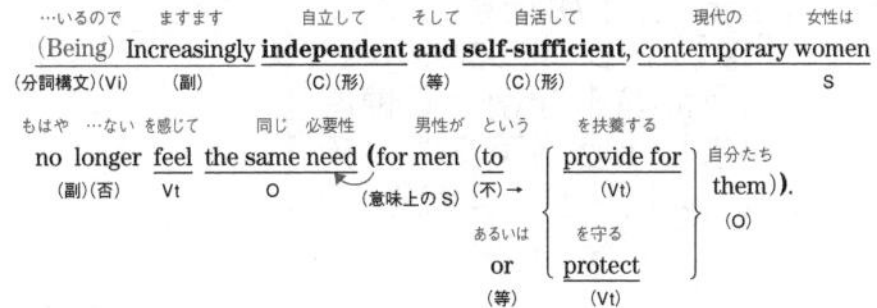

self-sufficient の後がカンマで区切られていますから，**分詞構文の場合だけ単独で省略可能な語形 being を補って**，分詞構文の基本形を作りましょう。分詞構文の**意味上の主語は文の S**，つまり contemporary women です。for men to ... は need を修飾している (→ 53・56 課) ことを押さえましょう。

全文訳と語句

全文訳を見ながら，**自分の和訳を添削**しましょう。

《**全文訳**》女性が家庭から出て働くようになったことで，男性が従来持っていた女性にとっての重要度は減少している。ますます自立し自活できるようになったので，現代の女性はもはや以前と同様の―男性が自分たちを養い守ってくれる―必要性を感じていない。

【語句】workforce 名 労働人口／diminish Vt を減らす／traditional 形 従来の／value 名 価値，重要性／increasingly 副 ますます／independent 形 自立している／self-sufficient 形 自活できる／contemporary 形 現代の／no longer 副 もはや…ない／need 名 必要性／provide for Vt を養う／protect Vt を守る

復習トレーニング

- 文構造と意味が理解できたら，音声を聞いて，すらすら読めるまで音読しましょう。

▼

- 音声を再生し，英文を見ないで**音声についていく練習**をしましょう。
最後は暗唱できるのが目標です。

▼

- 例題の英文はスロー・スピードとナチュラル・スピードの 2 回読みで収録されています。音声を聞いて意味を考えたり，ディクテーションの練習をして，英文を体にしみこませましょう。

復習トレーニング

p.2 ～ p.140 の英文 70 題を，解釈のポイントを示す太字なしで掲載しています。学んだことを思い出しながら，もう一度自分で和訳してみましょう。

また，音声は，各英文を英文ごとに 1 回目はスロー・スピードで，2 回目はナチュラル・スピードで読んでいます。1 回目は意味を考えながら，2 回目はその意味を確認しながら聞いてみましょう。

音声 ▶

TR 2　本文：p.2

❶ Every living thing exists in a particular place, and that place has certain conditions. Some fish live in fresh water, and others live in salt water.

本文：p.4

❷ Life on earth began in water, billions of years ago, and water sustains all life today. It cycles about endlessly, from rain to streams,

TR 2 音声のトラック番号を示しています。

苦手な人は，いきなり例題に取り組むのではなく，最初に解説を読んでから例題にチャレンジしてみましょう。和訳は英文の図解を見ながら書いてみると練習になります。とにかく読み通し，何度でも，できるまでねばり強く取り組んでみましょう。必ず努力は報われます。

第2部　演習問題70

演習問題

- 例題と同じ手順で取り組んでみましょう。
- 文構造と意味が理解できたら,「復習トレーニング」と同じように音声を使って練習してみましょう（英文はナチュラル・スピード1回読み）。

❶ **演習1**　（全訳・解説→別冊：p.2）

次の英文を訳しなさい。　TR 38

Nonsmokers often breathe in the smoke from other peoples cigarettes. This is secondhand smoke.

（関東学院大）

【解答欄】

❷ **演習2**　（全訳・解説→別冊：p.2）

次の英文を訳しなさい。

Millions of immigrants from scores of homelands brought diversity to our continent. In a mass migration, some 12 million immigrants passed through the waiting rooms of New York's Ellis Island.　（常磐大）

【解答欄】

語句

語句注は自動詞・他動詞の区別など，細かく載せています。**構文の理解に役立て**ましょう。

【語句】❶ nonsmoker 名 非喫煙者／breathe in Vt を吸い込む／smoke 名 煙／cigarette 名（紙巻き）たばこ／secondhand 形 間接の／secondhand smoke 名 副流煙（間接喫煙とも二次喫煙とも言う）❷ millions 名 何百万のもの，多数／millions of N「何百万ものN，多数のN」／immigrant 名（外国からの）移民／scores of N「たくさんのN」／homeland 名 故国／diversity 名 多様性／continent 名 大陸／mass 形 大規模な／migration 名 移住／some 副（数詞の前で）約／million 形 100万の／pass through Vt を通過する／waiting room 名 待合室／Ellis Island 名 エリス島（米国 New York 湾にある小島，もと移民検疫所があった）

別冊

演習問題の解説，解答集です。例題同様の構文図解，要点を押さえた解説を収録しています。例題と同じ手順で利用しましょう。

❷ **演習2**　（問題→本冊：p.156）

> Millions of immigrants from scores of homelands brought diversity to our continent. In a mass migration, some 12 million immigrants passed through the waiting rooms of New York's Ellis Island.

【全文訳】 たくさんの故国から来た何百万人もの移民が私たちの大陸に多様性をもたらした。大規模な移住の際には，約1,200万人の移民がニューヨークのエリス島の待合室を通過した。

【解説】

《第1文》

Millions (of immigrants) (from scores) (of homelands) brought diversity (to our continent).

S　M　M　M　Vt　O　M

▶ million 自体は「100万（のもの）」という意味で，**of は「構成要素・内容」**を示す。millions of immigrants で「移民からなる数百万のもの」が直訳だが，和訳としては「数百万／何百万もの移民」とする。scores 自体も「多数」の意味。

英文解釈の勉強はこうする！

教科書などの解釈の勉強法では，「英文を見ると未知の単語に眼がいって，すぐに辞書を引く」「本文全体に眼を通さずに，授業に臨む」「わからない単語の訳を本文と無関係に辞書から書き抜いて，本文を読み出す」「テキストに日本語を書き込む」などはおすすめできない勉強の仕方です。どんな英文でも，まずは自力で解読して，辞書は予習のまとめの段階で引くように努力すると力がつきます。以下に効果的な予習・復習の手順を挙げておきますので，参考にしてください。

▶予習・復習の手順

❶ まず，新しい課を2回ぐらい**通読**し，**大体の内容を把握**。これで速読力がつきます。そのとき，名詞・動詞・否定語をマークする。

❷ 次に1頁くらいずつ，**音読**を2～3回する（音声教材を利用すると効果的）。

❸ **段落ごとの大意**を大雑把に頭の中でまとめる。

❹ **各文の構造**をSV... を中心に**品詞**を考えながら**分析**する。**句や節のまとまり**を判断したり，**修飾関係**も考える。**従属節を**[　　]に，**句**（前置詞句 etc.）を（　　）でくくる。動詞を見たら**動詞の語形**（原形・現在形・過去形 etc.)を判断する。**代名詞**，特に it の用法や they の示す**中身をはっきりさせる**。「それ／それら」と訳してすませないこと。

❺ and/but/or に着目し，頻繁に使われる「**共通関係**」「**共通構文**」を意識して，**語・句・節どうしの関係**を立体的にとらえる。

❻ 意味を考えるときは，**節や句を単位に語順にそった理解**を心がける。それによって，英語の表現形式に慣れるのが容易になる。

❼ **未知の単語や熟語**も，最初は自力で文の流れ（文脈）から判読する。

❽ 辞書を使って未知の部分を確認する。発音，品詞，訳語，できれば例文も。

❾ ノート（A4版が使い勝手が良い）左頁に英文（コピーを貼るのも良い）・文構造を書く。和訳は右頁に書いて授業中に添削する。自信のある人は手ごわい英文についてのみ実行すればよい。左頁下に単語・熟語・構文・例文・語法などを整理する。ノート右頁下半分ぐらいは授業用にあけておく。

❿ **復習として，全文暗記**を目指してひたすら音読。和訳を見て英語を書いてみる。

学習の基礎知識

私達人間は，自分の考え・思いを伝えるときに「文」という形式を使います。英語では，大文字で始まり，ピリオド（.）疑問符（?）感嘆符（!）で終わる1語あるいは2語以上の語の集まりを文と見なしますから，たった1語の "Help!" でも，"I will do my best and ..., but I will never give up." という表現でも，同じ1つの文ということになります。

多くの文は主語と述語動詞（＝主語について述べる動詞），及びそのほかの要素（目的語・補語・修飾語）で構成されています。文を構成する語は品詞に分類され，さらには，意味を持つ「2語以上の集まり」の仕組みと働きによって句・節に分類されます。

1 品詞

語は意味と文中の働きにより，以下の8つの品詞に分けられますが，1つの語が1つの品詞に属するとは限りません。複数の品詞にまたがる語もあります。

1 名詞

人・事物の名を表します。①主語（→1課）・目的語（→7課）・補語（→5課）・前置詞の目的語（→2課）になるだけでなく，②同格語などの働き（→9課）もします。

例 Taro, idea, student, tea など。

▶a good **student** のように，名詞を中心にしている語の集まりを「名詞群」と呼ぶ。

例文 **Taro is a student.**

▶Taro が主語，student が補語。

2 代名詞

名詞の代わりをする語で，主語・目的語・補語・前置詞の目的語（→2課）になります。

例 I, my, me, mine, myself, it, everybody など。

▶所有格の代名詞は **my** book のように名詞を修飾する。

例文 Taro is **my** friend. **He** is very kind.

▶He は Taro の代わりの代名詞。my は「自分の」を意味する所有格。

3 動詞

主語の動作・状態を述べる語です。目的語を持つ他動詞と，目的語を持たない自動詞に分けられます（→ 7 課）。can，must などの助動詞も動詞に分類します。be 動詞は動詞・助動詞のいずれにもなります（→ 6 課）。

例 buy, go, write, live, know など。

例文 I **have** a car. I **drive** a car.

▶have は主語 I の状態を，drive は動作を述べている。

4 形容詞

①**名詞・代名詞を修飾**して**性質・状態**を表します。また，②**補語**にもなります。**冠詞**（a/an，the）も名詞を修飾する形容詞です。

例 young, happy, nice, interesting など。

例文 I like **red** wine. It is **delicious**.

▶red は名詞 wine「ワイン」を修飾。delicious「おいしい」は動詞 is の補語。

5 副詞

場所・時・様態・程度・頻度などを表します。①**動詞・形容詞・ほかの副詞を修飾**したり，②**句・節・文**を**修飾**，また，③ only/even/just などは**名詞・代名詞を修飾**します。

例 here, today, slowly, very, always など。

例文 Tom runs **very** **fast**.

▶fast「速く」は動詞 runs を修飾。very は fast を修飾。

例文 **Clearly**, you are right.「明らかに（明らかなことに），君が正しい」

▶Clearly は you で始まる文を修飾。

6 前置詞

名詞・代名詞の前に置かれ，〈**前置詞＋(代)名詞**〉という「**固まり**」，すなわち**前置詞句**となります。前置詞句は形容詞句と副詞句とに分けられます。

例 at, in, on, of, from, to, with など。

例文 I live **in** Sendai.

▶〈in Sendai〉が動詞 live を修飾している。

7 接続詞

語・句・節・文をつなぐ and のような**等位接続詞**と，if のように節のみをつなぐ**従属接続詞**があります。

例 and, but, or, if, when, because, that など。

例文 Sayuri **and** I are good friends **and** she teaches me English.

▶最初の and は語と語をつなぎ，2つ目の and は下線部の節と節をつないでいる。

8 間投詞

喜怒哀楽や驚きなどの感情を表したり，注意を引くときに使われる語です。文の中（**間**）に**投**げ入れられる**詞**(ことば)です。感嘆符が付くことが多いのが特徴です。

例 oh, hi, well など。

例文 **Oh**, that's nice! Let me have a look at it.「わぁ，すてき。見せて」
Well, all right.「うん，いいよ」

2 句

2語以上の語が集まって1つの名詞・形容詞・副詞の働きをしますが，その中に**〈主語＋述語動詞〉を含まない語群**，それを「**句**」と呼びます。働きに応じて**名詞句・形容詞句・副詞句**の3つに分けられます。

1 名詞句

名詞と同じ働きをする句で，**主語・目的語・補語・前置詞の目的語**になります。不定詞と動名詞で始まる句（→50・58課）が名詞句の主なものですが，不定詞は前置詞の目的語になりません。

例文 I want **to eat something**.「私は何か食べたい」

▶不定詞が動詞 want の目的語。

例文 I am interested in **training dogs**.
「私は犬を訓練することに関心があります」

▶動名詞で始まる句が前置詞 in の目的語。

2 形容詞句

形容詞と同じ働きをする句で，**名詞・代名詞を修飾**したり，**補語**になります。不定詞・分詞で始まる句・前置詞句（→2・14・53・59・60課）が主な形容詞句です。

例文 The boy **running over there** is my son.
「向うを走っている男の子が私の息子です」

▶現在分詞で始まる句が名詞 boy を修飾。

3 副詞句

副詞と同じ働きをする句で，**動詞・形容詞・副詞・文を修飾**します。不定詞や分詞で始まる句・前置詞句（→2・54・55・62・63・64課）が主な副詞句です。

例文 I went to the barber **to have a haircut**.
「私は髪を切ってもらいに理髪店に行った」

▶不定詞が述語動詞 went を修飾。

例文 The students walked home, **singing merrily**.
「生徒達は楽しそうに歌いながら歩いて帰った」

▶現在分詞で始まる句が述語動詞 walked を修飾。

3 節

〈主語＋述語動詞（＋目的語・補語・修飾語）〉が文の一部になっているとき，この語群を**節**と呼びます。節には**等位節**と**従属節**があります。

1 等位節

等位接続詞 **and**，**but**，**or** などでつながれる節を**等位節**と言います。

例文 He came and she went away.
①　②

「彼はやって来て，そして彼女は去っていった」

▶①の節と②の節は品詞の性格がなく，〈主語＋述語動詞〉という同じ形をして，対等の（＝位が等しい）関係にある。更に He came. And she went away.のように分離できる。

2 従属節

〈従属接続詞＋主語＋述語動詞（＋…）〉で**名詞・副詞の働き**をします（→ 21 ～ 24 課）。従属節は関係詞・疑問詞で始まることもあります。関係詞で始まる節は名詞・形容詞（→ 33 ～ 41 課）の，疑問詞で始まる節は名詞の働きをします（→ 27 ～ 29 課）。

例文 She went away **when he came.**
①　②

「彼がやってきたとき，彼女は去っていった」

▶②の節は「時を表す副詞」の働きをし，①の述語動詞 went を修飾している副詞節。①のように従属節を抱え込んでいる節を**主節**と言う。

本書の略号・記号一覧

S	主語
V	動詞または述語動詞
C	補語
O	目的語
O_1	間接目的語
O_2	直接目的語
P	述語
X	SV 以外の文の要素
M	修飾語句
V_i	自動詞（相当句動詞）
V_t	他動詞（相当句動詞）
v	助動詞
助	助動詞（相当語句）
Ⓥ	動詞の原形
Ving	動詞の原形＋-ing
群前	群前置詞
N	名詞
進	進行形
受	受け身
現完	現在完了
過完	過去完了
現分	現在分詞
過分	過去分詞

代	代名詞
代動	代動詞
S（形）	形式主語
S（真）	真主語
O（形）	形式目的語
O（真）	真目的語
名	名詞（群）
形	形容詞（句）
冠	冠詞
副	副詞（句）
動名	動名詞
不	不定詞
疑	疑問詞
否	否定
比	比較級
前	前置詞
接	従属接続詞
等	等位接続詞
先	先行詞
関代	関係代名詞
関副	関係副詞
仮過	仮定法過去
仮過完	仮定法過去完了

■準動詞に関しては，以下のように文型を（　）付きで示しています。

to read a good book
（V_t）　（O）

第 1 部
英文解釈の技術 70

中学校～高校 1 年生レベルの文法項目の中から，入試英文解釈で不可欠な 70 項目を厳選。英文の構造を見極め，解釈に運用する方法を学びます。入試英文解釈の基礎をガッチリ固めましょう。

1 Vの直前の名詞がS

次の英文を訳しなさい

Every living **thing exists** in a particular place, and that **place has** certain conditions. Some **fish live** in fresh water, and **others live** in salt water.

（静岡理工大）

読解にはSとVの発見が大事

英語には，“What?”「何だって？」や “Fire!”「火事だ！」のように1語で成り立つ文もありますが，ほかの多くの英文では，例えば，**I play** baseball.「私は野球をします」や **This car is** nice.「この車はすてきだ」のように，**「何が，どうする」「何は，(どんな) である」**に当たる**S**(主語) と**V**(述語動詞) が不可欠です。英文を読むためには，人間の体で言えば骨格に相当するこの**SとVを文中から見つけることがとても重要**です。この課ではまず，この「SとVを発見する技術」を学びましょう。

まずVを探せ

Sになり，**「～は」「～が」**を意味するのは，上の文のIやThis carのような**名詞**や**代名詞，名詞の働きをする語句**(→ p. xii「名詞」，p. xv「名詞句」，p. xvi「従属節」) です。また，Vとして**「～する」「～である」**を表すのは，上の文のplayやisのように**「動詞」**か，I **can** swim.や I'**ll** call you later. のような文の**〈助動詞＋動詞〉**です。動詞は「時」を示し，〈助動詞＋動詞〉では助動詞が「時 (過去・現在・未来)」を示します。

この「時」を示す「動詞」と〈助動詞＋動詞〉に着目すると，どんなに複雑に見える文でもVを簡単に見つけることができます。つまり，**V発見の目印は，動詞の現在形・過去形，そして助動詞**だと確認しましょう。

また，英文では，最初の名詞が主語になる可能性が高いのですが，名詞がSになるためにはVが必要です。したがって，**名詞の直後にVを発見して初めて，Vの前の名詞がSだと確信できる**のです。次の文ではToday, car, accidentと3つの名詞らしき語が続いていますが，直後にVがあるaccidentがこの文のSですね。

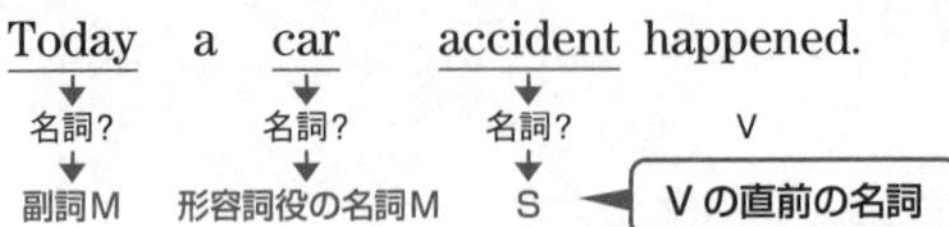

ところでSとVを文の主要素と呼びますが，文によっては，そのほかの主要素であるO（目的語）やC（補語）も持っています。主要素以外の語句はM（修飾語）と呼び，形容詞的Mと副詞的Mがあります。

では，冒頭の例題を検討していきましょう。

第1文

すべての 生きている ものは 生存する に 特定の 場所

Every living **thing** **exists** (in a particular place),

（形） （形） S Vi M

名詞thingの次の語はexistsで現在形の動詞，しかも-sが付いているので，その主語は単数であるとわかります。直前の名詞thingは単数なので，これがSと確信できます。thing exists「物は存在する」がSV，前置詞inからplaceまでがまとまり，Mとしてexistsを修飾しています。

後半部分を見ていきましょう。等位接続詞andの後はどのような構造になっているでしょうか。ここでのhasは「～を持っている」という意味の動詞の現在形，つまりVです。**Vの直前の名詞placeはS**でしたね。そして文尾のconditionsは名詞で，hasの目的語（O）になっています。

そして その 場所 を持っている ある 条件

and that **place** **has** certain conditions.

（等） （形） S Vt （形） O

第2文

andの前後が第1文の前半と構造が似ているのに気づいたでしょうか。fishはSomeに修飾され，Vはliveと-sが付いていませんから，複数形として使われているのがわかります。othersは代名詞ですが，Some fishを前提にした表現ですからother fishと言い換えもできますね。実は**Some（＋複数名詞）とothersが対応**しあって「**～するものもあれば…するものもある**」という意味になっています。

一部の 魚（達）は 住む に 淡水 そして ほかのもの達は 住む に 海水

Some **fish** **live** (in fresh water), and **others** **live** (in salt water).

（形） S Vi M （等） S Vi M

「**Vの直前にある名詞がS**」—これがSとVを発見する決め手です。

《**全文訳**》すべての生物は特定の場所で生存する，そしてその場所には，ある条件が備わっている。淡水に住む魚もいれば，海水に住む魚もいる。

【語句】particular 形特定の／ condition 名条件／ fresh water 名淡水

2 前置詞句は(　)に入れろ

次の英文を訳しなさい

Life **on earth** began **in water**, billions **of years** ago, and water sustains all life today. It cycles about endlessly, **from rain to streams**, **from streams to rivers** and **from rivers to the seas**. Sea water rises **to the atmosphere as water vapor**, then forms clouds **in the cooler air** and falls **to earth** again **as rain**.

(関西学院大)

前置詞句はMになる

前の課の英文よりも長くて複雑そうですが，早速検討していきましょう。

太字になっている名詞 earth, water などの前にある on, in などの語は**前置詞**と呼ばれます。なぜなら，まさに名詞や代名詞，名詞と同じ働きをする語群（＝名詞句・名詞節）の「**前に**」「**置く**」「**詞**(ことば)」だからです。

on や in などの前置詞は，単独では何の働きもできません。例えば，冒頭の例文 Life on earth ... の on earth のように，前置詞が〈**前置詞＋名詞**〉の形で名詞を捕まえて支配下に入れ，**前置詞句**となって初めて**M(修飾語)**になります。また，ここでの earth のように，**前置詞の支配下に入った名詞（相当語句）**を**前置詞の目的語**と呼びます。

前置詞句を(　)に入れてSVを発見しよう

〈前置詞＋名詞〉は，文中で**形容詞句**として名詞を修飾し，また**副詞句**として動詞・形容詞などを修飾しますが，このことが文を複雑に見せます。したがって，〈前置詞＋名詞〉を（　）に入れて取り除くと，SVの発見はぐっと容易になります。冒頭の例題で試してみましょう。

第1文

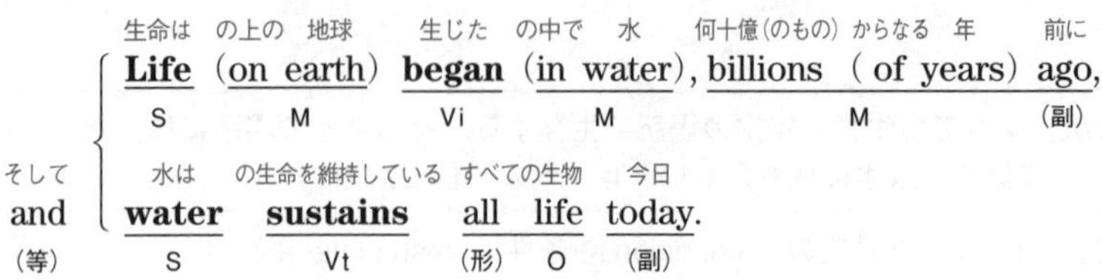

〈前置詞＋名詞〉を（　　）に入れて，副詞も取り去ってみましょう。
Life began, and water sustains all life. と，ずいぶん簡潔になりました。

第２文

それ(水)は **It** (S)　循環する **cycles** (Vi)　し回る about (副)　際限なく endlessly, (副)　(から from 雨 rain) (M)　(へ to 小川 streams), ... (M)

from は「起点」を，to は「到達点」を示す前置詞で，**from A to B** という形でよく使われます。from A to B と副詞を取り除くと，第２文は結局 **It cycles. が骨格**だとわかります。この文は，from A to B という前置詞句が３組 and でつながれていたために，第１文より少し難しそうに見えたのです。

第３文

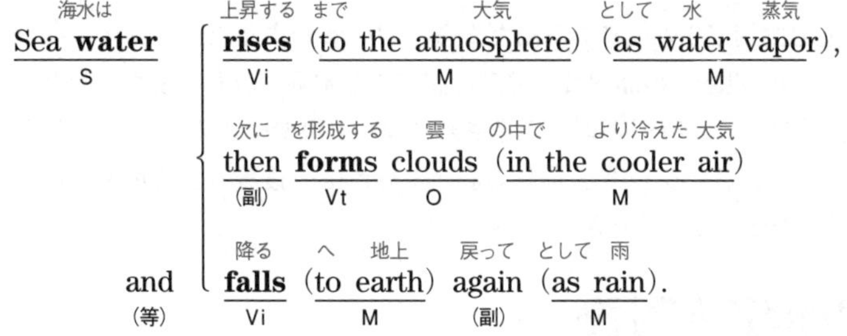

海水は
Sea **water**
S
上昇する まで 大気 として 水 蒸気
rises (to the atmosphere) (as water vapor),
Vi M M
次に を形成する 雲 の中で より冷えた 大気
then **forms** clouds (in the cooler air)
(副) Vt O M
降る へ 地上 戻って として 雨
and **falls** (to earth) again (as rain).
(等) Vi M (副) M

Vが３つ，and でつながれ，各々が前置詞句を従えています。**文を複雑に見せる原因の１つが前置詞句**であることがわかりますね。この複雑さを取り除くために**「前置詞句は（　　）に入れる」**，これがSV発見の第２の技術です。

《全文訳》地球上の生命は，何十億年も前に水の中で生まれ，そして水は現在すべての生物の生命を維持している。水は際限なく雨から小川へ，小川から川へ，川から海へと循環する。海水は水蒸気となって大気へと上昇し，次に，より冷えた大気中で雲になり，雨となって降って地上に戻って来る。

【語句】life 名 生命・生物／billions 名 何十億（のもの）／sustain Vt（の生命）を維持する／cycle Vi 循環する／about 副 し回る／endlessly 副 際限なく／stream 名 小川／atmosphere 名 大気／vapor 名 蒸気

3 〈There is S ...〉は「存在」構文

次の英文を訳しなさい

There is in man's makeup a general aggressive **tendency** but this, like all other human urges, is not a specific and unvarying instinct. (近畿大)

There は主語にあらず

「何をいまさら」と思うかもしれませんが，**There** で始まる文を再確認しましょう。次の文で何が主語(S)か，迷わずに答えられますか。

There is a book on the desk.「机の上に本が１冊あります」

「主語(S)は述語動詞(V)の前にある語だから，There が主語だ」と答えてはいけません。There is ... の There の品詞は，辞書で調べると**副詞**とわかります。しかも「そこに」という意味はなく，[ðɚ]と弱く発音されます。1 課では「V の直前の名詞が S」と学習しましたが，**V である is の直前に名詞がなければ，後ろの名詞が主語になる**しかありません。したがって book が主語(S)です。

There は存在予告の副詞

このThere は場所を示す副詞ではなく，「ある・存在する」という意味を表す be 動詞の前，つまりは通常の主語の位置に置かれる，「主語もどき」の**存在予告の副詞**です。例えば，「そこに本が１冊あります」は There is a book there. のように言いますが，a book の前の There が存在予告の副詞で弱い発音，２番目の there は「そこに」を意味する副詞で，[ðéɚ]と強く発音されます。

つまり，**There is a ... / There are some ...** の形を見たら，「**(未知の・新情報としての何かが)存在する**」ことを知らせようとしているな，と思えばいいのです。この形の文を**存在構文**と呼びましょう。

第１文

冒頭の例題の but の前の節を，既習の技術を駆使して検討しましょう。

There	is	(in man's makeup)	a general	aggressive	tendency
	ある	には　人間の　性質	大多数に共通の	攻撃的な	性向が
(副)	Vi	M	(形)	(形)	S

There is の後にSがある，と思いきや，in がありますね。man's は所有格，その後ろの a の後には名詞があるはずですから，前置詞 in から makeup までを（　　）に入れてみましょう。**There is a ... tendency. がこの文の骨格**です。

続いて，but の後ろの節ですが，this の直後にカンマがあります。is の前にもカンマですから，いったんカンマからカンマの部分を消去しましょう。

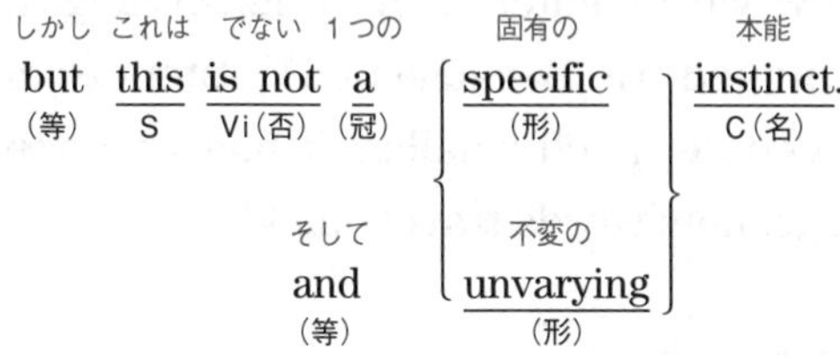

and が２つの形容詞をつないでいるのがつかめましたね。

次に，先程消去した, "like all other human urges" の部分を検討しましょう。like の後には V はなく，urges は all に修飾された名詞（複数形）ですから，**like** は接続詞ではなく**前置詞**です。前置詞 like の目的語は名詞 urges ですね。

と同様に	すべての	ほかの	人間の	衝動
like	all	other	human	urges
(前)	(形)	(形)	(形)	(名)

この前置詞句を（　　）に入れて元の場所に戻すと全体像がはっきりします。

this, (like all other human urges), is not a ... instinct.
S M Vi(否) C

ところで，「存在構文」の be 動詞の部分に **come** や **live** など**「出現・存在など」を表す動詞**が使われることがあります。下に例文を挙げましょう。ここでは lived の後の a great statesman が S で，やはり There は弱く発音されます。

There once **lived** a great statesman in Japan.
「かつて日本には偉大な政治家がいました」

《全文訳》人間の性質には大多数が持ち合わせている攻撃的性向があるが，これは人間のほかのすべての衝動と同様，固有かつ不変の本能ではない。

【語句】makeup 名 性質／general 形 大多数（の人）に共通する／aggressive 形 攻撃的な／tendency 名 性向／urge 名 衝動／specific 形 固有の／unvarying 形 不変の／instinct 名 本能

SとVを発見する技術　文の主要素の把握　等位接続詞の働き　時間関係の把握　従属節の把握　関係詞節の把握　関係詞の省略

4 〈助動詞＋動詞〉は１つのＶ

次の英文を訳しなさい

A hundred years ago, new words entered the English language slowly. Now the pace **has picked up**. Because of TV, satellites and airplanes, the world **has become** much smaller. It **has become** a "global village." In this village, new words travel quickly.

（産能大）

助動詞に着目してＶを発見

１課で学んだように，I can swim. のような〈助動詞＋動詞〉は１つのＶ(述語動詞)ですから，**can のような助動詞に注目**すると，文中からＶを見つけることができます。ただし**助動詞**には，一見して助動詞と即断でき，それだけで**Ｖ発見の目印となるもの**と，**そうでないもの**があります。

一見して助動詞と即断できるものは，can，may，must，shall，will などの語とそれらの過去形 could，might，should，would，さらに疑問文や否定文で使う do/does/did などです。２語以上が固まって助動詞になる have to，has to とその過去形の had to，さらに be able to，be going to などもこの仲間に入れましょう。これらの助動詞と助動詞相当表現は，それだけでＶ発見の目印です。

be 動詞と have は直後の語に注目

その語を見ただけでは助動詞なのか動詞なのかを即断できないものには，**be 動詞**と **have** があります。次の５つの文を比べてみましょう。

(a) Spring is my favorite season.「春は私の大好きな季節です」
(b) Spring is coming.「春がやって来る」
(c) You are wanted on the phone.「君に電話だよ」
(d) Spring has come.「春が来た，春だ」
(e) I have many good friends.「私にはいい友達がたくさんいます」

(a)の is は**動詞**で，season をＣ(補語)（→５課）にし，(b)の is は**助動詞**で，現在分詞（→ 59 課）coming と結合して**現在進行形**を作っています。(c)の are は助動詞で，過去分詞 wanted と結合して**受動態**（→ 11 課）を，(d)の has は**助動詞**で，過去分詞

(→ 60 課) come と結合して**現在完了**を作っています。また (e) の have は**動詞**で, many good friends を目的語にしています (→ 7 課)。

このように, 進行形や受動態を作る be 動詞は, 直後の現在分詞や過去分詞の確認ができて, 初めて助動詞と判断できます。また have [has] も, 直後の過去分詞の確認ができて, 初めて完了の助動詞と判断できます。つまり **be 動詞と have は直後の語に注目**して, **助動詞なのか動詞なのかを判断**します。

第 1 文

100 年 前に 新しい 語は に入った 英語 ゆっくり

A hundred years ago, new words entered the English language slowly.

M S Vt O (副)

第 2 文

has の後の **picked は, has と結合して現在完了を作る**過去分詞です。

今では その速度は 増した

Now the pace **has picked up**.

(副) S Vi (現完) (副)

第 3 文・第 4 文・第 5 文

become は has と結合して, 現在完了を作る過去分詞です。because of は 1 つの前置詞として扱いますが, 3 個の目的語 (TV, satellites, airplanes) を持っています。では, 続きを見ましょう。

世界は になった ずっと より小さく それは になった 1 つの 地球 (の) 村

the world **has become** much smaller. It **has become** a "global village."

S Vi (現完) (副) C S Vi (現完) C

では この村 新しい 言葉は 伝わる 速く

(In this village), new words travel quickly.

M S Vi (副)

be 動詞と have/has/had が助動詞か動詞かの判断が, V 把握には不可欠です。

《全文訳》100 年前, 新しい言葉はゆっくりと英語に入ってきた。今ではその速度が増した。テレビ, 人工衛星そして飛行機のおかげで世界はずっと小さくなった。それは「地球村」になった。この村では新しい言葉は速く伝わる。

【語句】pick up Vi (速度が) 増す／because of 群前 のために, おかげで／satellite 名 人工衛星／global 形 地球の／travel Vi 伝わる

5 be動詞と結合する名詞・形容詞は補語

次の英文を訳しなさい

Conversation is **an art** and like all arts, it is improved by experience and practice. Experience is very **important**, for the greatest obstacle to good conversation is **shyness**.

（京都産業大）

主語が「何（で）」「どんな状態（か）」を述べるのが補語

次の２つの文を検討しましょう。

(a)　English is a language.　「英語は（1つの）言語です」　（補語）
(b)　English is important.　「英語は重要です」　（補語）

この２つの文が，仮に，English is.で終わっていたら意味を成しませんね。動詞である be 動詞の現在形 is だけでは English という S（主語）を説明できません。つまり，説明に不足があるので，文としては不完全になっています。(a)(b)のように，is の後に不足分の名詞 language，形容詞 important をそれぞれ補うと，意味が成立し，文として完全になります。このように be 動詞の後に補った名詞や形容詞を補語と言います。つまり，**be 動詞と結合する名詞・形容詞は補語（C）になる**，ということです。**名詞は主語が「何（であり）」，形容詞は主語が「どんな状態か」を示します。**

be動詞以外にも補語を持つ動詞がある

be 動詞同様に，補語を持つ動詞をいくつか挙げておきます。

(1) 状態を表す	
…の状態にある	keep「ずっと…である」，lie「…の状態にある」，remain・stand・stay「…のままでいる」
様子が…である	appear・look・seem「…に見える，思われる」
感覚が…である	feel「…と感じる」，sound「…に聞こえる」，taste「…の味がする」
(2) 状態の変化を表す	
…になる	become，come，fall，get，go，grow，make，turn
…とわかる，判明する	prove，turn out

第1文

それでは例題の検討をしましょう。出だしの is an art の部分はすぐに理解できましたか。そうです，an art が is と結合する C（補語）です。さて，その後の like の品詞は何でしょう。

会話は　である　技術　そして　と同様に　すべての　技術　それは　改善される　によって　経験

Conversation (S) is (Vi) an art (C) and (（等）) (like all arts) (M), it (S) is improved (V（受）) (by (M→) { experience（経験） と and（等） practice（練習） }).

もし like が動詞であれば，S である Conversation は単数名詞ですから，likes と -s が付くはずです。したがって like は動詞ではありません。また，arts（複数形の名詞）の後が it is となっていますから，it は S です。like all arts は 1 つの「固まり」で，like は arts を目的語にしている前置詞とわかります。

it の後は，**is improved で V** とします。前課の確認事項です。

第2文

important（形容詞）が is の C（補語），for 以降では shyness（名詞）がその直前の is の C になっているのが理解できれば，この課の目標は達成です。

経験は　である　とても　重要（な）

Experience (S) is (Vi) very (（副）) **important** (C),

というのは…だから　最大の　障害は　への　よい　会話　である　内気

for (（等）) the greatest obstacle (S) (to good conversation) (M) is (Vi) **shyness** (C).

この **for** は前置詞ではなく**接続詞**です。(for ... obstacle) として前置詞句とすると，is の S がない (!?)，文になってしまいます。

これからいろいろな補語を学習していきますが，この課での学習がこれから威力を発揮します。まずは「**be 動詞と結合する名詞・形容詞は補語（C）**」をしっかり覚えましょう。

《**全文訳**》会話は技術であり，すべての技術と同様，経験と練習により改善される。経験はとても重要である，というのは，よい会話の最大の障害は内気だからである。

【語句】conversation 名 会話／ art 名 技術／ improve Vt を改善する／ experience 名 経験／ practice 名 練習／ obstacle 名 障害／ shyness 名 内気

6 be動詞の使い方を確かめろ

次の英文を訳しなさい

Time **is** seamless. Past, present and future **are woven** into the same fabric. The present **is** continually **disappearing** into the past.

（京都産業大）

be動詞には2つの働きがある

4課では，**be動詞には助動詞と動詞の2つの使い方がある**ことを学びました。まず，4課で学んだ**助動詞としてのbe動詞**の使い方を確認しましょう。

- 〈be動詞＋現在分詞〉 ⇒ 進行形
- 〈be動詞＋過去分詞〉 ⇒ 受動態

動詞としてのbe動詞は「存在する」と「…である」

次に**動詞としてのbe動詞**ですが，以下の2種類に大別できます。

1．(a)「いる・ある・存在する」と(b)「行われる・起こる」の意味で，どちらも通常M（場所・時などの修飾語句）を伴う。

- Your book is on the desk.「君の本は（その）机の上にあるよ」(a)
- I think, therefore I am.「我思う，故に我あり」(a)
  →哲学者デカルトの言葉。amの後にMがないのは古風な形。
- The examination was yesterday.「試験は昨日あった［行われた］」(b)

2．C（補語）を従え，しいて訳すと「…である」「…となる」となる。

- I am a cat.「吾輩は猫である」
  →おなじみ『吾輩は猫である』の，英語版のタイトル。
- We are free at last.「我らはやっと自由になった」
  →キング牧師の演説の，最後の部分からの抜粋。

それでは例題の検討に入りましょう。3つの文にはそれぞれbe動詞の現在形が使われています。助動詞なのかbe動詞なのかをしっかり見極めましょう。

第1文

第1文はisの後にseamlessがありますが，語形から，一見して現在分詞でも過去分詞でもないと判断できます。したがって，is は動詞で，単独で V（述語動詞）になっています。seamless は形容詞で，C（補語）の役割をしています。

時は　である　縫い目のない
Time (S) is (Vi) seamless. (C)

第2文

woven の品詞は何でしょうか。woven が動詞であれば are は助動詞，名詞か形容詞であれば，are は動詞でしたね。

過去　現在　そして　未来は　いる　織られて　になって　同一の　布地
Past, present and future (S) **are woven** (V（受）) (into the same fabric) (M).

woven は動詞 weave の過去分詞ですから，are は助動詞と判断できます。**are と woven が結合**して，**受動態「…される」**を作り，**V（述語動詞）**になっています。

weave は〈**weave O into N**〉で「O を織って N を作る」「O を織り合わせて N にする」の意味を表します。それを受動態に転換しますから，「O は織られて N に作られる」「O は織り合わされて N にされる」が直訳になります。

第3文

現在は　いる　絶えず　姿を消して　の中に　過去
The present (S) **is** continually (（副）) **disappearing** (Vi（進）) (into the past) (M).

is と副詞の continually は結合しませんね。**is は現在分詞 disappearing と結合**して**進行形**を作り，V（述語動詞）になっています。V と continually 及び前置詞句が V を修飾している関係を立体的に図解すると次のようになります。

is disappearing
continually／　(into the past)

例題には，助動詞の be 動詞と動詞の be 動詞が使われていたのですね。

《**全文訳**》時は縫い目がない。過去，現在そして未来が織られて同一の布地になる。現在は絶えず過去へと姿を消している。

【語句】seamless 形 縫い目のない／ weave Vt を織る／ fabric 名 布地／ continually 副 絶えず／ disappear Vi 消える

7 動詞を見たら自・他の判別

次の英文を訳しなさい

We must not **look** behind too much, we must not **look** ahead too far and we must not **fix** our gaze too steadily on the present.

（京都産業大）

目的語を持つ動詞が他動詞

１課で触れたように，O（目的語）も文の主要素です。O の有無で，英文の構造，そして意味が変わります。

早速「目的語」の検討に入りましょう。次の２つの文を比較してください。

(a)　I walk to school.「私は学校まで歩きます」　（自動詞）
(b)　I walk the dog every day.「私は毎日犬を散歩させます」　（他動詞）

(a) の walk「歩く」は，直後に「目的物となる名詞」を持たず，**自分の行為だけを示している動詞**です。このように，**O が不必要な動詞を自動詞**（Vi）と呼びます。

これに対し，(b) の walk「…を散歩させる」は，直後に「動作の目的物になっている語」，つまり O（目的語）である dog を後ろに従えて，主語である I が dog に「働きかけ」をしている動詞です。このように，**O を必要とする動詞を他動詞**（Vt）と呼びます。walk のように動作を示す動詞だけでなく，see のような知覚活動，like のような精神活動を示す動詞も，活動の対象や目的物である O（目的語）を必要とします。

自動詞と他動詞の判別基準

be 動詞は Vi（自動詞），have は Vt（他動詞）にしかなりませんが，動詞の多くは Vi にも Vt にもなります。意味が異なるので，V（述語動詞）を発見したら **Vi か Vt かの判別が必要**です。判別基準を設定してみましょう。

① O（目的語）は前述の (b) の例文のように動作・諸活動の目的物なので，**O になるのは名詞及び名詞的表現**（代名詞・名詞句・名詞節）。したがって，**動詞の後が名詞で SVN の構造**であれば，V は **Vt の可能性**が高くなる。

② ただし，English is a language.のように，**V が be 動詞であれば，その N は C（補語）**（→５課）。また，He became a teacher. のように，**be 動詞の仲間の動詞**（→５課）で**「…である」「…になる」という意味の動詞の後の N も C**。be 動詞や

be 動詞の仲間の動詞は Vi で，直後に名詞があっても Vt にはなりません。

他動詞は，「を・に・とVする」動詞

例文（b）のように他動詞（Vt）は「Nを…する」と訳せる場合が多いのですが，marry me「私と結婚する」，reach the station「駅に到着する」のように，Vt には，日本語にすると「…とVする」「…にVする」となるものもあります。

英文が SVN で，V が Vt なら，「S は N を［に・と］V する」と訳します。**Vt は「を・に・とVする」動詞**と覚えましょう。like「…が好きだ」は「…を好む」と言い換えます。それでは冒頭の例題を見てみましょう。

第1文

We must not ... , we must not ... and we must not ... . と同じ形の節が続いています。2つの look は後に名詞がないので Vi（自動詞）です。

私達は（して）はならない 見る 後ろを あまりにも 大いに
We must not **look** behind (too much),
S Vi（否） （副） （副）→（副）

私達は（して）はならない 見る 前方を あまりにも はるかに
we must not **look** ahead (too far)
S Vi（否） （副） （副）→（副）

私達は（して）はならない をじっと向ける（自分の） 凝視 あまりにも しっかりと に対して 現在
and we must not **fix** our **gaze** (too steadily) (on the present).
（等） S Vt（否） O （副）→（副） M

fix は名詞 gaze を後に持っていますが，be 動詞の仲間ではないので Vt です。
以上をまとめて **Vi・Vt の判別基準**を確認すると次のとおりです。

- SV(M) ⇒ V は Vi
- SVN(M) ⇒ V が be 動詞かその仲間の動詞 ⇒ N は C ⇒ V は Vi
  ⇒ V が be 動詞かその仲間以外の動詞 ⇒ N は O ⇒ V は Vt

《全文訳》私達は過去にこだわりすぎてはならないし，先を見すぎてはならない，そして現在を凝視しすぎてはならない。

【語句】behind 副 後ろに／ahead 副 将来に／fix Vt をじっと向ける／gaze 名 凝視／steadily 副 しっかりと

8 VCかVOかはbe動詞でチェック

次の英文を訳しなさい

During the 1980s cable TV **became** a popular **alternative** to broadcast television. The compact disc and the laser disc also **made** their **debut** during the 1980s.

（近畿大）

Vの後がNならほとんどの場合N＝O

前の課で，① 文あるいは節がSVNの構造なら，N（名詞）はOの可能性が高いことを確認しました。同時に，② becomeのようなbe動詞の仲間（→5課）の中には，NをC（補語）として持つものがあることを付け加えました。しかし，②の**be動詞の仲間の動詞**には，feelのように**Vi（自動詞）にもVt（他動詞）にもなる動詞**があります。次の2文を見比べてください。

(a)　I feel another person.「私は自分が別人のような気がする」（自動詞）((英))
(b)　I felt an earthquake last night.「昨夜，地震を感じた」　（他動詞）

波線部のNがCかOかの判別はどのようにしたらいいのでしょうか？ 具体的な検討に入る前にNをCに持つViについて確認しておきましょう。

1．become「…になる」のようなbe動詞の仲間のViにとって，Nは不可欠なCです。そして，be動詞の仲間で，NをCにするViは限られています。

① **appear**，**remain**，**seem**は後にNを持っても**Vi（自動詞）**。
② **ViにもVtにもなる**のは，**become**を始めとする**fall**，**feel**，**get**，**look**，**make**，**prove**，**sound**，**stand**，**stay**，**turn**，**turn out**など限られたV。

上記以外の動詞でVの後に名詞を持つものは，Vt（他動詞）になりますから，**Vの後がNならほとんどの場合N＝O**と考えることができます。

2．もう1つ注意したいのは，**Viとしてのcome**，**die**，**part**，**return**などがNを持つ場合，このNをCと見ることです。return a doctorなら，「医者となって帰る」です。この種の動詞は**CとしてのNがなくても英文が成立**し，かつ動詞の意味も変わりません。動作が行われたときにS（主語）が「何であるか」を補足するだけで，付加的補語と言うべきものです。

be 動詞でＶＣかＶＯかをチェック

「be 動詞の仲間の Vi」で Vt にもなる V（左頁 1 の②の動詞）が，後に N を持つとき，その **N が C か O かの判別**が必要です。その判別に威力を発揮するのが **be 動詞**です。なぜなら，be 動詞の仲間が後に N を持てば，N は C になるからです。SVN において V を be 動詞と入れ換えて **S is N. が論理的に成立すれば，N＝C** です。**S is N. が論理的に不成立なら，N＝O** になります。

前出の 2 文に適用してみましょう。各々の V を be 動詞に換えてみます。

(a)′　I am another person.「私は別人だ（→いつもとは違う）」（○）
(b)′　I was an earthquake last night.「私は昨夜，地震だった」（×）

(a) では N ＝ C，(b) では N ＝ O と判別できました。

第 1 文と第 2 文

冒頭の during the 1980s の during は「…の間」の意味の前置詞で，the 1980s は「1980 年代」という意味です。During the 1980s を（　　）に入れて除きます。become そして make は，Vi，Vt のいずれにもなるのでしたね。

ケーブルテレビは　になった　人気ある　代替物　に対する　放送された　テレビ
cable TV **became** a popular **alternative** (to broadcast television).
S　Vi　（形）　C　M

became の直後に冠詞 a があるので，alternative は名詞だと見当がつきます。became は過去形ですが，be 動詞の現在形を使い，is に換えます。popular と to で始まる前置詞句も除くと，cable TV is an alternative「ケーブルテレビは代替物である」（○）となって，**alternative は became の C（補語）**とわかります。したがって，**became は be 動詞の仲間の Vi** と確認できます。

第 2 文の V は made です。これを are に換え，副詞 also を除くと，The compact disc and the laser disc are their debut.「コンパクトディスクとレーザーディスクはその初登場である」（×）となり，これは文として意味を成しません。したがって **debut は C ではなく O で，made は Vt** とわかります。Vt として訳すと，「デビュー（を）した」「初登場をした」となり，Vt であるのは明白です。

《全文訳》1980 年代にケーブルテレビは電波受信によるテレビに代わる人気ある設備となった。コンパクトディスクとレーザーディスクもまた 1980 年代に初めて登場した。

【語句】cable 形 有線の／ alternative 名 代替物／ broadcast 形 放送された／ make one's debut「デビューする，初登場する」

9 名詞の役割を確認せよ

次の英文を訳しなさい

Already in the sixteenth **century** the first Christian **missionary** to **Japan**, **St. Francis Xavier**, remarked on the **inquisitiveness** of the **people** in his **letters** home. This is still true of the **people** of **Japan** today.

（桜美林大）

名詞はほかの品詞の役割もする

この課では名詞の役割を学びます。まずは名詞が名詞として使われる例です。

(a) **Tomorrow** is another **day**.
「明日は別の日」→「明日があるさ」「明日は明日の風が吹く」

Tomorrow が S，day が C ですね。さて次はどうでしょう。

(b) I got my **dream** house **this way**.
「私はこのようにして（長年の）夢の住居を買った」

dream は名詞ですが，ここでは**形容詞の役割**をして house を修飾しています。this way は in this way と同じ役割をしています。つまり**副詞句**として got を修飾しています。名詞が**副詞の役割**をする例をもう1つ。

(c) The train arrived **an hour** late. 「列車は1時間遅れで到着した」

an hour「1時間だけ」は程度を表す**副詞の役割**をし，late を修飾しています。

同格語（句）は言い換えの名詞（句・節）

名詞 N_1 の後に，名詞（句・節）N_2 を〈N_1, N_2〉のように並置し，N_2 が N_1 を言い換えた説明であるとき，N_2 を**同格語**と言います。例を挙げましょう。

(d) Lincoln, **the 16th president of the US**, issued the Emancipation Proclamation, **an important event in history**.
「第16代合衆国大統領リンカーンは奴隷解放宣言を発したが，それは歴史上重要な出来事だった」

Lincoln は issued（Vt）の S で，the 16th president of the US が，カンマをはさんで Lincoln を**説明的に言い換えた表現**になっています。このとき，Lincoln と the 16th president of the US は**「同格の関係にある」**と言います。Lincoln を説明する

ほうの the 16th president of the US が**同格語**です。

さらにこの文のように，Lincoln から Proclamation までの節に対して，**後続の名詞群が同格語**になることがあります。an important event in history が同格語です。節の内容を「それは」とまとめて and it was ... event と読み取ります。in history は前置詞句で，event「できごと」を修飾しています。

(d) A question sticks with me: **what should I do**?
「1つの問い―何をなすべきか―が頭から離れない」

このように，**名詞と同格語が離れている**場合もあります。

第1文と第2文

前置詞 in，to，of などが見えます。「前置詞句は（　）に入れろ」（→2課），でしたね。

すでに　に　16　世紀
Already (in the sixteenth **century**)
(副)　M

最初の　キリスト教の　宣教師が　への　日本　聖　フランシスコ　ザビエル
the first Christian **missionary** (to **Japan**), **St. Francis Xavier**,
(形)　(形)　S　M　(同格語)

述べた　について　好奇心が強いこと　の　人々　の中で　彼の　手紙　本国への
remarked (on the **inquisitiveness**) (of the **people**) (in his **letters**) home.
Vi　M　M　M　(副)

このことは　のである　依然　当てはまる　に　人々　の　日本　今日の
This is still true (of the **people**) (of **Japan**) today.
S　Vi　(副)　C　M　M　(副)

century は in の，Japan は to の，inquisitiveness は on の，people は of の，letters は in の目的語です。

名詞の基本的な役割は **S，O，C** か**前置詞の目的語**，次に**形容詞**か**副詞**の役割をし，さらに**同格語**にもなります。名詞の役割の確認を怠りなく。

《**全文訳**》すでに16世紀に，聖フランシスコ＝ザビエルという，最初の日本へのキリスト教宣教師が，本国への手紙の中で，人々が好奇心が強いことを述べた。この好奇心の強さは依然として今日の日本の人々に当てはまる。

【語句】missionary 名 宣教師／remark Vi 述べる／inquisitiveness 名 好奇心が強いこと／home 副 本国へ／be true of N「N に当てはまる」

10 VOO か VOC かは be 動詞でチェック

次の英文を訳しなさい

New technologies have transformed the mass media. Since the 1960s, the communication satellite **has made** instantaneous global **communication** a **reality**.

(近畿大)

SVN_1N_2 は SVO_1O_2 か SVOC になる

この課では，**V（動詞）の後に N（名詞）が 2 個続く場合の文型を判別**する方法を学習しましょう。この場合の文型は SVO_1O_2 か SVOC になります。

1．SVN_1N_2 が SVO_1O_2 になる場合

英文では VN_1N_2 のように，N が 2 個続いた（ただし N_1 が N_2 を修飾しない）とき，**N_1 は必ず O** になります。N_1 が me や him のような代名詞目的格に変わることもありますが，ここではまず，N_2 が O_2 になる，つまり，**SVN_1N_2 が SVO_1O_2 という文型**になる場合を検討します。この文型の代表的な動詞は① **give** と② **buy** です。

① **give** 型に分類される動詞は「**O_1 に対して O_2 を V する**」の意味になり，**lend**「貸す」，**sell**「売る」などで O_2 が（O_1 のほうへ）移動することを示しています。

I gave him a book.「私は彼に本を１冊あげた」

② **buy** 型に分類される動詞は「**O_1 のため（利益になるよう）に O_2 を V する**」の意味を持っていて，**call**「呼ぶ」，**choose**「選ぶ」，**find**「見つける」，**get**「手に入れてやる」，**make**「作る」などです。

I called him a taxi.「私は彼（のため）にタクシーを呼んであげた」

2．SVN_1N_2 が SVOC になる場合

VN_1N_2 が VOC になる動詞は **appoint**「任命する」，**declare**「宣言する」，**name**「名付ける」，**think**「思う」などです。ただ，前述の buy 型の動詞の中の call，choose，find，make は VN_1N_2 が VOC になることもあるので，これらの動詞は VOC か VO_1O_2 なのかを，いかに判別するかが問題になります。

SVN_1N_2 が SVOC になる条件は N_1 is N_2

ところで，① **VOC の文型**において O と C の間には「S（主語）と P（述語）」の関係があるので，**VN_1N_2 が VOC の文型ならば以下のように N_1 is N_2. が成立します。**

We call the baseball player Ichiro. ➡ The baseball player is Ichiro.（○）

一方，② **VO_1O_2 の文型**においては **O_1 と O_2 は別物**ですから，**N_1 is N_2. は不成立**です。I called him a taxi. をもとに He was a taxi.（×）とは言えません。

これを根拠に，**VN_1N_2** においては以下のように判別することができます。

- N_1 is N_2. が成立 ⇒ VOCの文型
- N_1 is N_2. が不成立 ⇒ VO_1O_2の文型

第 1 文と第 2 文

早速，この課で学んだ技術を使い，例題にチャレンジしましょう。第 1 文は，have と transformed の組み合わせから，現在完了と押さえます。transform は the mass media を O に持つ，「を・に・とVする」Vt（→ 7 課）です。

新しい 科学技術は / を一変させた / 大衆伝達手段

New technologies (S) have transformed (Vt（現完）) the mass media (O).

第 2 文の Since はカンマの前に V がありませんから**前置詞**です。since SVX の形をしていませんから，接続詞ではありません。「1960 年代以来」でいいですね。communication が冠詞の a を飛び越えて reality を修飾することはできませんから，has made 以降は VN_1N_2 です。さて VO_1O_2, VOC のどちらでしょうか。be 動詞を使って判別しましょう。

Global communication is a reality.「地球規模の通信は 1 つの現実である」と意味が成立しますね。したがって the communication satellite が S で，SVOC の文型です。

衛星は / を…にした / 瞬時の / 地球規模の / 通信 / 1つの 現実

satellite (S) **has made** (Vt（現完）) instantaneous global **communication** (O) a **reality** (C).

このように，SVN_1N_2 で SVO_1O_2 か SVOC かで迷ったら，N_1 is N_2. の形にして判別することができます。

《全文訳》 新しい科学技術は大衆伝達手段を一変させた。1960年代以来，通信衛星によって瞬時の地球規模の通信が現実のものとなった。

【語句】technology 名 科学技術／transform Vt を一変させる／communication satellite 名 通信衛星／instantaneous 形 瞬時の／global 形 地球規模の

11 受動態を見たら動詞の文型を確認せよ

次の英文を訳しなさい

Paul Cezanne **is** now **regarded** as one of the most important painters of the twentieth century and the father of modern art. However, for most of his life, his paintings **were** rather **slighted** and **thought** of as naive.

（清泉女子大）

受動態の文の主語は能動態の文の O

4 課と 6 課で触れた**受動態の形**をきちんと表すと，**〈S＋ be 動詞＋過去分詞（＋ by ＋動作主）〉**となります。受動態（動作を受ける人・物が主語）と能動態（動作主が主語）の文の例を挙げましょう。(a) が**受動態**，(b) が**能動態**です。

(a)　The governor was arrested by the police.「知事は警察に逮捕された」

(b)　The police arrested the governor.「警察は知事を逮捕した」

(b) の **arrest** が「…を逮捕する」の意味の **Vt**，**the governor** が **O** です。(a) の元になっているのが (b) です。能動態の O が受動態の S になるのでしたね。

受動態の理解には動詞の知識が不可欠

次に，(a) の文に句を付加して，以下の (c) の文にします。

(c)　The governor was arrested by the police for bribery.（bribery「収賄」）

この文で，for bribery は文の構造上どの語句と関連するでしょうか。この理解には，能動態の文 (b) に for bribery が付加された文の構造理解が必要です。

(d)　The police arrested the governor for bribery.

その際ポイントとなるのが **arrest O for N** の構造と意味です。arrest を for N が修飾しているのですが，ここでは**1つのセット表現**になって，**「O を N（のかど／罪）で逮捕する」**の意味になります。(d) を受動態に転換したのが (c) ですから，結局 (c) の文の構造は次のようになります。

The governor (S) was arrested (V(受)) by the police (M) for bribery (M).

2つのMがV(述語動詞)を修飾して「知事は収賄罪で警察に逮捕された」という訳が成立します。

第1文

now がありますが **is regarded** で V とつかめましたか。regard (Vt) の文型は？

ポール セザンヌは いる 今 考えられて と 一人 の 最も 重要な 画家

Paul Cezanne (S) **is now regarded** (V(受)) (as { one (C) (of the most important painters) (M)
(of the twentieth century) (M) [の 20 世紀]
and (等) [そして] the father (C) [父] (of modern art) (M) [の 現代 美術].

regard O as C は「**O を C と見なす**」という意味の表現で，**VOC の文型**ですが，ここでは，**O is regarded as C**「**O は C と見なされる**」という**受動態**になっています。**前置詞 as は補語の目印**です。and がつなぐのは one と the father です。

第2文

thought of as naive をどう分析しますか。**However** は副詞で，前の文に後続の文(SVX)をつなぐ役をします。訳は「しかしながら…」ですが，文頭に限らず，文中・文尾どの位置でも**最初に訳します**。

の間 大半 の 彼の 人生 彼の 絵画は いた かなり 無視されて

, (for most) (M) (of his life) (M), his paintings (S) **were** (助) { rather (副) **slighted** (過分)
and (等) [そして] **thought of** (過分) [思われて] (as naive (C)) [と 素人っぽい].

think of で1つの Vt 扱いです。regard と同じ使い方をしますから，**think of O as C** で VOC の文型です。「**受動態を見たらその能動態をイメージする**」，これも英文の理解に重要な技術です。

> **《全文訳》** ポール・セザンヌは，今では20世紀の最も重要な画家の一人で現代美術の父と考えられている。しかしながら，その人生の大半，彼の絵はかなり無視されて素人っぽいと思われた。
>
> 【語句】regard O as C「O を C と見なす」／rather 副 かなり／slight Vt を軽視する，無視する／think of O as C「O を C と見なす」／naive 形 素人っぽい

⑫ 動詞の後の分詞／形容詞(句)は補語

次の英文を訳しなさい

Office computers lie **buried** under a mountain of paper, faxes, photocopies, newspapers, magazines and paper cups. It will get **worse**: offices are increasing their paper usage by 6 percent every year.

（信州大）

be動詞の仲間のViはCが不可欠で，分詞もCにする

5課で紹介した**keep**のような**be動詞の仲間のVi**は，be動詞と同様，以下の①のように，**Cがないと文が成立せず，文意が不明**です。また，②のように，Cのあるなしで動詞の意味がまったく異なります。

① I kept.「私は…」では，文が成立せず，意味を成しません。I **kept** silent.「私は黙ったままだった」のように，**形容詞（ここでは silent）をCにすると文が成立**し，意味が明確になります。

② I **remained** in the room.「私はその部屋に残った」では，Cなしで文が成立していますが，I **remained** silent in the room.「私はその部屋で黙ったままだった」のように，Cがあると動詞の意味が変わります。

このように，文の成立，またはVの意味を左右するCは，文の構造上不可欠なCです。つまり，**〈SV＋形容詞〉はSVCの文型と決定**できます。

本来，Cになる形容詞はS（主語）の「**状態**」を示します。進行形を作るのに関与する現在分詞と受動態を作るのに関与する過去分詞も「**状態**」を表しています。つまり，**分詞は動詞の性格を持ちながら形容詞の性格も持っているのでCになる**ことができるのです。

上の①で，形容詞silentの代わりに“I was smiling.”「私はにっこりしていた」の現在分詞smilingをCにすると，“I **kept** smiling.”「私はにっこりしているままだった→私はにっこりし続けた」の文ができあがります。

また②で，silentの代わりに“Please be seated.”「お座りください」の過去分詞seatedをCにすると，“I **remained** seated in the room.”「私はその部屋で座ったままだった」ができあがります。

分詞／形容詞は付加的 C にもなる

He **died** young.「彼は若くして死んだ」は “He died.” という文に状態を示す形容詞 young を付加したもので die「死ぬ」の意味は変わりません。

He **came** running.「彼は走って来た」においても，“He came.” に現在分詞 running を付加したもので，came「来た」の意味は変わりません。このときの come は be 動詞の仲間の come「…になる」とは違いますね。このように，**Vi に分詞/形容詞が付加されたにすぎないときも，SVC の文型**と決定します。

前置詞句・副詞が C に

前置詞句が**形容詞句として C** になっている例を挙げましょう。

These two houses are (of) the same age.「この2つの家は築年数が同じだ」
That sounds like a good idea.「それはいい考えのように思える」

副詞が C になる例は多くないのですが，**副詞の形容詞への転用**があります。

The TV is on/off.「テレビはついている／消してある」

第1文と第2文

V は lie，buried は bury (Vt) の過去形ではなく過去分詞です。

職場の コンピューターは の状態である 埋もれた の下に 山 の 紙 ファックス
Office computers (S) lie (Vi) **buried** (C(過分)) (under a mountain) (M) (of paper, faxes, ...) (M)

be buried と受動態なら「埋もれさせられ(てい)る→埋もれ(てい)る」の意味ですが，lie「横たわる」では変です。**lie は be 動詞の仲間**(→5課)で **C を必要とする**と考えましょう。lie buried で「埋もれた状態にある」という意味を表しています。a mountain of N は「N の山→山のような(多量の) N」です。

事態は だろう なる もっと悪く 職場は を増やしている (その) 紙の 使用量 だけ 6パーセント
It (S) will get (Vi) **worse** (C): offices (S) are increasing (Vt(進)) their paper usage (O) (by 6 percent) ....

It は文脈上「(紙を大量使用している)事態」で，get の後の worse は形容詞 bad の比較級です。

《**全文訳**》職場のコンピューターは山のような紙，ファックス，コピー，新聞，雑誌，紙コップの下に埋もれている。事態はもっと悪化するだろう，なぜなら職場は毎年6パーセント紙の使用量を増やしているのだから。

【語句】bury [Vt] を埋める／photocopy [名] コピー／usage [名] 使用(量)

13 〈VO＋分詞〉にSPを読め

次の英文を訳しなさい

Human beings are blessed with three long-distance senses: seeing, hearing, and smelling. Of these, seeing is the longest-distance sense. We can **see streams of photons crossing** the vacuum of space.

（静岡理工大）

〈VO＋分詞〉では〈O＋分詞〉＝SP

12課で〈SV＋分詞〉の文型はSVCであることを確認しました。該当する文①と，その文をちょっと変えた文②を比較してみましょう。

① I **kept** smiling.　（SVC）
② I **kept** him smiling.　（SVOC）

前課では，“I was smiling.” という文の現在分詞 smiling を kept の後に補いました。つまり①の文の土台になっているのが **“I was smiling.”** です。②では **kept の後に him** があります。keep は①では Vi（自動詞）ですが，②では Vt（他動詞）です。him は目的格で O（目的語）になっています。①の keep は **「…のままである→…し続ける」**の意味でしたが，②は**「O を（意図的に）…にしておく」**の意味になります。

ここで大事なのは him と smiling の関係です。②で him smiling の土台になっているのが **“He was smiling.”** です。**O と分詞の間**には「彼が」「笑っている」という **S（主語）と P（述語）の関係**があるので，him を He にして be 動詞を加えると，**進行形の文**になります。**〈SVO＋分詞〉は SVOC の文型**です。

〈O＋過去分詞〉で受動態をイメージ

前段では例として**〈O＋現在分詞〉が S と P の関係**になるケースを検討しましたが，**〈O＋過去分詞〉も S と P の関係**になります。実例を検討しましょう。

I **kept** the door locked.「私はドアに鍵をかけておいた」の文型は SVOC です。O である the door の後の **locked は過去分詞で，the door と locked の間**には「ドアが」「鍵をかけられた」という **S と P の関係**があるので，上の②の文で him smiling を “He was smiling.” に転換したのと同じ手法を使ってみましょう。the door を主語にして be 動詞を加えると，The door was locked.「ドアは鍵がかかっていた」という受動態の文になります。

第1文

blessed が過去分詞で，コロン (:) の後の3つの-ing 形は名詞です。

人間は　恵まれている　に　3つの長距離の　感覚

Human beings are blessed (with three long-distance senses)

S　V(受)　M

“seeing, hearing, and smelling” は three long-distance senses を言い換えた同格語句 (→9課) です。

第2文

の中で これら　視覚が　である　最長距離の　感覚

(Of these), seeing is the longest-distance sense.

M　S　Vi　C

“Seeing is the longest-distance sense (of these/the senses).” とすると修飾関係がはっきりしますが，旧情報 (＝既知の情報) these が文尾にあると間延びした感じの英文になるため，Of these を文頭に持ってきて，seeing 以下3つの感覚とぐっと近づけて，意味の流れを良くしています。

第3文

この課のメインです。さて注目すべきはどこでしょうか。

私達は ことができる (の)を見る　流れが　の　光子　を横切っている　空間　の　宇宙

We can see **streams** (of photons) **crossing** the vacuum (of space).

S　Vt　O　M　C(現分)(Vt)　(O)　(M)

O の streams と C の crossing the vacuum の関係は S と P の関係ですから，be 動詞を使って “Streams are crossing the vacuum.” の文が得られます。

〈VO＋分詞〉の〈O＋分詞〉に S と P の関係を見抜くのがこの課の技術です。

《全文訳》人間は3つの長距離にかかわる感覚，つまり，視覚，聴覚，そして嗅覚に恵まれている。これらの感覚のうち，視覚が最長距離にかかわる感覚である。私達は光子流が宇宙空間を横切っているところを見ることができる。

【語句】bless O with N「(神が) O に N を恵む」／long-distance 形 長距離の／sense 名 感覚／stream 名 流れ／photon 名 光子(こうし) (光の粒子[物理学])／vacuum 名 真空空間

14 〈VO＋形容詞(句)〉にSPを読め

次の英文を訳しなさい

Each country **considers its culture unique** and therefore **special**. In the 1960s, Europeans — the French in particular — were concerned about American cultural influence in their countries. The French called it "the American challenge."

（千葉工業大）

〈VO＋形容詞(句)〉も〈O＋形容詞(句)〉＝S＋P

前課の13課，及び14課～16課で取り上げる英文の文型は，すべてSVOCです。また，この文型で使える動詞keep，seeなどのほとんどは1つの訳語で通用します。ただしhave/get（→16課）やfind「(…)を見つける」などは，1つの訳語ではすみません。**find**をVにした文を例に，この課の学習を進めましょう。**OとCの間にはS(主語)とP(述語)の関係がある**のでしたね。

(a) The police found the missing man dead in his room.

「警察は行方不明の男性が自室で死んでいるのを見つけた」

the missing manがO，形容詞deadがCです。be動詞を使って作った文は"The missing man was dead."になります。

(b) I found myself in love with her. 「僕は彼女のことが好きだったんだ」

find oneself Cの形で「自分がCなのに気づく」「気がついてみるとCである」の意味を表します。再帰代名詞（「…自身」の意味の代名詞）myselfがO，in love with N「Nに恋して」「Nを好きで」の形容詞句がCです。この文のfindは「～とわかる，思う」「～に気づく」の感じですね。myselfをIにしてbe動詞を補うと，"I was in love with her."の文ができあがります。

このようなSVOCの文型において，OCは「圧縮された文」に相当します。したがって，**OC部分をもとに本来の文（be動詞を使った文）に復活させることが英文の内容を理解するためにとても重要**です。

第1文

consider O Cの文型に気づきましたか。unique，specialともに形容詞ですから

〈VO＋形容詞〉でVOCの文型ですね。

各　国は　を…と考えている　自国の文化(を)　特有(で)

Each country (S) considers (Vt) its culture (O) { unique (C) / そして and (等) その結果として therefore (副) 特別(だと) special (C). }

OCをもとにbe動詞を使って文を復活させます。"Its culture is unique and therefore special." が復活文です。

第2文

concernedを形容詞と見てもかまいません。the 1960sは「1960年代」ですね。

ヨーロッパの人々は　懸念した　のことを　アメリカによる　文化面の　影響

Europeans (S) were concerned (V(受)) (about American cultural influence) (M)

での　彼らの国々

(in their countries) (M).

第3文

call O Nがポイントです。10課の既習事項です。

フランス人は　を…と呼んだ　それ(を)　アメリカの　挑戦(と)

The French (S) called (Vt) it (O) "the American challenge." (C)

American cultural influenceを受けたitをSにし，be動詞を使って判別します。It was "the American challenge." (○)のように文が成立しますから，"the American challenge" = Cと決定できます。

ここで6・8・10課を復習して，be動詞を使った文型判別法を再認識しておきましょう。

《全文訳》各国は自国の文化が特有で，その結果として特別だと考えている。1960年代にはヨーロッパの人々—とりわけフランス人—は，自国でアメリカによる文化への影響が生じるのを懸念した。フランス人はそれを「アメリカの挑戦」と呼んだ。

【語句】unique 形 特有の，独特の／in particular 副 特に／be concerned about N「Nのことを心配する」／cultural 形 文化の／influence 名 影響

15 〈VO ＋ to Ⓥ〉は VOC の可能性

次の英文を訳しなさい

Until a hundred years ago, for most people, salt was only available from far away, and so it was very expensive. Salt **has forced Man to explore**, to think, to work, to trade, to learn foreign languages, and to travel.

（静岡理工大）

O ＋ to Ⓥ＝S ＋ P なら，OC の可能性

〈O ＋ to Ⓥ（動詞の原形）〉の登場です。次の２文を比較してみましょう。

(a)　I got a teacher to correct my English composition.　(SVOC)

(b)　I got a lottery ticket to make a fortune.　(SVO)

〈O ＋ to Ⓥ〉が OC か否かの判別式は，O ＋ to Ⓥ＝ S ＋ P です。O ＋ to Ⓥを S ＋ P の形にするには，O を S にし，Ⓥに「時」を与えます。

まず (a) です。A teacher corrected my English composition.「先生が（私の）英作文を添削してくれた」(○) は論理的に OK ですから，**〈get O to Ⓥ〉で VOC の文型**です。訳は「私は（ある，１人の）先生に英作文を添削してもらった」になります。

(b) です。A lottery ticket made a fortune.「宝くじ１枚が大儲けした」(×) は，非論理的。a lottery ticket と to make a fortune は **S と P の関係にない**ので，(b) は **VOC の文型ではありません**。

さらに **get** は文型が **VO** なら「**O を得る**」，**VO₁O₂** なら「**O₁ に O₂ を得させる**」(→ 10 課) が基本となる意味ですが，**get** は **〈to ＋Ⓥ（動詞の原形）〉を O にも O₂ にもしない**ので，“to make a fortune” は got を修飾する **M** です。(b) の訳は「私は大儲けするために宝くじを買った」です。**〈get O to Ⓥ〉**について整理しましょう。

- O to Ⓥ が S と V の関係にある ⇒　VOC の文型
- O to Ⓥ が S と V の関係にない ⇒　VO の文型

動詞により，文型が決まっている

get と事情が異なる動詞が **promise** です。

(c) He promised me to come.

promise「〜を約束する」という動詞の特質から，me と “to come” はSとPの関係になれないのです。promise O_1O_2「O_1にO_2を約束する」の文型に縛られて **〈promise O to Ⓥ〉**は「OにⓋすることを約束する」の意味になります。訳は「彼は私に，来ると約束した」で，「来る（つもりな）」のは文のSである He なのです。**promise** は **〈to ＋ Ⓥ（動詞の原形）〉**をCではなく **Oにする動詞**です。

第1文

副詞の only は助動詞・be 動詞の後，一般動詞の前に置かれることが多いので **only が何を修飾するのかは文の流れで判断**することになります。

(Until a hundred years ago)[まで 100 年 前 / M], salt[塩は / S] was[だった / Vi] only[ただ…だけ / (副)] available[入手できる(の) / C] (from far away)[から ずっと 遠く / M],

and so[それで / (等)(副)] it[それは / S] was[あった / Vi] very[非常に / (副)] expensive.[高価で / C]

only が available を修飾するととると「手に入るだけ」。only を (from far away) の直前に移すと「遠くからだけ」となり，意味が明確になります。

第2文

Man explores.が成立するので，Man と to explore は **SとPの関係**にあり，force は **VOCの文型**になる動詞です。Salt がSですから，「無生物主語構文」を意識して「SのせいでOがⓋする」「SによってOがⓋする」など，日本語らしい訳文を作りましょう。

Salt[塩は / S] **has forced**[いる を強いて / Vt(現完)] **Man**[人が / O] (**to explore**)[こと 探検する / C(Vi)], (to think)[こと 考える / C(Vi)], ... and[そして / (等)] (to travel)[こと 旅する / C(Vi)].

get，force と同様に，**〈O to Ⓥ〉**の箇所に SP 関係が内蔵され，**OC** になる動詞には，**ask**「〜ように頼む」，**cause**「をさせる」，**expect**「を期待する」，**want**「を望む」など，おなじみの動詞が多数あります。

《全文訳》100年前までは，ほとんどの人々にとって，塩は遠くからしか入手できなかったので非常に高価だった。塩のおかげで人は探検し，考え，労働し，貿易し，外国語を学習し，旅をしなければならないのである。

【語句】available 形 入手できる／and so「それで」／force O to Ⓥ「OにⓋすることを強いる」／explore Vi 探検する／trade Vi 貿易する

16 〈VO＋Ⓥ〉は「OがⓋする」のSP関係

次の英文を訳しなさい

A cartoon combines art and humor. A simple line drawing and a few words **can make people laugh**. Their troubles become small and they can enjoy life fully.

（東海大）

O＋Ⓥ＝S＋PでVOC

この課で学ぶ動詞については，〈**O＋Ⓥ（動詞の原形）**〉に**SとPの関係**を読み取り，復活文（→ 14 課）をイメージするのがポイントです。この文型を担う代表的なVが**①知覚動詞**と**②使役動詞**です。

①知覚動詞とは，**see**，**hear**，**feel** などの動詞のことですが，**その後ろに〈O＋Ⓥ〉**を持ち，「〈OがⓋするの〉が見える・が聞こえる・を感じる」の意味を表します。仲間の動詞に **look at**「を見る」，**notice**・**observe**「に気づく」，**watch**「を見守る」，**listen to**「を聞く」があります。これらの動詞は 13 課で学んだ〈VO＋分詞〉＝VOCのVとしても使われます。ここで，13 課の例題で検討した〈see O ＋現在分詞〉と〈see O ＋動詞の原形〉の意味の違いを明確にしましょう。

(a)　I **saw** him crossing the street. 「私は彼が通りを渡っているのを見かけた」

(b)　I **saw** him cross the street. 「私は彼が通りを渡るのを見かけた」

(a) の復活文は crossing の前に be 動詞を加え，それに「時」を与えます。

(c)　He was crossing the street.（彼は「渡る」動作の途中だった）

(b) の復活文は cross に「時」を与えて過去形にします。

(d)　He crossed the street.（彼は「渡る」動作を行った）

つまり (a) では「行為の始めと終わり」は目撃されなかったのに対し，(b) では「行為の始めから終わりまで全部」が目撃されたことになるのです。

②使役動詞については，**make**「〈Oに（強制的に）Ⓥさせる」，**let**「Oに（望みどおりに）Ⓥさせてやる」，**have**「OにⓋさせる・してもらう」の意味，特に **make** と **let** の意味の明確な区別が大事です。次のことわざで検討しましょう。

You can take a horse to the water, but you cannot make him drink.

「馬を水辺へ連れて行くことはできるが無理やり水を飲ませることはできない
→その気のないものには，はたからどうすることもできない」

make では「無理強いしてもだめだ」の意味ですが，仮に **let** を使うと「望みどおりに水を飲ませることはできない」となり，全体として不自然な文になります。

〈have/get O ＋過去分詞〉は使役・被害・完了

使役動詞を学んだついでに 13 課の補足をしましょう。

have と **get** は **SVOC（C ＝過去分詞）**のとき，**文脈で**（前後に文がなければ常識で）**意味を判断**しなければなりません。**①使役「させる・してもらう」**，**②被害「される」**，**③完了「してしまう」**の意味で使われることが多く，①③では主語の意志が働いています。また発音については，①では have/get に強勢を置き，②③では過去分詞に強勢を置きます。例文で順に比較してみましょう。

① I had/got my teeth treated（by the dentist).（使役）
「（歯医者に）歯を治療してもらった」
"by the dentist" がなくても，「される」という「被害」の意味に取る人はいませんね。

② I had/got my new car stolen.「私は新車を盗まれた」（被害）

③ I'll have/get this job finished and I'll go out for dinner.（完了）
「この仕事をやってしまって，食事に出かけよう」

第 1 文

A cartoon (S), combines (Vt), art and humor (O). と楽につかめましたね。

第 2 文

簡単な 線 画 そして いくつかの 言葉は	ことができる に…させる	人々が	笑う
A simple line drawing and a few words	can make	people	laugh.
S	Vt	O	C（Ⓥ）

O である people の直後の laugh はⓋ（動詞の原形）です。make は使役動詞でしたね。「人々を（無理やり）笑わせる」という意味になります。

《全文訳》漫画は芸術とユーモアが組み合わさったものである。簡単な線画といくつかの言葉で人々は笑うことができる。彼らの悩みは些細（ささい）なものになり，彼らは人生を十分に楽しむことができる。

【語句】cartoon 名 漫画／combine Vt を組み合わせる／line drawing 名 線画／trouble 名 悩みの種／small 形 あまり重要でない／fully 副 十分に

17 〈A and B〉はBからチェック

次の英文を訳しなさい

People on the island of Yap don't need purses. They need a big stick **and** strong arms. A piece of Yap money has a hole in the middle, can be three or four meters high, **and** can weigh over a thousand kilograms.

（京都産業大）

and, but, or は同じ役割の語・句・節をつなぐ

and, **but**, **or**, **nor**「もまた…ない」などを**等位接続詞**（等）と呼びます。「等位」とは「位（くらい）が等しい」ということで，**文法上同じ役割を持つ**ということです。具体的には，例えば「語の品詞が同じ」「語群が節になっている点で同じ」「文や節の中での役割（S，V，O，C，前置詞の目的語，M）が同じ」ということです。そのような共通点を持った語・句・節をつなぐのが等位接続詞です。**for** と **so** も等位接続詞ですが，**この2つの直後は必ず節が続く**点で and，but，or などとは性格が違います。

共通関係の把握は構造理解に不可欠

等位接続詞，特に and・but・or が文法上同じ役割を持つ表現をつなぐことに着眼すると，面白いように英文の構造が見えてきます。たとえば and・but・or を数学の「＋（プラス）」に見立てて英語の表現を数式のようにしてみます。

We read and write English. を次の2つに分けて検討しましょう。

① **We**(X) **read**(A) **and**(+) **write**(B)　② **read**(A) **and**(+) **write**(B) **English**(Y)

We (X) { read (A) / and (+) / write (B)
共通語

read (A) / and (+) / write (B) } English (Y)
共通語

上の図式からわかるように，見かけは XA＋B でも X（A＋B）の構造，つまり XA＋XB，また A＋BY でも（A＋B）Y，つまり AY＋BY と読み取らなくてはならないことが多いのです。このように，**2語以上の語句（A, B, …）が共通する1語句（X, Y）とつながっている関係を共通関係**と言い，**X・Y を共通語**と言います。共通関係には① **X（A＋B）**，②（**A＋B）Y**，①②を合わせた③ **X（A＋B）Y** の3つのタイプがあります。

and・but・or の直後の語句をマーク

“A and B” において何が A で何が B かを見つけるには，**B からチェック**します。なぜなら，**一般的に B が and の直後にあることが多い**のです。and を見たら指先で B にあたる表現を確認し，次に指先を and の前に移動して **B と文法的に同質の表現を探します**。B が動詞なら原形・現在形・過去形・過去分詞のどれかを考えながら A を探すのです。ただし，“A and ＋副詞（句／節）＋ B” のように，副詞的語句が邪魔をすることがありますが，その語句を無視して B を探します。そのとき B が見当たらなければ，その副詞的語句が B になります。

A　and（副）　B
read and then write English
②　←――　①　〔B からチェック〕

第 1 文と第 2 文

第 1 文の the island（of Yap）の of は「同格の of」で，「ヤップという島」が直訳です。第 2 文の and がつなぐのは a big stick と strong arms。これらの名詞群が need の O になっています。

第 3 文

A piece（1 個は）[S]　(of Yap money)（のヤップ お金）[M]
- has（がある）[Vt]　a hole（1つの 穴）[O]　(in the middle)（に 真ん中）[M],
- can be（こともある である）[Vi]　{three（3） or（または）(等) four（4）} meters（メートルだけ） high（高い）[C]
- , and（そして）(等)　can weigh（こともある 重さがある）[Vi]　over a thousand kilograms（を超える 1000 キログラム）[C].

and の直後は can weigh，前へ戻ると can be，そして has と 3 つの V をつなぐ and でした。**共通語**は S の **A piece** です。等位接続詞を意識すると文の構造が立体的に感じられませんか。これからは **and, but, or に注目**ですよ。

> **《全文訳》** ヤップ島の人々は財布を必要としない。彼らに必要なのは大きな棒切れとたくましい腕である。ヤップのお金 1 個は真ん中に穴があり，高さが 3 ないし 4 メートルのことも，重さが 1,000 キログラムを超えることもある。
>
> 【語句】purse 名 財布／stick 名 棒／hole 名 穴／weigh Vi 重さがある

18 not とセットの but をキャッチ!

次の英文を訳しなさい

In the seventeenth century, England became the chief slave trader. Newport, Rhode Island, was the chief home of the American slave ships in the North American colonies. The Europeans did **not** capture the slaves, **but** bought them from the black kings along the west coast of Africa.

（桜美林大）

not を見たら but をマークせよ

等位接続詞 but が「しかし」の意味ではないときがあります。**not A but B** で「**A ではなくて B**」「**A ではなくむしろ B**」となるのです。この場合，not と but が相互に関連しているので**相関語句**と言われます。

but が「しかし」を意味するときは，**not A but B** は「**A ではない，しかし B**」のように否定の「**…ではない**」の後で**区切る**ことができます。

not と but が相関関係を持つ条件

次の文は，**"not A but B"** を，「**A ではない，しかし B**」と訳す場合の例です。

He is not old but sensible.「彼は年を取ってはいない，しかし分別がある」

この例からもわかるように，普通は「年を取っているから分別がある」ものですから，**A and B ＝「A であって B」「A だから B」**が成り立つとき，"not A but B" は，「**A ではない，しかし B**」と訳せることがわかります。

他方 **"not A but B"** が「**A ではなく B**」の相関関係にある場合，"A and B" は成立しません。つまり**A と B が意味の上で関係がないか，対立**します。

We want not money but love.「私達はお金ではなく愛情がほしい」
We want not war but peace.「私達は戦争ではなく平和を望む」

「お金と愛情」には直接の関係はなく，戦争と平和は対立します。

not A but B の変形タイプに注意

"not A but B" には以下のように２つの変形があるので注意しましょう。

① "B (,) and not A", "B, not A" : We want peace and not war.

② 見せかけで not が述語動詞を否定する: We don't want war but peace.

訳は両方とも「私達は戦争ではなく平和を望む」です。

特に②は "don't want" につられて「(を) 望まない」と訳さないこと。but を確認したら, **not は but の直後の語句・節と文法上同じ働きをする語句を否定する**ことを思い出してください。**peace が名詞ですから not はやはり名詞の war を否定**します。

第 1 文

に 17 世紀 イギリスは になった 第 1 位の 奴隷 貿易国

(In the seventeenth century), England became the chief slave trader.

M S Vi C

17 世紀, アメリカはイギリスの植民地だったのです。

第 2 文

ニューポートが ロード アイランドの であった 主な 基地 の では 植民地

Newport, Rhode Island, was the chief home (of ...) (in the ... colonies).

S Vi C M M

第 3 文

"did not" と but が見えます。not と but は相関関係の可能性があります。

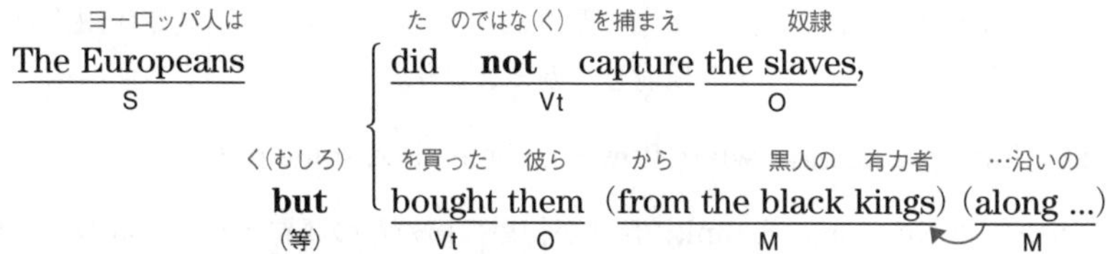

capture and buy (the slaves)「(奴隷) を捕えて買う」とした場合, 2 つの動詞は意味がつながりません。したがって, but は「しかし」の意味ではありません。not と but は「捕えたのではなく, 買ったのだ」と**相関関係**にあります。

《全文訳》17 世紀, イギリスが最大の奴隷貿易国になった。北アメリカ植民地では, ロードアイランドのニューポートがアメリカの奴隷船の本拠地だった。ヨーロッパ人は奴隷を捕えたのではなく, アフリカ西海岸の黒人有力者から買ったのだ。

【語句】chief 形 主要な,第 1 位の／slave 名 奴隷／ trader 名 貿易業者／ home 名 本拠地／ colony 名 植民地／ capture Vt を捕まえる／ coast 名 海岸

19 and / but の後の省略を見抜け

次の英文を訳しなさい

In Britain we sip the refreshing beverage from breakfast till bedtime. Tea lubricates all our social activity. Some prefer it plain, **others with milk, sugar, or both.**

（東北学院大）

共通語句は省略する

17 課で学んだように，and・but などの等位接続詞は，文法上同じ役割を持つ語・句・節をつなぎます。ですから，たとえば and に着目して前課で学んだ共通関係で文構造がつかめないときには，**同一表現（＝共通語句）の繰り返しを避けるために省略があると**考えてよいのです。これからは，and・but・or・カンマ（,）・セミコロン（;）の後の構造分析に確信が持てないときは，**共通語句の省略**と考えて文の構造把握にかかりましょう。

〈形容詞＋名詞〉の名詞とS・V・O・C・Mが省略される

共通語句の省略には，大別すると①〈形容詞＋名詞〉の名詞と，②文の（主）要素の省略があります。例を挙げて少し検討してみましょう。

（a）Some plants have white flowers, some pink, some red.

カンマ以下の some と pink，red が初めの節のどの語句と対応するのかを対比し，何が省略されているかを考えてみましょう。（Some plants は「一部の植物，植物によっては…なものもある」と訳しておきましょう。）

Some	plants	have	white	flowers
some	名詞	Vt	pink/red	名詞

カンマ以下は Vt（have）と名詞（plants/flowers）の省略。

plants がない，some pink, some red の some は代名詞に品詞が変わりましたが，pink/ red は相変わらず形容詞のままです。

（b）Some people are wise, but others not.（others=other people → 1 課）

Some people	are		wise
others	Vi	not	C

カンマ以下は V（are）と C（wise）の省略。

このようにand/butなどの前の節（SVX）を観察してandの後にない語句（たとえば動詞）をandの後に補充すればSVXが復活します。実際には，**共通語句の省略**で多いのは**Vの省略**です。

第1文

では イギリス	私達は	をちびちび飲む	リフレッシュしてくれる 飲み物	から 朝食	まで 就寝時間
(In Britain)	we	sip	the refreshing beverage	(from breakfast)	(till bedtime).
M	S	Vt	O	M	M

第2文

紅茶は	を円滑にする	全ての 私達の 社会的 活動
Tea	lubricates	all our social activity.
S	Vt	O

「無生物主語」構文を意識して自然な和訳にしてみましょう。

第3文

人によっては	を好む	それが	何も入っていない（の）		人によっては	が入っている ミルクか 砂糖 あるいは 両方
Some	prefer	it	plain	,	others	(with milk, sugar, or both).
S	Vt	O	C		S	C

Some	prefer	it	plain
others	Vt	O	with milk, sugar, or both

カンマ以下はVt (prefer) とO (it) の省略。

カンマはandの代用です。**Vt（prefer）とO（it）が省略された共通語句**でした。**othersはSomeに，（with ... both）がplainに対応**しているのが見抜ければこの課の技術はマスターです。plainが形容詞ですからpreferはVOCの文型になっていることも押さえましょう。OとCにはSとPの関係があるのでしたね（→14課）。語句の対応をがっちり把握する文法力が，省略を見抜くのには不可欠です。

《全文訳》イギリスでは，私達は朝食から就寝時間までリフレッシュしてくれる飲み物を少しずつ飲む。紅茶のおかげで私たちの社会活動全てが円滑に進む。紅茶に何も入れないのが好きな人もいれば，ミルクか砂糖，あるいは両方入れるのが好きな人もいる。

【語句】sip Vt をちびちび（少しずつ）飲む／refreshing 形 リフレッシュしてくれる／beverage 名 飲み物／lubricate Vt を円滑にする／social 形 社会の／activity 名 活動／plain 形（飲食物に）何も入っていない

20 過去完了は「基準時」を探せ

次の英文を訳しなさい

For a century before the start of the Industrial Revolution, Britain **had been** the richest commercial nation in Europe. It became the paramount industrial power as well.

（日本大）

過去完了（その１）は現在完了の過去版

過去完了を理解するには，**現在完了を過去形との比較で理解**している必要があります。次の①**過去形**の文と，②**現在完了**の文の違いを検討しましょう。

① I lost my camera. (A1)　　② I have lost my camera, (B1) so I have to buy a new camera. (C1)

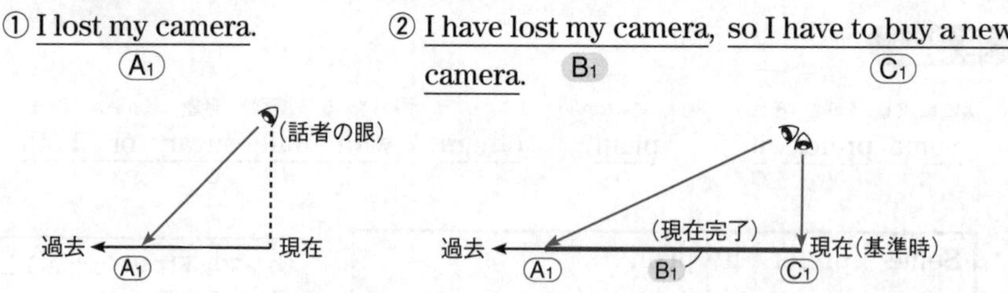

①の**過去形**は，過去を振り返って「（過去のある時点 A1 で）カメラをなくした」と言っているだけで，現在のことは示されていません。

②は**現在完了**で，過去を振り返って，「（過去のある時点 A1 で）カメラをなくして」その結果「現在（C1 で）カメラがない（不便だ）」といった**現在の状態・気持ちが暗示**されています。現在完了は「過去と現在の因果関係」を示しますが，**中心は現在**にあり,このような中心となる時を**「基準時」**と言います。**現在完了の「基準時」は現在**（C1）です。次に振り返る時点を現在（C1）から過去の一時点「基準時」（C2）へと平行移動します。すると現在完了（B1）は過去へと押しやられ「過去の時点での現在完了」＝③**「過去完了」（その１）**になります。これが以下の図の B2 です。

③ I had lost my camera, (B2) so I had to buy a new camera. (C2)

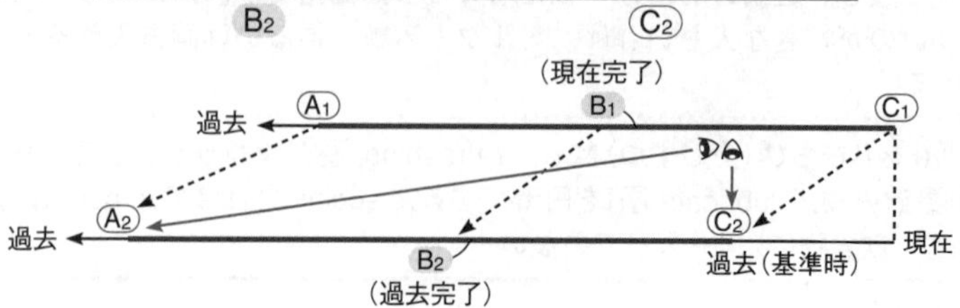

時間関係の逆転を示す過去完了（その2）に注意

時の流れに沿って淡々と述べる場合は過去形だけですむのですが，①「**A — B**」の順番を②「**B — A**」という順番に変えたときに，**「実はAのことが先に起きた」**を示すのに，**Aを過去完了**にします。①②の英文で確認しましょう。

① I bought my camera the day before yesterday. I lost it yesterday.
「私はおとといカメラを買った」—「私はそれを昨日なくした」（「A — B」の順番）

② I lost my camera yesterday. I had bought it the day before.
「私は昨日カメラをなくした」—「私はおとといそれを買った」（「B — A」の順番）

②の場合，**「カメラをなくした」時点が「基準時」**になります。「カメラを買ったのはその前日」なので，この時間の流れの逆転を過去完了で示しています。

過去完了を見たら「基準時」をマーク

英文を読む際は時間の流れを追うことが大事で，それには**時間関係を示す述語動詞の形に着目**するのが得策です。過去完了を見たら**「基準時」**を探し，**現在完了の過去版としての過去完了（その1）**なのか，**時間の流れを逆転させるための過去完了（その2）**なのかを判断することが重要です。

第1文

(For a century) (before the start) (of the Industrial Revolution),
の間 100年 / の前の 始まり / の 産業革命
M M M

Britain **had been** the richest commercial nation (in Europe).
イギリスは だった 最も 豊かな 商業（の） 国 （で）の ヨーロッパ
S V（過完） （形） （形） C M

過去完了 “had been” の「基準時」は the start of the Industrial Revolution で，それ以前の状態を過去完了で表現しています。

これからは現在完了・過去完了を見たら**「基準時」**を意識しましょう。

《全文訳》産業革命が始まるまでの100年間，イギリスはヨーロッパで最も豊かな商業国だった。イギリスは主要な産業大国にもなった。

【語句】the Industrial Revolution 名 産業革命／commercial 形 商業の／paramount 形 最高の，主要な／power 名 大国／as well 副（も）また

21 従属節は[ ]でくくれ

次の英文を訳しなさい

The mysterious Japanese smile should be understood in the context of the social situation. **When** a Japanese commuter misses a bus, he smiles **if** there are other people on the site, but he curses **if** there is nobody around.

(関西学院大)

従属節は文の要素になる

節どうしが17課で学んだ and・but・or のような等位接続詞でつながれている場合，それらの節を**等位節**と呼びます（→ p.xvi「等位節」）。

これに対して，if・when・because をはじめとした**従属接続詞**（略称は[接]）が節（SVX）の前につくと，[[接]SVX] **という1つの固まりになって，全体として名詞か副詞の働きを持ちます**（それぞれを名詞節・副詞節と呼びます）。次の独立した2つの文（a）（b）を[接] when でつなぎ，1つの文にしてみましょう。

（a） I stayed in Osaka.　（b） I met him then.

then は「その時」という意味の副詞で，V である met の M です。[接] when「（～の）ときに」を（a）の文の頭につけてできる副詞節 [when I stayed in Osaka] は節（I stayed in Osaka）を内蔵する副詞に匹敵します。then を when で始まる節（略して when-節）に換えると，次のようになります。

I met him [when I stayed in Osaka].
主節　　　　従属節

（a）の文に[接]がついて副詞になるということは，文（b）の1構成要素 M になる，つまり（b）に従属する節（従属節）になるわけです。このとき，**[接]のついていないほうの節を主節**と呼びます。[接]**の働きは「1つの節を別の文（節）に接続して従属させること」**です。

従属節は[ ]に入れろ―目印は，[接]・疑問詞・関係詞

[接]と同様に節を従属節に変える語に，**関係詞**と**疑問詞**があります。**関係詞**（関係代名詞・関係副詞→33課～41課）**で始まる節は形容詞か名詞の役割**，**疑問詞**で始まる節（→27課）は**名詞の役割**をします。この後の課で詳しく学びますが，**that-節・when-節・**

where-節の３つの節は**名詞節・形容詞節・副詞節のいずれにもなる**ので要注意です。

いずれにしても接・**疑問詞・関係詞で始まる節を**[　　]でくくると，文の構造が見えやすくなります。その次に［従属節］が文あるいは節の中で名詞・形容詞・副詞のどの役割を持っているかを判断してから必要があれば和訳します。

第１文

神秘的な　日本人の　微笑は　べきである　理解される
The mysterious Japanese smile (S) should be understood (V(受))

の中で　の　状況
(in ...) (M) (of ... situation) (M).

第２文

When, if が見えますね。When-節と smiles の後の if-節の終わりはカンマの前です。if-節の中はいずれも there are / there is で始まる「存在」構文（→３課）が使われています。

(〜)ときに　日本人の　通勤者が　に乗りそこなう　バス
[**When** a Japanese commuter misses a bus],
副→(接)　(形)　S　Vt　O

彼は　微笑む　(〜)ならば　いる　ほかの　人々が　に　その　場
he smiles [**if** there are other people (on the site)],
S　Vi　副→(接)　Vi　(形)　S　M

しかし　彼は　悪態をつく　(〜)ならば　いる　ゼロの人が　近くに
but he curses [**if** there is nobody around].
(等)　S　Vi　副→(接)　Vi　S　(副)

例題の３つの接SVX を[　　]でくくると主節がはっきり見えます。さらに従属節を削除すると，He smiles but he curses.となります。３つの従属節を削除しても英文が成立していますから，３つとも名詞節ではありません。if-節は形容詞節にはならないし，when-節も前に修飾する名詞がないので形容詞節ではありません。したがって，この文の**従属節は３つとも副詞節**になります。

《**全文訳**》日本人の神秘的な微笑みは社会状況の枠内で理解されるべきである。日本人の通勤者がバスに乗り遅れた場合，その場に他人がいると微笑むが，近くに誰もいないと悪態をつく。

【語句】mysterious 形 神秘的な／ context 名 背景／ situation 名 状況／ commuter 名 通勤者／ miss Vt （乗り物）に乗り遅れる／ site 名 場所／ curse Vi 悪態をつく／ around 副 近くに

22 文頭の従属節の範囲を決めろ（〈[接 svx] SVX〉）

次の英文を訳しなさい

During hibernation animals breathe very slowly and their hearts scarcely beat. **If** they are awakened too suddenly or violently from this deep sleep **they** may die.

（高知大）

文頭の副詞節の範囲は離れたSの前まで

前課では最初の従属節の学習として，副詞節を取り上げました。なぜなら，従属接続詞（接）の種類は多く，これから英語を学習していく過程でも副詞節に出会うことが多いためです。また，前課で学んだように副詞節はMですが，文を複雑に見せるため，難しいと感じることが多いものです。ここでは副詞節の知識を補足して，文構造をがっちり把握しましょう。

21課の例題に登場した接 When の支配範囲は，カンマのおかげで簡単に確定できました。2つの if-節はいずれもそれぞれの主節の後にあったので[　　]でくくるのは簡単でしたね。

では文頭の接 SVX の後に**カンマがないとき**は何を手掛かりに**接の支配範囲**を決めたらよいのか，前課の例文の2つの節の位置を入れ換えて検討してみましょう。I stayed と I met と SV が2つありますから「つなぎ」の詞（ことば）が必要です。文頭にある When が「つなぎ」，すなわち接です。

[When I stayed (in Osaka)] I met him.

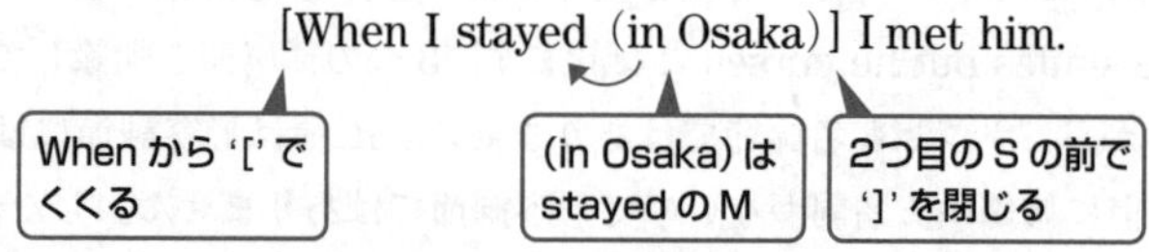
When から '[' でくくる
(in Osaka) は stayed の M
2つ目の S の前で ']' を閉じる

接の支配範囲は接から離れたところにあるSの前と決め[　　]でくくりましょう。さらに一歩進んで〈接 SVX　SVX〉タイプの文と節で，接 SVX は**副詞節**と決めます。

接 SVX が M なら，主節の文型完成

ここで主節の構造を確認しましょう。実は，副詞の仲間である**副詞節の位置**は，**主節の前・後・中と比較的融通がきく**のです。基本的に副詞の位置はほかの語と比べると比較的自由で，次の4つのタイプになります。

① 接SVX SVX.　② SVX 接SVX .　③ S, 接SVX , VX.　④ SV, 接SVX , X.

主節（SVX）は文型が成立していなければなりません。前課で，M である副詞節は削除できることを確認しましたね。

次に**副詞節の役割**を確認しましょう。通常は主節の V を修飾しますが，主節の述部が VC のときは VC 全体を修飾すると考えます。be 動詞の am だけでは「…である」の意味しかなく，意味不足だからです。具体的に見てみましょう。

I met(V) him [when I stayed in Osaka].　　I am(V) happy(C) [when I meet him].

第 1 文

等 and が何をつないでいるかが把握できれば OK です。

(During(前, の間に) hibernation(冬眠))(M)
animals(S, 動物は) breathe(Vi, 呼吸する) very(副, 非常に) slowly(副, ゆっくり)
and(等, そして)
their hearts(S, それらの心臓は) scarcely(副, ほとんど…ない) beat.(Vi, 鼓動し)

第 2 文

まず，if-節は S になりませんから，文頭の If-節は副詞節です。

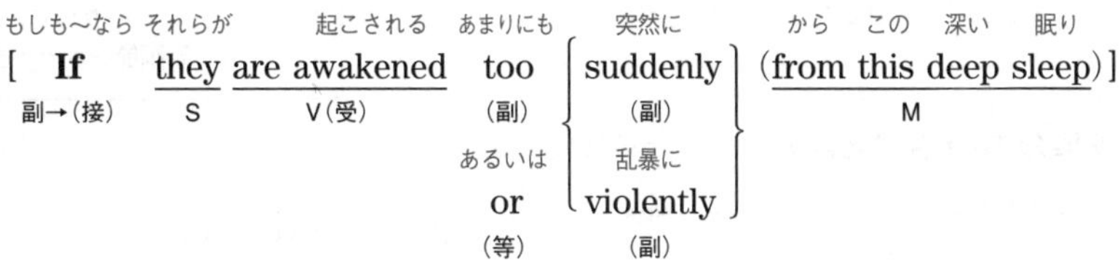

それらは(S) かもしれない 死ぬ(Vi)
they may die.

[If ... sleep] とくると，この文は〈接SVX SVX〉タイプの文とわかりますね。

《**全文訳**》冬眠中，動物は非常にゆっくり呼吸するしその心臓はほとんど鼓動しない。もしもあまりにも突然あるいは乱暴に深い眠りから起こされると，死ぬかもしれない。

【語句】during 前 の間に／hibernation 名 冬眠／scarcely 副 ほとんど…ない／awaken Vt を起こす／violently 副 乱暴に

23 文頭の従属節は，後がVならSで名詞節

次の英文を訳しなさい

Radio is usually more than just a medium; it is company. **Whether** it is the company of first choice or of last resort **makes** no difference.

（同志社大）

〈[従属節] VX〉なら[従属節]はSで名詞節

すべての従属接続詞（接）は副詞節の先頭に立ちます。そして，ほとんどの接，例えば **although/though**「〜だけれども」，**unless**「〜でない限り」，**while**「〜する間に」などで始まる節は**副詞節**にしかなりません。

他方，接 **if**，**that**，**whether** で始まる節は**名詞節**か**副詞節**になり，そのどちらかによって意味が異なるため，きちんと区別することが重要です。以下，接が文頭に置かれた場合を見ていきましょう

① **文頭の If-節は条件を表す副詞節** ――「〜ならば」

[If you study hard (,)] you will pass the exam.
S(1) Vi (副) S(2) Vt O

「一生懸命勉強すれば試験に受かるよ」

> 接から離れた2つ目のSの前までが If の支配範囲。2つ目のS(you)をマークして[　]でくくって副詞節をキャッチ。

② **文頭の That-節は名詞節** ――「〜こと」

[That he is kind] is true.
S Vi(1) C Vi(2)

「彼が親切だということは本当だ」

> 接That から離れたSはなく，true の前にVの is。kind は kind の前の is のCで true の前の is とは無関係。接That の支配範囲は kind まで。

文の構造は次のようになります。

[[That he is kind] is true]. 外枠が主節の範囲です。主節の中に**従属節がS**として組み込まれています。従属節の先頭に立つ語を疑問詞・関係詞にも広げて **〈[従属節] VX〉** において **[従属節] はSで名詞節**と決めます。

③ **文頭の Whether-節（副詞節）**

――「…であろうとなかろうと」「…であろうと〜であろうと」

副詞節には必ず or があり，よく，〈Whether SVX or not〉あるいは〈Whether or not SVX〉のように〈or not〉が使われます。

[Whether it rains or not (,)] I will go out.
S(1) Vi S(2) Vi
「雨が降っても降らなくても外出するよ」

> 接 Whether の支配範囲は2つ目のSであるIの前まで。

④ **文頭の Whether-節（名詞節）――「～かどうか」**

名詞節では or，or not がある場合とない場合があります。語順が倒置（→ 69 課）されない限り，**Whether-節が S か否かが名詞節か副詞節かの分かれ目**です。

節の種類で従属節の先頭に立つ語の品詞を判定

文頭の従属節が **What・Which・Who・How などで始まる**のであれば**名詞節**です。いずれも品詞はさておき，**疑問詞**（What・How は関係詞にもなる）だからです。**When-節・Where-節**は名詞節にも副詞節にもなるのですが，語順の倒置（→ 69 課）がない限り，それぞれ **S になっていれば名詞節**で，When・Where は**疑問副詞**，また，**S でなければ副詞節**なので，When・Where とも接と判定します。

第1文

ラジオは である 普通 多くのもの より 単なる 情報伝達手段 それは である 仲間
Radio is usually more (than just a medium); it is company.
S Vi (副) C(代) (前) (副) (名) S Vi C

第2文

さあ文頭に Whether があります。Whether-節は何節でしょうか。

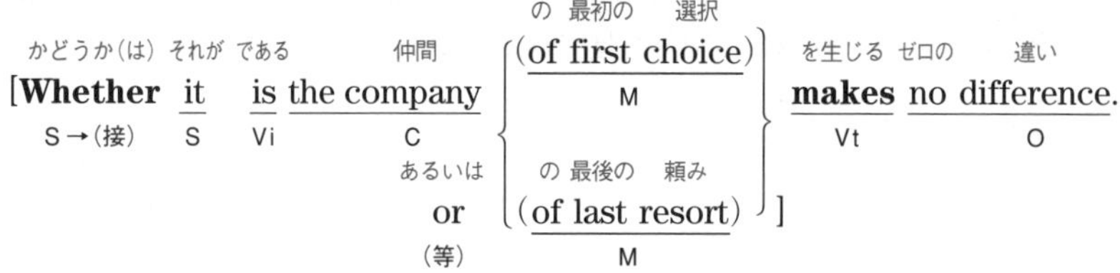

等 or が2つの前置詞句をつないでいるのがわかれば makes の S が Whether-節なのは明白です。したがって Whether-節は名詞節。

《全文訳》ラジオは普通単なる情報伝達手段を超えた存在だ。仲間なのだ。それが最初に選んだ仲間か最後に頼る仲間なのかはどうでもよいことだ。

【語句】medium 名 情報伝達手段／company 名 友人／choice 名 選択／resort 名 頼ること／make a difference「違いが生じる，重要である」

24 他動詞の後の that-節は O で名詞節

次の英文を訳しなさい

Environmentalists **argue that** paper consumption is already unsustainable and will have a profound impact on communities, climate, plants and wildlife.

（信州大）

that-節は他動詞の O になる

that-節は名詞節にも副詞節（→30課）にもなるので，文・節の中で持つ役割を検討して何節になるかを判定するのでしたね。that-節が S になることは前課の確認事項ですが，今度は **Vt の O になる例**の検討です。まずは次の英文をどうぞ。

I know [that he is kind].「私は彼が親切だと知っている」
S　Vt　O→　S　Vi　C

know「(を) 知っている」は普通 **Vt** として使われます。他人とのやり取りの中で "Yes, I know." と言うことはあっても，自分のほうから一方的に "I know." と言うことはあり得ません。したがって **know を目にしたら，「後に O が続くな」と心の準備**をしてください。know の後に that，その後に SV が続くのに気づいて，「that で始まる節（= that-節）が O」と認識します。O になるのは**名詞節**ですから，訳語を「…ということ」にして，「私は彼が親切だということを知っている」という訳にします。

前課と同様に主節と従属節の関係を見てみましょう。外枠が主節です。

[I know [that he is kind]].

主節の中に従属節が O として組み込まれていますね。「**Vt の後の [従属節] は O で，名詞節**」と確認しておきましょう。

名詞節の if-節と whether-節は疑問を示す

that-節と同様，if/whether で始まる節も Vt の O になりますが，その場合 if-節，whether-節は疑問の内容を表す名詞節になります。

I don't know [whether/if he will come].「私は彼が来るかどうか知らない」
S　Vt　O→　S　Vi

数ある[接]の中で[接] **that・if・whether** の共通点は，**名詞節または副詞節の先頭に立つ**ことです。具体的に名詞節としては① Vt の O になる，② be-動詞と結合して C になる (→ 28 課) ことです。

他方はっきりしている**相違点**は，① **that-節・whether-節は S** になる，② **if-節は S にならない**ことです。

第 1 文

argue の後に that がありますが，さらにその後方に is が見えますから that は[接]ですね。that から [　　] でくくります。

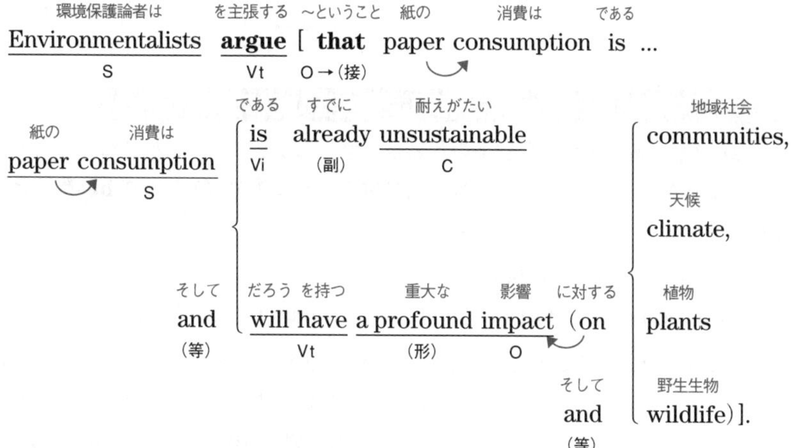

次の問題は，[接] that の支配範囲はどこまでか，and が何をつなぐか，です。支配範囲が unsustainable までとすると，and がつなぐのは argue と will have になりますね (→ 17 課)。そうすると will have の S は Environmentalists になって「環境保護論者が…に重大な影響を与えるだろう」となります。他方，that の支配範囲は wildlife までとすると and がつなぐのは is と will have で paper consumption が共通の S です。意味の流れから後者が妥当ですね。

英文解釈の流れは構造から意味へ，つまり①**構造を判断してから意味へ**，②**構造上の可能性が複数あるときは意味で決定する**のです。

《全文訳》 環境保護論者は，紙の消費は（環境を破壊し始めていて）すでに耐え難く，地域社会，気候，植物，野生生物に重大な影響を与えるだろうと主張している。

【語句】environmentalist [名] 環境保護論者／argue [Vt] と主張する／consumption [名] 消費／unsustainable [形] 耐え難い（資源を浪費して自然環境に悪影響を与えることを言う）／profound [形] 重大な／impact [名] 影響／wildlife [名] 野生生物

25 他動詞の後のSVXは[(that)SVX]で目的語

次の英文を訳しなさい

At the beginning of the twentieth century, many people thought that the American family was falling apart — in other words, they **thought it was dying**. A century later, we know that this was not the case.

(神戸女子大)

SVt SVX=SVt [(that) SVX]—省略可能な接はthat

接 that で始まる名詞節は名詞節の代表格です。しかし That-節がSになることは実際にはあまりなく（→45課・46課），次の例のように① **Vt のOや② be-動詞と結合してCになる**のが通常です（→28課）。

① I believe [**that** he is honest].　(that-節は believe のO)

② The problem is [**that** my computer is running slowly].　(that-節はC)

前置詞の目的語になることもありますが，in that-節「～という点において／～だから」などのように，ごく限られた前置詞としか結合しません。何と言ってもVtのOになるthat-節が主流です。日常的によく使われる **Vt（think・say・know など）の後の that は姿を消す**（つまり省略される）ことが多いのですが，英文の構造をきちんと把握するには，**〈Vt SVX〉は〈Vt [that SVX]〉と押さえることが大事**です。

〈be＋形容詞＋SVX〉=〈be＋形容詞＋[that SVX]〉

前課の補足ですが，形容詞の後に that-節・if-節が続くことがあります。

① I am **glad that** you have passed the exam.「君が試験に合格してうれしいよ」

② I am not **sure if** the Minister is sincere.
「その大臣，本当のことを言っているのかどうかよくわかんないよ」

①の接 that は省略されて I am glad you have passed the exam. になりますが，②で接 if が省略されることはありません。

第1文

thought の直後に that，さらに SV と続いています。Vt の後の that は名詞節の目印でしたね。

には 始め の 20 世紀 多くの 人々が と思った
(At the beginning) (of the twentieth century), many people thought
M M S Vt

～ということ アメリカの 家庭は いる 崩壊しかけて
[that the American family was falling apart]
O→(接) S Vi(進) (副)

ダッシュの後に注目。thought の直後に that が見えません。

で 他の語 →言い換えると 彼らは と考えた それは いる 消滅しかかって
— (in other words), they **thought** [**it** **was** **dying**].
M S Vt S Vi(進)

これは〈S Vt SV〉のパターンです。Vt の後が SV なので，名詞節の目印 that を加えて，they thought [that it was dying] と構造をしっかり押さえましょう。

第2文

今度は know の後に that が見えます。this was が目に入ったら余裕で [that this was ...] とくくれましたね。A century は名詞ですが，ここでは程度を表す副詞になって副詞 later を修飾しています。「100 年だけ後に→ 100 年後になって」と解釈しましょう。

100 年だけ その後 私達は とわかっている ～ということ このことが では なかった 真実
A century later, we know [that this was not the case].
(副) S Vt O→(接) S Vi(否) C

数ある接の中で**省略されるのは that だけ**です。英語は SV が 2 つ以上あったら「つなぎの詞(ことば)」を必要とする言語です。and もカンマもなかったら that が透明な接着剤になって連結器の役をしているのです。**〈Vt SVX〉は〈Vt [that SVX]〉**と肝に銘じましょう。

《全文訳》20 世紀の初めには，アメリカの家庭は崩壊しかけていると思う人が多かった―言い換えれば，彼らは，それが消滅しかけていると考えたのだ。その100 年後，私達は当時彼らの思ったとおりではないのがわかる。

【語句】fall apart Vi「崩壊する」／ be the case「真実である」

26 〈V it C +[名詞節]〉は形式目的語構文

次の英文を訳しなさい

Whatever we may think about mass-production, we can take **it** as certain **that** after 150 years of continuous development the system is here to stay; we cannot slow it down, or go back to the old hand methods of production.

（松山東雲短大）

〈V it C [名詞節]〉は形式目的語構文

VOC の文型の場合，O になるのは（代）名詞であり，普通は名詞句・名詞節が O になることはないことを念頭に置いて次の英文を見てください。

I think **it** good **that** you learn history.
「君が歴史を勉強するのはいいことだと思うよ」

I think it good.だけでも SVOC の文になりますが it が何を指すか不明です。実は，it は O の役割をさせられている「空の箱」みたいなものです。「空箱」it に続いて C である good の後に具体的内容を示す that-節を後に置くことで，形式と内容が整います。パターン化すると，次のタイプの文です。

S Vt □ C + [名具体的内容].　→　S Vt it C +[名詞節].

このように意味を持たないで**O として文の形式を整えるための it** を「**形式目的語**」，具体的内容を持った後続の**実際上の名詞節**を「**真目的語**」と呼びます。このタイプの文の和訳は，it の部分に that-節の訳を代入すれば OK です。

第1文

何を…(し)ようと　私達が　考えようと　について　大量　生産
[Whatever　we　may think　(about mass-production)],
O　S　Vi　M

私達は　ことができる　…を～と考える　確かだ
we　can　take　it　(as certain)
S　Vt　O(形)　C

Whatever we ... , we can take it ... に注目すると，**[Whatever SV ...]（,）SVO ...**，つまり Whatever-節は**副詞節**（→ 22 課）と判定できます。take it as certain は **V O as**

C, つまりはVOCの文型に分類されます。

次はitとthat-節を検討しましょう。前置詞句を削除してみるとthatの後はSV ...。**thatは**接です。

① itが前出の表現，例えばmass-productionを指すと仮定すると，形式上はcertainまでで文が成立しますから，that-節は名詞の役割を持ちません。名詞節ならS・O・Cのどれかになるからです。またthat-節の前に名詞がないので，that-節は形容詞節でもありません。残るは副詞節の可能性です。

② that-節が副詞節なら，普通はthat-節の前にso（→ 30課）があるはず。soは見当たらないので，①の「itが前出の表現を指す」という仮定は成立しません。

①②を総合すると，itは前出の表現を受けていないので，that-節は副詞節ではなく名詞節と判明します。**itは形式目的語でthat-節が実際上のO**と考えると説明がつきます。

ということ　の後　150年　の　絶え間ない　発展　この　方式は　いる　定着して

[~ **that** (after 150 years) (of continuous development) the system is here to stay;]

（接）　M　M　S　Vi　C

を遅らせる　それ

私達は　ことができない　slow it down,

we cannot　Vt　O　（副）

S　（助・否）も　戻る　に　以前の　手による　方式　の　生産

or　go back (to the old hand methods) (of production).

（等）　Vi　（副）　M　M

itが後出の表現と関連があり，**後続のthat-節が名詞節**なら**it**は**形式目的語**です。

Whatever-節は名詞節か副詞節

文頭のWhatever-節が名詞節か否かの判別は文頭のThat/Whether-節と同じで以下のように分類できます。

1. **[Whatever (S) V] VX**の文であれば**名詞節**。　「(Sが)Vするものは何でも」
2. **[Whatever (S) V](,) SV**の文であれば**副詞節**。　「Sが何をVしようとも」「何がVしようとも」（副詞節の中にmayが使われることが多い）

《全文訳》私達が大量生産についてどう思おうと，150年にわたる絶え間ない発展の後この方式は定着していて，それを遅らせることも，元の手工業生産方式に戻ることもできないということは確かだと考えることができる。

【語句】mass-production 名大量生産／take O as C「OをCと考える」／certain 形確かな／continuous 形絶え間ない／development 名発展，発達／system 名方式／be here to stay「定着している」／slow O down「Oを遅らせる」／method 名方法，方式

27 疑問詞は名詞節の始まり

次の英文を訳しなさい

People write for two primary reasons: to be read and to make money. **What** an author writes is based on his purpose: to entertain, to instruct, or to affect his readers. **How** he writes depends upon his character, personality, zest, and capacity. **How** a person writes reflects **what** he himself is.

(北海道大)

疑問詞節は名詞節

21 課で学んだように，接 if・whether を節 (SVX) の前に付加すると，従属節になりました。それに対し，疑問詞節は何も付加されずに名詞節になってしまいます。**疑問詞節＝名詞節**なのです。では，疑問詞節の元は何でしょうか。

Wh-疑問文が疑問詞節に変身

疑問詞節の元は疑問詞で始まる疑問文です。いわゆる Wh-疑問文がほかの文・節の 1 (名詞的) 構成要素になるときに疑問詞節に変身するわけです。

① Who is he?　② I know it.

②の it に①を代入すると 1 文ができそうですが，①は独立した文ですからそのまま代入することはできません。代入する前に①②各文の文型を確認しましょう。

まず②は問題なく I (S) know (Vt) it (O) ですね。①は he (S) is (Vi) Who (C) となりますね。これは①の問いに対する答えが，たとえば He is Tom.であることを考えると，**Who が C の役割をする疑問代名詞**なのは明らかです。

①のように疑問詞で始まる疑問文がほかの文の②名詞的要素 (S・O・C・前置詞の目的語) に変身するに当たり，**疑問詞が節の先頭に立って接続詞の役割をする**のです。

第 1 文

人は	書く	で 2つの 主な 理由	こと 読まれる	そして	こと をもうける	金
People	write	(for two primary reasons):	(to be read)	and	(to make	money).
S	Vi	(形)M	(不)(助)(過分)	(等)	(不)(Vt)	(O)

コロンを挟んで reasons が複数形で to Ⓥ(to ＋動詞の原形) が 2 つありますから，2 つの to Ⓥは two reasons の同格語 (→ 9 課) なのがわかります。ならば，この **to Ⓥは名詞的用法の不定詞** (→ 50 課) で，「**…すること**」と訳せます。

第 2 文

何 物書きが を書くかは 基づいている に その 目的 こと を楽しませる

[**What** an author writes] is based (on his purpose) : (to entertain, ...

S→O(疑代) S Vt V(受) M (不)(Vt)

What-節の範囲は writes (Vt 現在形) と is (be 動詞，現在形) がつながらないことからも，is の前 (→ 23 課) です。or で結ばれた 3 つの to Ⓥは his readers を共通の O にしていて，3 つの to Ⓥが his purpose の同格語である点は第 1 文と同じです。ただし or が選択を示す等なので purpose と単数形です。

第 3 文と第 4 文

どのように 彼が 書くかは 依る に 彼の 人格 そして 能力

[**How** he writes] depends (upon his character, ... and capacity).

S→M(疑副) S Vi Vi M

どのように 人が 書くかは を反映する どんな人物 彼 自身が であるか

[**How** a person writes] reflects [**what** he himself is].

S→M(疑副) S Vi Vt C S (同格語) Vi

How は**疑問副詞**で，How-節の範囲は writes と depends/reflects がつながらないので writes まで。reflects の O である what-節内の再帰代名詞 himself は，he に対する**同格語**で，**強調**のための副詞的表現です。

《**全文訳**》人は主な 2 つの理由―読んでもらうことと金を稼ぐこと―でものを書く。物書きが何を書くかはその人の目的―読者に楽しみを与え，読者を教え，あるいは読者に影響を与えること―に基づいている。どのように書くかはその人の人格，個性，熱意，そして能力によって決まる。人がどのように書くかはその人自身の人格を反映する。

【語句】primary 形 主な／reason 名 理由／base Vt を基づかせる／be based on N「N に基づく」／purpose 名 目的／entertain Vt を楽しませる／instruct Vt を教える／affect Vt に影響を与える／depend upon N「N に依存する，N によって決まる」／character 名 人格／personality 名 個性／zest 名 熱意／capacity 名 能力

28 名詞節は補語にもなる

次の英文を訳しなさい

The incredible thing about us human beings **is how** unique each one of us is. The police know that, because of fingerprints. There are no two people with the same fingerprints.

（ノートルダム清心女子大）

be 動詞に続く節は補語で名詞節

23課から，名詞節が文・節の中で持つ役割を学んできました。この課では**名詞節がCになる文**に焦点をあてます。

まずは**be 動詞に続く節はCで名詞節**と押えましょう。さらに**Cになる名詞節の先頭に立つ語**を整理しておくと，構造の読み取りが迅速・的確に進みます。

23課から25課で学んだことを再確認しましょう。3はその補足です。

1．接 that・if・whether で始まる節は名詞節になり得る。
2．**疑問詞節**は**名詞節**になる。
3．**関係詞節**の中にも**名詞節**になるものがある（→40課，41課）。
　1〜3は**be 動詞と結合**してCになる。

補語である that-節の that が消える

25課で，接の中で省略されるのは that だけ，と紹介しましたが，そのことがCである that-節にも起きます。

The N is (that) SVX. → The N is (,) SVX.

このように**that が省略**されたり，that が**カンマ**に変えられたりもします。

① The trouble is（**that**）the Prime Minister doesn't understand the reality.
「困ったことは，総理大臣が現実をわかっていないことである」

② (The) chances are（**that**）things will get worse.
「多分，事態は悪化するだろう」 ▶ この chance は「可能性」の意味。

①は「困ったことに，総理大臣は現実がわかっていない」のように**副詞的に訳す**と，耳触りがいいですね。なお，上の文のように文頭の接 That（と前置詞の目的語の that-

節）以外の接 that は**省略**される場合があります。

第１文

is の直後に how があります。**be 動詞に続く疑問詞は名詞節の目印**でしたね。

驚くべき　ことは　についての　私達　人間　である　何と　特異なことか
The incredible thing (about us human beings) is [how unique ...].
（形）　S　M　（同格語）　Vi　C→

さて **how-節が C** になっているのは明らかですね。**疑問詞節**は①**疑問の内容**のほかに，②**感嘆の内容**を示すことがあります。この場合は文脈上②に該当して「何と／いかに…なことか」を表しています。

何と　特異　各人が　の中の　私達　であることか
[how unique each one (of us) is].
M（疑副）　C　S　M　Vi

第２文

警察は　をわかっている　そのこと　のおかげで　指紋
The police know that, (because of fingerprints).
S　Vt　O　M

the police は警察官の集合組織なので通常は複数扱いの名詞です。**that** は，文の流れから前文の how-節を指す**指示代名詞**と理解しましょう。

第３文

存在する　ない　2人は　を持っている　同じ　指紋
There are no two people (with the same fingerprints).
（副）　Vi　（形）　S　M

There are ... は「存在」構文で，with-句は people を修飾する M ですね。

《全文訳》私達人間について驚くべきことは，私達の一人ひとりがそれぞれいかに特異であるかということである。警察は，指紋のおかげでそのことがわかっている。同じ指紋を持った人は２人といないのである。

【語句】incredible 形 信じられない（ような），驚くべき／human beings 名 人間，人類／unique 形 特異な，唯一の／because of 群前 のために／no two ... 「どの２つをとっても…ない」／fingerprint 名 指紋

29 前置詞は節をも目的語にする

次の英文を訳しなさい

Humankind has over many centuries been exploiting the Earth and its resources. Much of this exploitation has been carried out with little or no thought **as to whether** this use of natural resources is responsible.

（京都府立大）

前置詞は名詞節を捕まえる

2課で前置詞は名詞だけでなく名詞節をも目的語にする，ということに触れました。名詞節を捕まえて支配下に入れ，前置詞句となって形容詞か副詞の仕事をするのです。小さなクモが自分よりはるかに大きなセミを糸でつかまえて仕事をするようなものです。

前置詞句の修飾先は，**形容詞の役割**なら**名詞**，**副詞の役割**なら**動詞・形容詞・副詞・文全体**，です。当然〈前置詞＋名詞節〉も前置詞句と同じ働きをします。例文です。

① Your success depends **on** whether you do your best.
「成功というのは最善を尽くすかどうかで決まる」

② Your success depends **on** what you do.
「成功というのは何をするかで決まる」

名詞節全体が１つの目的語

前置詞が名詞を支配下に入れて目的語にする，という考え方はすんなり頭に入りやすいのですが，**名詞節が前置詞の目的語になる**という話になると，前置詞が小粒で名詞節がその何倍ものスペースを占めることもあってピンとこないかもしれませんね。とは言え，英文の構造把握は文法に裏打ちされて可能になるのです。だとすれば文法のルールをふまえて構造を把握することに慣れるのみ。構造を確認しましょう。

Your success depends（**on** [whether you do your best]）.

Your success depends（**on** [what you do]）.

第1文

前置詞句 (over many centuries) がMとしてVの間に割り込んでいます。ちょっと除いてみましょう。もちろん，この前置詞句はVに対するMです。すると以下のようになります。

人類は　これまで　を開発してきた　地球　と　その　資源

Humankind has been exploiting the Earth and its resources.

S　V(現完・進)　O

第2文

大部分は　の　この　開発　きた　遂行されて　をもって　ほとんど　ないに等しい　考慮

Much (of this exploitation) has been carried out (with little or no thought)

S(代)　M　V(現完・受)　M

考慮　について　かどうか　このように　使うこと　を　天然　資源　いる　責任を伴って

thought (**as to** [**whether** this use (of natural resources) is responsible]).

(名) ← (群前)　名詞節→(接)　S　M　Vi　C

as to は2語で1つの前置詞扱いです。このように2語以上の語がまとまって1つの前置詞の働きをするものを**群前置詞**と呼びます。前課の because of もその1つです。as to が **whether-節**を支配下に入れて**目的語**にして，直前の名詞 thought を修飾しています。直訳は「この開発の大部分は…かどうかについての，ほとんどないに等しい考慮をもって遂行された」なのですが，全文訳では [as to [whether-節]] を自然な日本語にするために，carried out の後いったん休止して「ほとんどないに等しい考慮をもって」→「ほとんど考慮せずに」→「考慮することは…」としてあります。

前置詞が名詞節を目的語にする構造をしっかりものにできると，英文の構造の読み取りが確かなものになってきます。

《全文訳》人類は何世紀にもわたって地球とその資源を開発してきた。この開発の大部分が遂行されるにあたって，天然資源をこのように利用するのが責任を伴った行為かどうかを考慮することはほとんどないに等しかった。

【語句】humankind 名 人類／ exploit Vt を開発する／ resource 名 資源（通例複数形で）／ exploitation 名 開発／ carry out Vt を遂行する／ little or no 形 ほとんどない，ないに等しい／ thought 名 考慮／ as to 群前 について／ responsible 形 責任のある，責任を伴う

30 so とセットの that-節は副詞節

次の英文を訳しなさい

Few of us are **so** balanced **that** we don't keep conflicts within ourselves. Listen to the dialogue within and admit them openly. In this way you can begin being true to yourself.

（成城大）

〈so ... that SV〉の so は「それほど」

さて，いよいよ副詞の役割をする that-節の登場です。副詞節の that-節の前には so（または such）が顔を出すことが多いのです。逆に言えば〈**so ＋形容詞・副詞**〉の後には **that-節がくることが多い**のです。以下の文で検討しましょう。

I am **so** busy（**that**）I can't read a newspaper.

このときの so と that-節は相関関係にあり，以下のことが言えます。

① so は副詞で「それほど」の意味で，**直後の形容詞・副詞を修飾**。
② **that-節**は so を受けて **「どれほどか」** という**程度を具体的に説明**。
③ 接 that は**省略**されることがある。

情報の流れを見てみましょう。so「それほど」の程度を that 以下で説明しています。

I am **so** busy（**that**）I can't read a newspaper.

so ↓　　　　[（that）I can't read a newspaper]

I am busy.「私は（それほど）忙しい」 ⟶ 「新聞が読めない（ほど）」

全体の和訳は「私は新聞が読めないほど忙しい」（**程度**），「私は（とても）忙しいので新聞が読めない」（**結果**）となります。

so の前に否定語→程度の訳が無難

また，**so の前に否定語がある場合には注意**が必要です。

I am **not so** busy **that** I can't read a newspaper.

「私はとても忙しくないので新聞が読めない」（×）　▶ 意味不明。構造理解にミス。

that-節が so の内容説明であることを忘れてはいけません。**〈so ... that SV〉は 1 つの固まり**ですから，**「結果」**の和訳は「(とても) 忙しいので新聞が読めない，のではない」→「(たいして) 忙しくないので新聞が読める」となります。これに対し，**「程度」**の和訳では「新聞が読めないほど忙しいわけではない」となり，訳すのも文意を理解するのも楽ですね。**so の前に否定語があるときは「程度」の訳**がおすすめです。

第 1 文

ほとんどいない人は の中の 私達 いる それほど 安定して (〜なほど) 私達が いない を持って
Few (of us) are so balanced [that we don't keep
S(代) M Vi (副) (形)C 副詞節→(接) S Vt(否)

葛藤 の内部に
conflicts (within ...)].
O (前)M

so と **that** をマークしましたね。準否定語の **Few** を見落とさないでください。Few は否定のニュアンスで**「ほとんどいない人は…である」→「…である人はほとんどいない」**と訳しましょう。**〈so ... that SV〉を 1 つの固まり**として訳せば，この文は最後に「(私達の中には) …である人はほとんどいない」とできますから，結果の訳もうまくいきそうです。「(とても) 気持ちが安定していて心の中に葛藤をかかえない人はほとんどいない」で OK。「厄介だな」，と思ったら全文訳のように程度の訳でいきましょう。

第 2 文

聴きなさい を 対話 (心の)中で そして を認めなさい それら 率直に
Listen (to the dialogue) within and admit them openly.
ⓋⒾ M (副) (等) ⓋⓉ O (副)

within は within yourself の意味を持つ副詞です。

第 3 文

で この 方法 あなたは ことができる を始める (に)なること 忠実(な) に 自己
(In this way) you can begin being true (to yourself).
M S Vt O(動名)(Vi) (C) M

《**全文訳**》私達の中で，心の中に葛藤をかかえていないほど気持ちが安定している人はほとんどいない。心の中の対話に耳を傾けて葛藤を率直に認めなさい。こうして，初めて自己に忠実になることができる。

【語句】balanced 形 (心の) 安定した／conflict 名 葛藤／dialogue 名 対話／admit Vt を認める／openly 副 率直に／be true to N「N に忠実である」

31 副詞節中の〈S + be〉の省略を見抜け

次の英文を訳しなさい

Most plastics are made of oil-based chemicals. They are not easily used again, because they produce poisonous gasses or substances **when broken down**.

（日本工業大）

副詞節に多い〈S + be〉の省略

ここでもう一度「**省略**」を見てみることにしましょう。19課で「共通語句の省略」を学習しましたが，この課では**副詞節での省略**を扱います。

[接] when・while・if・though などで始まる副詞節中の省略で頻出するのは〈S + be〉，つまり〈**主語＋ be 動詞**〉**の省略**です。これには以下の2つのタイプがあります。

1. **主節のSと副詞節のSが同じ場合**に起こる副詞節の**〈S＋be〉の省略。**
2. **副詞節のSが主節のO・C**で，または**「文脈上明らかな内容」の場合**に起こる**〈S＋be〉の省略。**

最初に1の例文を見てみましょう。（　）内が**省略部分**です。

① When（**I was**）a child, I used to read comic books.
「子どもの時分，私はよく漫画本を読んだものだ」（a child は C）

② While（**I am**）taking a bath, I often get good ideas.
「入浴中に，私はよくいい考えが浮かぶ」（taking は現在分詞）

③ Dogs, if（**they are**）trained, seldom bite.
「犬は，訓練されれば，めったに噛んだりしない」（trained は過去分詞）

頭の隅に置いておきたいのは，②と同じ形の〈[接] + Ving〉が〈S + be〉の省略ではなく，**分詞構文（→ 62課）に[接]を付加して意味を明確にする**ケースです。

④ **Though resembling** her mother in appearance, she is quite different in character.
「彼女は外見が母親と似ているが，性格（の点で）はまったく違う」

▶ resembling = she resembles。resemble（Vt）「に似ている」は，普通進行形にしない「状態動詞」なので，④は分詞構文とわかる。

次に２の例を見てみましょう。やはり（　　）内が**省略部分**です。

⑤ You have to put up with it whether (**it is**) good or bad.
「それが良くても悪くても，我慢しなければならない」
▶ whether-節の it は主節の put up with の目的語。

If・though-節では SV の省略もある

if-節と (al) though-節では**〈S ＋一般動詞〉の省略**が行われます。この場合は，前出の文か主節の SV を前提とした省略です。

⑥ You should leave now. **If not**, you'll miss the train.
「今すぐ出発したほうがいいですよ。そうでないと列車に遅れますよ」
(If not ＝ If you don't (leave now))

第１文

たいていの　プラスチック製品は　作られる　で　石油を原料にした　化学物質
Most plastics are made (of oil-based chemicals).
S　V（受）　M

第２文

それらは　ない　容易には　使われることは　再び
They are not easily used again,
S　V（否）（受）（副）（過分）

～なので　それらは　を作る　～ときに　分解　される
[because they produce ... [**when** (they are) **broken down**]**]**.
（接）　S　Vt　（接）　（過分）

この課のテーマは when 以下です。接 when の直後が過去分詞であることに着目して，**〈they (＝ most plastics) are〉の省略**を見抜ければ技術はマスターです。

《全文訳》たいていのプラスチック製品は石油を原料にした化学物質で作られる。それらの再生利用は容易ではないが，その理由は，分解されると有毒なガスや物質を生成するからである。

【語句】make O of N「O を N で作る」／N-based 形 N を原料にした／chemical 名 化学物質／poisonous 形 有毒な／substance 名 物質／break down Vt を分解する

32 接続詞 as は「とき・ので・ように」

次の英文を訳しなさい

Each person has defining moments in life. **As** with people, so it is with nations. Nations, of course, live longer than people and often change more dramatically **as** time goes by.

（流通科学大）

接 as は「とき・ので・ように」が基本

従属接続詞の中で**最も多義**なのが **as** ですが，ほとんどの場合，① **とき**「…すると同時に／する間／…しながら」，② **理由**「…なので」，③**様態**「…するように／とおりに」，④**譲歩**「…ではあるが」の訳語で間に合います。あくまでも **as の訳語は，主節と as-節内の SVX の意味関係で決まる**のが原則です。

注意が必要なのは，④譲歩「…ではあるが」を意味するときの語順は **〈C（形容詞・名詞）as SV〉** か，**〈副詞＋ as SV〉** になることです（同じ語順で「理由」の意味になることもあります）。①～④の例文を見てみましょう。

① I read the newspaper **as** I listened to the radio.
「私はラジオを聴きながら新聞を読んだ」

② **As** he was hungry he ate a lot.「彼は空腹だったのでいっぱい食べた」

③ Do in Rome **as** the Romans do.
「ローマではローマ人のするとおりにしなさい」→「郷に入っては郷に従え」

④ Child **as** she is, she is a good golfer.
「子どもだけれども，彼女はゴルフがうまい」

時の 接 as は同時の意

①の時を示す 接 as について補足しましょう。as-節・主節ともにVが動き・変化を表す表現で（ほぼ）同時展開しますが，特に as-節が原因で主節が結果となっている場合，**比例「…につれて」**の訳がピッタリです。

People change **as** they grow older.「人は年をとるにつれて変わる」

様態の as-節は姿いろいろ

様態の as-節は，主節との関係で，**共通語句は慣用的に省略**されます。具体的には ① **SV**，② **〈S＋be〉**，③ **(be 動詞に続く) C・現在分詞・過去分詞**などの**省略**です。以下，①〜③の例を見てみましょう。

① **As** in Japan, in Britain people work ...　(As の後に people work ... が省略)
「日本と同様，イギリスでは人々は働く…」

② Everything is going **as** planned.　(as の後に it was が省略)
「すべて計画どおり進んでいる」

③ I am honest, **as** you are.　(are の後に C の honest の省略)
「あなたと同様に，私は本当のことを言っていますよ」

また，**as-節**は状態を示す形容詞節に変身し，以下のように **C** になります。

Leave it [**as** it is].「それをそのままに（それがあるままに）しておきなさい」〈VOC〉
Everything is [**as** it was].「すべて以前のまま（それがあったまま）だ」〈SVC〉

第 2 文

[**As** (it is) (with people)], so it is (with nations).

(it is)
〜(の)ように　に関して　人　(そのように)　事情が　ある　に関して　国
(接)　(前)　M　(副)　S　Vi　(前)　M

“As ..., so 〜” で「…のように，(そのように) 〜」の**相関構文**になって表現効果を高めています。主節の it は第 1 文で述べた事情 (= the situation) を意味しています。As-節は上記の例文①を思い出して，**“it is” の省略**と判断します。

第 3 文

Nations ... live ... and often change more dramatically [**as** time goes by].

国は　存続する　そして　よく　変化する　もっと　急激に　〜につれて　時が　経つ
S　Vi　(等)　(副)　Vi　(副)　(接)　S　Vi　(副)

change が「変化」を意味し，比較級の副詞が続いています。goes by が「動き」を示していますから，**as は「時」**，しかも**比例「〜につれて」**と決めましょう。

《**全文訳**》一人ひとりには一生のうちにその後の人生を決定するできごとがある。人の場合と同様のことが国にも言える。もちろん，国は人より長く存続するし，時が経つにつれて人の場合よりも急激に変化することが多い。

【語句】defining moment 名 後のことを決定するできごと／of course 副 もちろん／dramatically 副 急激に／go by Vi (時が) 経過する

33 関係代名詞は「接着代名詞」なり

次の英文を訳しなさい

Some people may believe that gold or jewels are important treasures, but there are other treasures **that** are far more important. They are our memories. Memories are our link with the past.

（駒澤大）

名詞に付着する関係詞節は「どんな」を示す

この課からは形容詞節を中心に（少しだけ名詞節も）学びます。手始めに関係代名詞で始まる節を扱います。では，who が登場する例文です。

I have a friend [**who** is a doctor].「私には医師をしている友人がいる」

今まで練習してきた「従属節の把握」から，who は[接]ではないので，who-節の働きは副詞ではなく名詞か形容詞とわかりますね。名詞節だとすると，その役割（S・O・C・前置詞のO）が不明です。この場合，who-節は形容詞節で直前の名詞 friend を修飾し，friend が「どんな」を示しているのです。「医師をしている友人」と**限定して違いを示しているの**で，ほかにも友人がいる可能性があります。

I (S) have (Vt) a friend (O) [**who** (M→S) is (Vi) a doctor (C)].

[who is a doctor] が friend を修飾して，「どんな」を表していますから，**who は friend の代わりをしている代名詞**です。便宜的に who を she にして書き換えてみましょう。

(a) a friend [**who** is a doctor]　→　(b) a friend [**she** is a doctor]

[who is a doctor] は friend に対する形容詞節になりますが，[she is a doctor] は形容詞節にはなれません。he や she は人称代名詞（「人間・それ以外のもの」を「話し手・聞き手・それ以外」の３つに分けたときの呼び方）で，a friend [**who** is a doctor] の who は，以下のような働きをしています。

① 「前出の**名詞（＝先行詞）」に代わる代名詞**で，who-節内では**主語**。
② 節の先頭に立って**節を先行詞に接着させる働き**をする。

以上から，人間が先行詞の who は「**接着代名詞**」の名がピッタリの語ですが，普通は「**関係代名詞**」と呼ばれます。先行詞が事・(動) 物なら **which** が使われ，何が先行詞でも OK なのが **that** です。なお，例文のように**関係代名詞の前にカンマがない**ときは，先行詞を個別的に限定して修飾するという意味で**限定 [制限] 用法の関係代名詞**と分類されます。

カンマの後の関係詞節は「追加」

カンマのない限定用法に対して，**カンマのある用法**は**先行詞の内容を補足説明**するという意味で**継続 [非制限] 用法**と呼ばれますが，英文の意味はかなり異なります。冒頭の解説中の例文にカンマを打ってみましょう。

I have a friend, **who** is a doctor.
「私には友人が 1 人いるが，(その人は) 医師をしている」

カンマの前までが最初の情報で，who-節は「付けたし・追加」の感じです。
なおこの用法の場合，先行詞は主節の名詞とは限らず，主節全体またはその一部のことがあります。以下の例で確認してみましょう。

The corrupt politician admitted everything, **which** made the police happy.
「その悪徳政治家はすべてを認め，そのことで警察は喜んだ」(主節が先行詞)

第 1 文

一部の 人々は かもしれない を信じている ということ 金 や 宝石は である 大切な 宝物
Some people may believe [that gold or jewels are important treasures],
S Vt O→(接) S (等) S Vi (形) C

しかし ある ほかの 宝物が (それは) である ずっと より 大切な
but there are other treasures [**that** are far more important].
(等) (副) Vi (形) S(先) (関代)S Vi (副) (副) C

may と but が呼応して「…かもしれないが～」と「譲歩」の感じを表します。**may を見たら but を予期**してください。treasures の後に that があります。**名詞の後に that が来たら「関係代名詞かな」**と心の準備をしましょう。that は are の S ですから，間違いなく複数形 treasures を先行詞にする関係代名詞です。that の S としての存在を確認するために「それ (ら) は」といったんは訳出します。

《全文訳》金とか宝石が大切な宝物だと信じている人がいるかもしれないが，はるかに大切な宝物がほかにある。それは私達の思い出である。思い出は私達の過去とのつながりである。

【語句】jewel 名 宝石／treasure 名 宝物／far 副 (比較級の前で) ずっと・はるかに／memory 名 思い出／link 名 つながり

34 〈S [関代 ...] V ...〉の構造はVが決め手

次の英文を訳しなさい

The average life expectancy has increased. A person **who reaches age 65** has an average life expectancy of about 14 more years. But the job opportunities for older people are not increasing.

(関西学院大)

関係詞節を含む文のタイプは２つ

文・節において，関係詞節の位置は，先行詞と関係詞節が接続している限り基本形は以下の２つしかありません。

1．**並列タイプ**：　**節の後ろに関係詞**が置かれる(前課のタイプ)。
2．**割り込みタイプ**：**主節のSに関係詞節が直結**する，または**主節の中に関係詞節が割り込む**。

割り込み関係詞節の範囲は，遠いVの前まで

「割り込みタイプ」の関係詞節が使われた次の例文の構造を確認しましょう。

The person who came here yesterday is waiting for you.

(1) "person who" に着目します。person は前に前置詞がないのでSになる可能性が高く,「人」を表す名詞ですから who の先行詞になる資格も十分ありますね。まずは**「人」を意味する名詞の後の who は関係代名詞と判定**します。

(2) who の支配範囲を決めます。まず who の前に "**[**" を書き込んで従属節の設定開始です。

(切れ目)

The person **[** who came here yesterday **]** is waiting (for you).
S　S　Vi　(副)　(副)　Vi(進)　M

yesterday は動詞 came のMですから，直後の is のSになるはずはありません。is と yesterday は文の**構造上無関係**です。ここが「**切れ目**」です。

(3) who から yesterday までを [who ... yesterday] とくくります。これが who の支配範囲 (＝関係詞節の範囲) です。

訳は「昨日ここに来た人があなたを待っています」となります。

この (1)～(3) の手順を経た結果，Sの直後に割り込んだ関係詞節の範囲は，関係詞の後の最初のV(関係詞節のV) ではなく，**関係詞節とは構造上無関係な「遠いVの前まで」**と確認できました。この確認の根拠として重要なのは，**構造上の切れ目の存在**です。

第1文

平均の　余命が　伸びている

The average life expectancy has increased.

S　Vi(現完)

SVの単純な文型です。

第2文

人は　(その人は)　に達する　65歳　を持つ　平均の　余命　という　年

A person [**who reaches age 65**] has an average life expectancy (of ... years).

S(先)　(関代)S　Vt　O　Vt　(形)　O　M

"person who" に目が行きましたね。who は関代で，person が先行詞。さぁ，who の支配範囲はどこまででしょう。"age 65" は "the age of 65" と同じ意味なので，reaches の O と考えられます。65 が直後の has の S になるはずはありません。[who reaches age 65] とくくって，関係詞節をキャッチします。

14 は名詞ですが，副詞に変身して (→9課の解説) years を修飾する形容詞の more (many の比較級) を修飾しているのです。「約14だけそれ以上の年→さらに約14年」と訳しましょう。

about 14 more years

(副) → (形)　名

第3文

しかし　職の　機会は　にとっての　年配の　人々　い　ない　増えて

But the job opportunities (for older people) are not increasing.

(等)　S　M　V(否)(進)

関係詞節の切れ目を発見する技術はさまざまな英文の構造把握に威力を発揮します。英文解釈の技術をものにするには，基本的な文法運用力を土台にして技術を理解・血肉化することです。この本はそのためにあるのです。

《**全文訳**》平均余命が伸びている。65歳に達する人は，さらに大体14年の平均余命がある。しかし年配の人々のための就職の機会は増えていない。

【語句】average 形 平均の／life expectancy 名 余命／job 名 仕事／opportunity 名 機会

35 which / that は後が V なら主語

次の英文を訳しなさい

Often the members of a society **which** is strong in economic and military terms look down on their poorer, weaker neighbors. In many cases, neighboring societies **which** have much in common have fought wars off and on throughout the centuries. A look at today's newspaper will provide some examples.

（仏教大）

which/that の役割を決めろ

名詞・代名詞には「文中でほかの語に対して持つ関係（①主語か，②所有を示すか，③目的語か）」を表現する**「格」**があります。

代名詞の１つ**関係代名詞**にも，たとえば人が先行詞の場合には，次のように**「格」**が決まっています。

■関係代名詞の格

主　格	所有格	目的格
who	**whose**	**whom**
「その人は／その人が」	「その人の」	「その人を／その人に」

語形で格が判別できるのは **whose**（所有格）と **whom**（目的格）だけです。さらに whom は，**who で代用**されたり省略されたりするので要注意です。

who・which・that については関係詞節の文型を検討して役割（S・O・C など）を判別する必要があります。

which/that/who は後が V なら S

関係詞節の構造を理解するには，文型の検討が不可欠です。その過程で関係代名詞の役割・働きが判明するのです。次の例文の構造を検討しましょう。

Dogs **that** bark at strangers are useful.

(1) that が Dogs の後ろにあることは，「that 自体には形容詞として後ろから修飾する働きがない」ことを示しています。普通，**名詞を後ろから修飾するには，２語以上の語群が句・節としてまとまる必要がある**ためです。

(2) bark が V なので that は S。that は先行詞 Dogs の代わりをする関係代名詞と確信できましたね。それではその支配範囲はどこまででしょうか。

切れ目

Dogs [that bark (at strangers)] are useful.
S S Vi M Vi C

(3) strangers は前置詞 at の目的語なので，**strangers と are の間が「切れ目」**です。訳は「見知らぬ人にほえる犬は役に立つ」です。**that でも which でも，後が V なら S と決定**です。

第 1 文

切れ目

しばしば 構成員 の 社会 (それは) である… を見下す … 近隣のもの

Often the members (of a society) [**which** is …] look down on ... neighbors.
(副) S M(先) (関代)S Vi Vt O

関係代名詞 which を見つけましたね。後が is なので which は S で，先行詞は **is に対応する単数の名詞**ですから **society** です。which の支配範囲は遠い V (= look) の前です。ちなみに terms は前置詞 in の目的語で look とはつながりません。ここが「切れ目」です。関係詞節の構造は，以下のようになります。

(それは) である 強い で 経済的 および 軍事的 観点

[**which** is strong (in economic and military terms)]
S Vi C M→ (形) (等) (形) (名)

第 2 文

に 多くの 場合 近隣の 共同体 (それは) を持つ … を戦ってきた 戦争 …

(In many cases), neighboring societies [**which** have ...] have fought wars... .
M (形) S(先) (関代)S Vt Vt(現完) O

関係詞節は第 1 文と同じ「割り込みタイプ」で，**(in common) の後が「切れ目」**です。主節の述部には 2 つの M (off and on「断続的に」と throughout the centuries「何世紀にもわたって」) があって，have fought を修飾しています。

第 3 文

A look at ... newspaper が主部です。「新聞への一見は…を与えるだろう」では不自然な日本語ですから，訳を一工夫しましょう。

《全文訳》 よくありがちだが，経済的，軍事的に強い社会の人々は近隣のより貧しく弱い社会の人々を見下す。多くの場合，共通点の多い隣国同士が，何世紀にもわたって断続的に戦争をしてきた。今日の新聞を見れば例が出ているだろう。

【語句】in ... terms「…の観点で」／look down on Vt を見下す／have O in common「O を共通に持つ」／off and on 副 断続的に／provide Vt を与える

36 which / that は後がSVなら目的語

次の英文を訳しなさい

Most of us think of picture books when we think of children's books. They were the books **that** comforted us, **that** put us to sleep, **that** we shared on the lap of a loved one.

（大阪府立大）

Oになる関代も節の先頭にくる

前課では関係詞節内で主語の働きをする関係代名詞（主格）を学びましたが，この課では目的語の働きをする関係代名詞（目的格）を学びましょう。

普通，目的語を持つのはVtか前置詞で，その場合，目的語になる語句はVtまたは前置詞の後ろに位置します。ところが，この課のテーマである**関係代名詞（関代）の目的格は「節の先頭に立って節を先行詞に接着させる」**使命を担っているため，節内の主語Sの前に位置します。以下の例文で確認しましょう。

This is the window [**which** the sumo wrestler broke].
（関代）O　S　Vt
どんな窓？ …… こんな（窓）

この文ができる過程は以下のようになります。

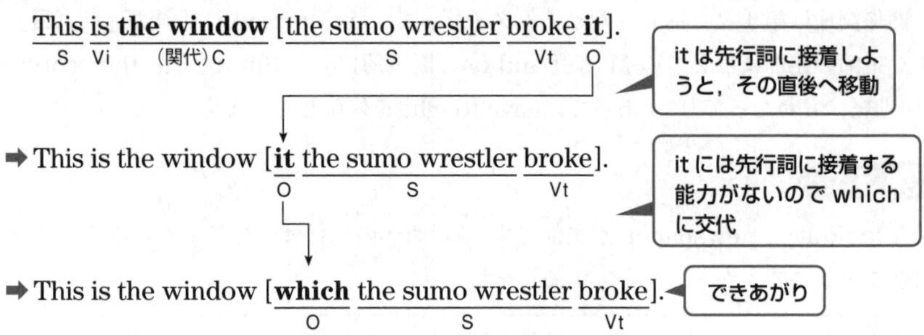

訳は「これは窓である[(それを) その相撲取りが壊した]」→「これはその相撲取りが壊した窓である」となります。**この関係詞節ができあがる流れを理解しましょう。**また，訳すときの理解の流れは，構造も内容も**「先行詞から関係詞節へ」**となるように心がけましょう。関係詞節を訳してから先行詞を訳すのではなく，**英語の語順に沿**

って理解できるようになることが大切です。

which/that の格を判別せよ

which と that は主格も目的格も同じ語形なので，節の中での役割を判断してから「何格」かもわかることになります。who も主格・目的格どちらにもなる（→ 35 課）ので用心しましょう。**which/that はその後が SV なら目的語で目的格**です。ただ実際には次のようによく**関代目的格は省略**されますが，このことは**関代が「透明接着剤」に変身**したとイメージしてください。

This is the window [(透明接着剤) the sumo wrestler broke].

第 1 文

大部分は の中の 私達 を思い浮かべる 絵本 ～するとき 私達が のことを考える 児童書

Most (of us) think of picture books [when we think of children's books].

S M Vt O (接) S Vt O

第 2 文

それらは であった 本 (それは) を慰める 私達 (それは) をつける 私達 に 眠り

They were the books [**that** comforted us], [**that** put us (to sleep)],

S Vi C (関代)S Vt O (関代)S Vt O M

(それを) 私達は 共有する の上で ひざ の 愛する 人

[**that** we shared (on the lap) (of a loved one)].

(関代)O S Vt M M

1つ目の that は関代で**節内の S** になっていますから**主格**です。2つ目の that も関代で，1つ目と同じく **S** で**主格**。3つ目の that-節はどうでしょう。that の後が we (S) shared (Vt) ですから必然的に that は **O** で**目的格**です。**that の前のカンマは and の代用**です。

《全文訳》私達のほとんどが児童書のことを考えると，絵本を思い浮かべる。絵本は私達を慰め，寝つかせ，愛する人のひざの上で一緒に読んだ本であった。

【語句】think of Vt のことを考える／comfort Vt を慰める／put O to sleep「O を寝つかせる」／share Vt を共有する／lap 名 ひざ／loved 形 愛する／one 代 人

37 which/thatは後が〈S + be〉なら補語

次の英文を訳しなさい

The dog is not the noble animal in Spain **that** it is in England. The reason for this is that in Spanish villages and working-class streets it gets so much tormented by little boys that it becomes cowardly. Then it forfeits respect.

（東京女子大）

Cになる関代はwhich/that

先行詞が人でも物でも，**補語(C)として使われる関代はwhichかthat**で，**Cになる関代の格は主格**です。この場合もやはり関係詞節内での位置は**節の先頭**です。33課・36課と同じ手法で，次の文ができる過程を確認しましょう。

I am not the person [**that** I was 10 years ago].
（関代）C　S　Vi

どんな人？　……　こんな（人）

I am not **the person** [I was **the person** (10 years ago)].
S　Vi　C（先行詞）　S　Vi　C　M

wasのCのthe personは先行詞の後へ移動

➡I am not **the person** [**the person** I was (10 years ago)].
C　S　Vi　M

先行詞の後のthe personがthatに交代

➡I am not the person [**that** I was (10 years ago)].
（先）　C　S　Vi　M

できあがり

関代がCになっている節はちょっと訳しにくいのですが，まずは直訳で。

「私はその人物ではない [(その人物) 私が10年前であった]

➡「私は [私が10年前 (その人物) であった] その人物ではない」

➡「私は [私が10年前であった] その人物ではない」

⇒「今の私は10年前の自分ではない」

Cである関代は見えないことがしばしば

目的格の関代と同様，Cの役割をする関代が「透明接着剤」に変身し，I'm not the person I was before.のように，〈**名詞 [S be/become]**〉の形で英文に入り込む場合があります。〈**名詞 [(透明接着剤) S be/become]**〉とイメージしましょう。

第1文と第2文

犬は では ない 身分の高い 動物 では スペイン [(そう) それが である では イギリス

The dog is not the noble animal (in Spain) [**that** it is (in England)].

S Vi(否) (形) C(先) M (関代)C S Vi M

that-節がこの課のポイントです。"The dog is C in Spain" と "it is (C) in England" を対比して，「it=the dogで本来は "it is" の後にCが必要だが，後ろにないのでthatがCの役割をする関代」と判断します。

"The dog is ☐ in England." という文を設定すると，☐ にはC，すなわちthatの先行詞が入ります。**先行詞は直前の名詞とは限りません**よ。the noble animalならOKですね。that-節の直訳は「それがイギリスではそのようなものである(下線部はthatの直訳)」となります。この訳をthe noble animalにつなぐと「犬はスペインでは身分の高い動物ではない，イギリスでは身分が高い動物だが」となります。

理由は についての このこと であるということ で 街 それが (られ)る いじめられ

The reason (for this) is [that (in ... streets) it gets ... tormented ...].

S M Vi C→(接) M S V(受) (過分)

thisは前文を指します。isの後に〈that (M) SVX〉は28課で既習ですよ。

〈**get＋過去分詞**〉の箇所は**受動態**なので「いじめられる」の意味です。that-節の中はsoが見えて後にthat SV ... となっていますから，〈**so ～ that ...**〉の構文(→30課)です。

第3文は内容から判断すると[that it becomes cowardly, (and) then (it) forfeits respect]となるべきところです。

《**全文訳**》犬はスペインではイギリスとは違って身分の高い動物ではない。この理由は，スペインの村や労働者階級の街では犬は小さな男の子たちからひどくいじめられて臆病になってしまい，それで尊重されなくなる，ということなのだ。

【語句】noble 形 身分の高い／working-class 形 労働者階級の／torment Vt をいじめる／cowardly 形 臆病な／forfeit Vt を失う／respect 名 尊重

SとVを発見する技術 / 文の主要素の把握 / 等位接続詞の働き / 時間関係の把握 / 従属節の把握 / 関係詞節の把握 / 関係詞の省略

38 〈前置詞＋関係代名詞〉の修飾先を探せ

次の英文を訳しなさい

While working on the atom bomb at Los Alamos during the Second World War, Feynman had his wife send him letters in a code **to which** he did not know the key: he felt satisfied when he discovered the code.

（東京工業大）

〈前置詞＋関代〉は関係代名詞節の形容詞句か副詞句

関代も代名詞の仲間ですから，〈**前置詞＋関代**〉は前置詞が関代を目的語として支配している「固まり」です。当然，関係詞節の中で前置詞句の役割を持ちます。〈前置詞＋関代〉は関係詞節の中で**形容詞句**として名詞を修飾し，**副詞句**として動詞・形容詞などを修飾する，ということになります。では例文で検討しましょう。

This is the house in which I live.

この文ができる過程は以下のようになります。

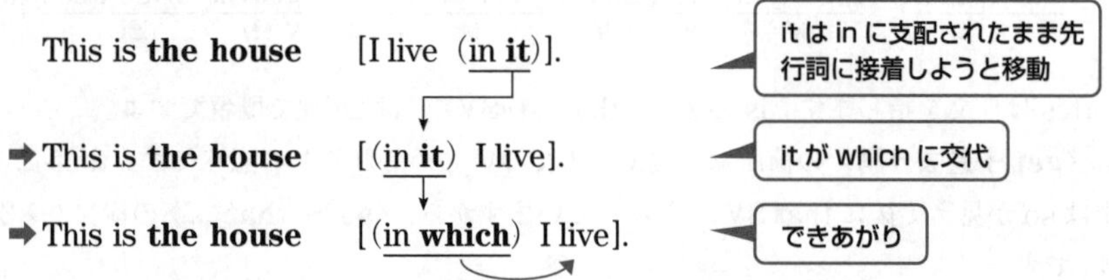

This is **the house** [I live (in **it**)].
➡This is **the house** [(in **it**) I live].
➡This is **the house** [(in **which**) I live].
it は in に支配されたまま先行詞に接着しようと移動
it が which に交代
できあがり

訳は，「これは家である［(それに) 私が住んでいる］」→「これは私が住んでいる家である」となります。(in which) が副詞句として動詞 live を修飾しています。

〈前置詞＋関代〉の修飾先は節内のS・V・O・C

〈前置詞＋関代〉が関係詞節中のどの語を修飾するのかをはっきりさせます。名詞ならS・O・Cになっている名詞，動詞なら述語動詞（ときには動詞の原形・分詞・動名詞），形容詞ならCになっている形容詞です。

まずは〈前置詞＋関代〉の修飾先として**S・V・O・Cをマーク**しましょう。次に関代に先行詞を代入して，〈前置詞＋先行詞〉をS, V, ... それぞれの直後に置き，結合するかをチェックします。次の例文で検討しましょう。

This is **the book** [(**of which**) the teacher is proud].

(**1**) the teacher(S)を修飾する場合：
→先行詞 the book を which に代入して the teacher の直後に付ける。
the teacher (of the book) ▶意味が不明。

(**2**) is(V)を修飾する場合：**is** (of the book) ▶意味が不明。

(**3**) proud(C)を修飾する場合：**proud** (of the book) (○)

(**3**)では「その本を誇りにして」と意味がとおるので（of which）が修飾するのは(**3**)の proud(C)。訳は「これは本である [(その本のことを) 先生は誇りにしている]」→「これは先生が誇りにしている本である」となります。

第1文

(〜している)間に　に取り組んで　いる　原子　爆弾　で　ロス　アラモス　の間　大戦

[While　working on　the atom bomb　(at Los Alamos)　(during ... War),

(接)　(現分)(Vt)　O　M　M

"While working" は "While (he was) working" とも，分詞構文 working に 接 while を付加して "While he worked" の意味を明確にしたとも解釈できます（→ 31 課）。

ファインマンは　…に〜をさせた　妻　…に〜を出す　自分(に)　手紙(を)　を使って　暗号

Feynman　had　his wife　send　him　letters　(in a code)

S　Vt(使役)　O　C→(Vt)　(O_1)　(O_2)　M

…への　(それ)　自分が　ない　を知ら　鍵

[(**to which**)　he　did not know　the key]:

M　S　Vt(否)　O

〈have O Ⓥ〉（→16課）に注意。

(to which) を (to a code) にして，the key (to a code) の結合を見抜くのがポイントです。

彼は　と感じた　満足している　(〜する)ときに　彼が　をわかった　暗号

he　felt　satisfied　[when　he　discovered　the code].

S　Vi　C(過分)　(接)　S　Vt　O

《**全文訳**》第2次世界大戦中ロス・アラモスで原爆に取り組んでいる間，ファインマンは自分が解読の鍵を知らない暗号で妻に自分宛の手紙を出させた。そして，彼は暗号を解読して満足した。

【語句】Feynman ファインマン（1918－88；米国の物理学者；ノーベル物理学賞）／work on Vt に取り組む／Los Alamos（ロス・アラモス；米国 New Mexico 北部の町；最初に原爆を製造した研究所の所在地）／code 名 暗号／key 名（問題・パズルの）手がかり・鍵／discover Vt を発見する

39 前置詞と関係代名詞の分離を見抜け

次の英文を訳しなさい

What exactly do you understand by wisdom? It is a quality **that** we often speak **about**, but have great difficulty in defining. Everyone agrees that children are born without it, and that it is gradually acquired as we grow older.

（愛媛大）

前置詞は関代を残し，「なじみ」の動詞のそばに引越し

前置詞と関代の結合パターンは以下の例文のように①〈前置詞＋関代〉，②「前置詞の後置」，③「that の登場と前置詞の後置」，④「透明接着剤に変身した関代と前置詞の後置」，の 4 種類です。

① This is the house [in which I live].（(in which)とカッコでくくれる）
② This is the house [which I live in].（in は live のそばへ引越し）
③ This is the house [that I live in].（前置詞が後ろへ行くと that も OK）
④ This is the house [___ I live in].（透明接着剤になった関代も OK）

①は前置詞と関代が「固まり」になって live (Vi) を修飾していますが，②以降は which を支配する in が，live の直後に引越しです。which にとっては，in の引越しで支配されている感じが薄らぎます。④は 36 課と同様に**関係代名詞・目的格の省略**と言われる現象で，「関代が透明接着剤に変身」のイメージです。

②以降は in が関代 which から離れるので，「前置詞と関代の分離」と呼ばれます。その結果，前置詞の後には目的語がありません。

前置詞の目的語が後ろにないときは前を探せ

上の①統合タイプは〈前置詞＋関代〉の形が明確なので，「ここからが関係詞節だ」「〈前置詞＋関代〉の修飾先を探せばいいんだ」と，すんなりと構造理解が進みます。

②③のタイプだと，which/that が見えて「ここからが関係詞節だ」，次に “I” が見えて「which/that は S ではないな，O かな」，次に “live” が目に入り「live は普通 Vi だから O を持つことはない」，そして “in” にたどり着いて「in の目的語がない。そうか **which/that は in の目的語**だったんだ」と納得することになるのです。in と

which/that の「組み合わせ」がわかってしまえば，前置詞句＝〈前置詞＋[関代]〉の修飾先は前置詞の直前の語 live と判明します。

④タイプについて。house と I がつながるはずがありませんから，ここにとりあえず that を接着剤に仕立て上げると③タイプになります（→ 42 課）。

第 1 文

何（を）　一体　人は　を理解する　によって　知恵

What exactly do you understand (by wisdom)?

O　（副）（助）S　Vt　M

第 2 文

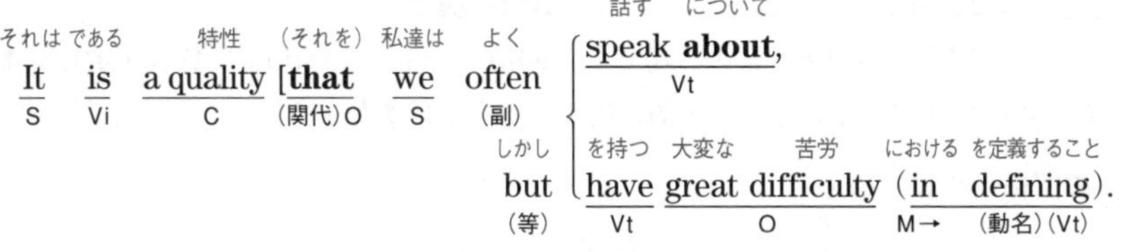

この課のポイントです。**that** が speak about（直接的には**前置詞 about**）だけでなく**動名詞 defining**（→ 58 課）**の目的語にもなっている**ことがつかめれば文句なし。

第 3 文

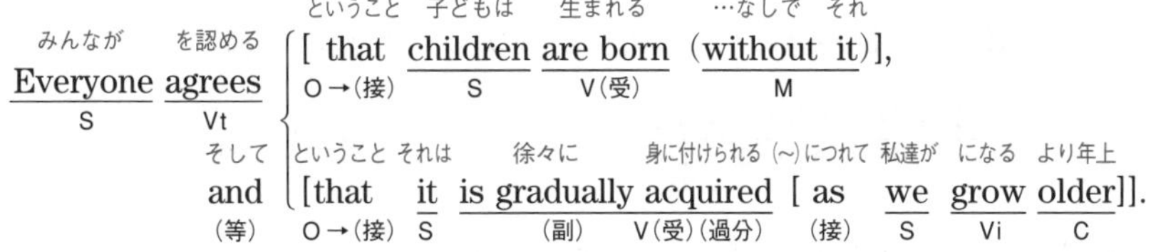

11 課，17 課，24 課，そして 32 課の復習になる文ですよ。

《全文訳》知恵を一体どのように理解しているだろうか。知恵は，話題にはするが定義するのが非常に難しいことがよくある特性である。誰もが，子どもは生まれながらにして知恵が備わっているのではなく，知恵は成長するにつれて少しずつ身に付くものである，ということを認めている。

【語句】exactly [副] 正確に（what exactly ... で，「一体何を…か」という意味合いで使う）／wisdom [名] 知恵／quality [名] 特性／speak about [Vt] について話す／have difficulty (in) Ving「V するのに苦労する」／define [Vt] を定義する／gradually [副] 徐々に／acquire [Vt] を身に付ける

40 関係代名詞 what は先行詞を内蔵

次の英文を訳しなさい

Almost since the first days of European settlement, South Carolina has been rice country. Rice was once to South Carolina **what** tobacco was to Virginia and cotton was to Texas.

（神田外語大）

関係代名詞 what は先行詞なし

いよいよ関係代名詞 what の登場です。who・which・that に負けず劣らずよく使われるのですが，それらと決定的に異なる点を挙げましょう。

■関係代名詞 what

① **先行詞がない**こと
② **what で始まる節**（＝ what-節）は名詞の役割をする**名詞節**

先行詞がないのは **what が先行詞を内蔵**しているからです。次の例文で検討しましょう。

(a) This is what I want. この文の構造は以下のようになります。

This (S) is (Vi) [what (C→O) I (S) want (Vt)].

これと同じ内容を what を使わないで書いてみましょう。

(b) This is the thing which I want. この文の構造は以下のようになっています。

This (S) is (Vi) the thing (C) [which (O) I (S) want (Vt)].

(b) の訳は (a) と同様「これは私がほしいものだ」ですが，(b) のほうは what の箇所が the thing which になっているのですから，構造はまるで違います。ここが大事な箇所です。(a) と (b) の違いを整理しましょう。

(a)：what I want は **is の C になっている名詞節**で，what は want の O。
(b)：which I want は **the thing を修飾する形容詞節**で，which は want の O。

What が内蔵している先行詞の実体を究明せよ

what が内蔵している先行詞を「もの」「こと」と決めつけると，和訳して「変な日本語」「意味が不明」なことがあります。そんなときは，文脈を手がかりに内蔵の先行詞の実体を究明します。内蔵の先行詞を意識しながら，次の例文を訳してみましょう。

- I am not **what** I was 10 years ago.（→ 37 課の例文）
- I am not **the person which/that** I was 10 years ago.

2 文とも同じ意味です。**what が内蔵している先行詞は the person** ですね。

第 1 文

ほとんど　…以来　最初の　時代　の ヨーロッパの人々の　移住

Almost (since the first days) (of European settlement), South Carolina ....

（副）　M　M　S

サウスカロライナ州は　である　米作　地帯

South Carolina has been rice country.

S　Vi（現完）　C

country は無冠詞ですから，「(…)地帯」を意味する不可算名詞です。

第 2 文

米は　であった　かつて　にとって　サウス　カロライナ州　（～な）もの

Rice was once (to South Carolina) [what

S　Vi　（副）　M　C →（関代）C

たばこが　である　にとって　バージニア州

tobacco was (to Virginia)

S　Vi　M

そして　綿花が　である　にとって　テキサス州

and cotton was (to Texas)].

（等）　S　Vi　M

what-節は最初の was の C です。Virginia や Texas にとって tobacco や cotton は「重要な農産物」で「必要不可欠なもの」(=an essential / important thing) で，これが内蔵先行詞です。このことを和訳にも反映させることにしましょう。

《全文訳》ヨーロッパの人々が移住した時代のほぼ初期から，サウスカロライナ州は米作地帯であった。かつて，米はサウスカロライナ州にとっては，たばこがバージニア州にとって，また綿花がテキサス州にとって重要であるのと同様，重要だった。

【語句】days 名 時代／European 形 ヨーロッパ人の／settlement 名 移住／country 名（無冠詞で修飾語を伴い）地帯／tobacco 名 たばこ／cotton 名 綿花

41 関係副詞の修飾先は節内のV

次の英文を訳しなさい

What do the Japanese think of pets? Unlike in England, **where** almost everybody has one, or in America, **where** about half the people that I know have one, I only know three Japanese who have pets.

（小樽商科大）

関係副詞は副詞

関係代名詞が代名詞の１つであるのと同様に**関係副詞は副詞の１つ**です。さらに**接着剤の働き**を持っていますから，まさに**接着副詞**の名前がピッタリです。

最初に[関副]と[関代]の違う点をまとめておきましょう。

(a) 関係代名詞は自分の節の中ではS・O・C・前置詞のOになる。
(b) 関係副詞は自分の節の中では副詞としてVを修飾する。

では[関副] whereが使われた例文を検討しましょう。

This is the house where I live.

この文ができる過程は以下のようになります。

This is **the house** [I live **there**].　　◀ thereは先行詞の近くに移動

➡ This is the house [**there** I live].　　◀ thereが接着力のあるwhereに交代

➡ This is the house [**where** I live].　　◀ できあがり

訳は「これは家である［(そこに) 私が住んでいる］」→「これは私が住んでいる家である」となります。

副詞のthereがliveを修飾していたのですから，whereがliveを修飾しているのは理解できますね。in the house → in it → there → whereと変身したのですから，**in which** (→ 38課) **を where に換える**という考え方もできます。

when・whyはthatで代用

[関副] when・whyは[関副] **that で代用**されることがあり，さらには **that が透明**

になって，〈the time + SV〉「S が V するとき」，〈the reason + SV〉「S が V する理由」のように **〈先行詞＋SV〉** になることがあります。

関副 where は省略しないのが基本ですが，**先行詞が anywhere や place のときだけ** where が that に代わり，that も透明になって **〈the place ＋ SV〉**「S が V する場所」となります。

また，例えば，This is why I quit the company.「こういうわけで私は会社を辞めました」のように，**先行詞がなく，関副で始まる節はすべて名詞節**です。

関副 how は**先行詞を持たず**，how-節は**名詞節**です。way「やり方・方法」に対応する関副は **that** で，その that も透明接着剤になって姿が見えないことが多くあります。**〈the way ＋ SV〉**「S が V するやり方」の形に慣れましょう。

第 1 文

何（を）　日本人は　を思うのか　について　ペット

What do the Japanese think (of pets)?

O　(助)　S　Vt　M

ここで think of で 1 つの Vt と考えてしまうと，What の役割がなくなります。

第 2 文

と(は)違って　で　イギリス　そこでは　ほとんど　皆が　を飼っている　ペット

Unlike (in England), [**where** almost everybody has one],

(接)　M　(関副)　(副)　S (代)　Vt　O (代)

(のと)も　で　アメリカ　そこでは　約　半分の　人々　その人達　私が　と知り合いだ　を飼っているペット

or (in America), [**where** about half the people [that I know] have one],

(等)　M　(関副)　(副)　(形)　S (先)　(関代)O　S　Vt　Vt　O

私は　ほんの　と知り合いだ　3 人の　日本人　その人たちは　を飼っている　ペット

I only know three Japanese [who have pets].

S　(副)　Vt　O　(関代)S　Vt　O

2 つの where は，どちらも直前にカンマがあるので**継続［非制限］用法**ですが，イギリスとアメリカはそれぞれ 1 つしかないので，where-節をイギリスとアメリカにかけて訳しても誤解は生じませんから，限定用法のような訳でかまいません。また，one=a pet で one は不定代名詞です。副詞 only は V の前に置かれてもほかの語句を修飾することが多い (→ 15 課) ので，吟味が必要です。ここでは **only が修飾するのは three** と取らないと意味がうまく流れません。

《全文訳》日本人はペットをどう思っているのだろうか。ほとんど皆がペットを飼っているイギリスとも，私の知り合いの約半分がペットを飼っているアメリカとも違って，ペットを飼っている私の知り合いの日本人はたった 3 人である。

【語句】unlike in N「N におけるのと違って」

42 〈名詞＋SV〉に潜むthatは関係代名詞の可能性が高い

次の英文を訳しなさい

Parents are not the main influences in the lives of their children. Some of **the first voices children hear** are from the television; **the first street they know** is Sesame Street.

(金沢大)

〈名詞＋ SV〉を見たらSの前にthatを補え

21課で等位接続詞と従属接続詞(接)・関係詞・疑問詞の文中での働きに触れましたが，ここで今まで学習したことの前提となる大事なことを再確認しましょう。それは，SVが2つ以上あれば連結器・接着剤の役割をする「つなぎの詞(ことば)」が必要だ，ということです。言い換えると，**SVが2つ以上あれば見えても見えなくても「つなぎの詞(ことば)」が存在します**(→25課)。

接で姿が見えなくなるのは唯一**that**(→25・28課)でした。関代・関副も透明接着剤になりますが，2つの関係詞に両用できるのはthatですから，**透明になった関係詞の復元にはthatが万能**です。

では，透明接着剤と化す接thatと，関代・関副thatの働きを確認しましょう。これらは以下のときに「連結器・接着剤」の役割を果たします。

① 接 **that**	Vt(あるいはpleased「喜んで」などの感情を表す形容詞)・be動詞の後(→24・25・28課)・副詞節の先頭(→30課)。
② 関代・関副 **that**	名詞の後(→36・37・39・41課)。

〈名詞＋ that SV〉にしたらthat-節の構造分析

名詞の後に関係詞が見えなくて，SVが続いている例を検討しましょう。

Shozo Tanaka (S) is (Vi) a great **statesman** (C) **people** (S) **respect** (Vt).

statesmanは名詞で直後にSVがあります。このような**〈名詞＋SV〉を見たら**条件反射的に**[that SV]**と設定し，**thatも含めたthat-節内の構造を考えます。**

Shozo Tanaka (S) is (Vi) a great statesman (C) [**that** (↓?) people (S) respect (Vt)].

名詞の後に補ったthatはまず関代かなと考えます。respect(Vt)のOがありませんから，thatをOにすれば文型が成立します。念のために**thatに先行詞を代入**して**本来の定位置に置く**と，**文が成立**します。

People respect a great statesman.

文が成立するので，thatは間違いなく関代です。訳は「田中正造は世の人が尊敬する偉大な政治家だ」となります。(→36・37・39課)

第2文

一部は　の　最初の　声　それ(を)　子ども達が　を聞く

Some (of **the first voices**) [(that) **children hear**]

S　M　(関代)O　S　Vt

である　からの　テレビ

are (from the television);

Vi　C

voicesは前置詞ofの目的語である名詞で，後がchildren(S) hear(Vt)ですから，voicesの後に**thatを補って**that-節の文型を検討します。thatをhear(Vt)のOとすると文型が成立です。**thatは関代・目的格**と決めます。

設定した関係詞節は主節のSとVの間に割り込む「割り込みタイプ」(→34課)ですが，**先行詞**はセミコロンの前の節のSであるSomeではなく，前置詞ofの目的語であるvoicesです。35課の例題の第1文と同じ構造ですね。

最初の　街は　それ(を)　彼らが　を知る　である　セサミ　ストリート

the first street [(that) **they know**] is Sesame Street.

S　(関代)O　S　Vt　Vi　C

streetの後は名詞，関係詞がなくて後がthey(S) know(Vt)です。条件反射で名詞streetの後に**thatを復元**してthat-節の文型を検討します。thatはknow(Vt)のOとなる**関代・目的格**と決められましたね。

名詞の後がSVならthatを復元する，これは英文の構造理解に威力を発揮すること間違いありません。確実に実践できる強力な技術です。

《**全文訳**》親は子どもの生活の中で主に影響を与える存在ではない。子どもが最初に耳にする声の中にはテレビから聞こえる声もある。彼らが最初に知る街(まち)はセサミストリートである。

【語句】main 形 主な／influence 名 影響を及ぼす人(物)／lives 名 (lifeの複数形)生活／Sesame Street 名 セサミストリート(アメリカの幼児教育テレビ番組)

43 〈名詞＋SV〉に潜むthatは，次に関係副詞の可能性が高い

次の英文を訳しなさい

Science is not just **the thing our culture does** best, it is also the thing that most profoundly influences **the way we live**. Think of almost **anything we do** and you'll find that it is shaped by science.

（金沢大）

〈名詞＋SV〉に補ったthatが関代か関副かをチェック

42課では，補ったthatが関代になる場合の構造を確認しました。また関副については41課で，関係詞節内で副詞としてVを修飾する，ということを確認しました。つまりthatが関副なら関代の働き（＝S・O・C・前置詞のO）を持たないということで，ここが決定的な違いです。つまり，**that-節においてthatを含めないで文型が成立するなら，thatは関副ということになります。これがチェックポイントです。**

thatが関副なら先行詞は限定かつ「格」なし

thatが関副になる条件を確認しましょう。

① **先行詞が「時」を示す名詞・anywhere/place・reason・way**（→41課）。
② **O・C・前置詞の目的語 にならない**（＝「格」なし）。言い換えれば，thatを含めないで文型が成立する。

次の例文はthatを補っていますが，thatが関副か関代かを検討しましょう。

(a) Tokyo is the city **that** I visit in fall.
「東京は私がこの秋に訪問することにしている都市です」

cityが先行詞ですから，関副ならwhereですが，上記①からthatはwhereの代役ができません。また，**visit**は通常**Vt**ですから，**thatはvisitのOとなる関代**と考えることができます。

(b) Tokyo is the place **that** I live. 「東京は私が住んでいる場所です」

liveは通常**Vi**でOを持ちません。that節内で**文型が成立**していることから，**thatは関副**です。whereに換えるとthe place where I liveとなります。

第 1 文

科学は　である　でなく　だけ　こと　それ(を)　私達の　文化が　を達成する　最も立派に

Science is not just **the thing** [(**that**) **our culture** **does** best],

S　Vi　(副)　C　(関代)O　S　Vt　(副)

thing の後に our culture(S) does(V) と続いていますから，**thing の後に that を補いましたね？　does は Vt として使われるのが通常。また先行詞が thing** なので，**that は O で 関代 ・目的格**です。また，この文には接続詞がありませんが，but が省略された not only A, but also B のバリエーションの 1 つです。

それは　である　また　こと　それは　最も　深く　に影響を与えている　仕方

it is also the thing [that most profoundly influences **the way**

S　Vi　C　(関代)S　(副)　Vt　O

それで　私達が　生活する

[(**that**) **we** **live**]].

(関副)　S　Vi

最初の that の後に S はありませんから **that が S で 関代 ・主格**です。そして the way SV があります。まず，**the way と we の間に that を補います。live** は通常 **Vi** ですから **that は 関副** です。

第 2 文

思い浮かべなさい　ほとんど　どんなものでも　それを　私達が　をする

Think of almost **anything** [(**that**) **we** **do**]

(Vt)　O　(関代)O　S　Vt

> 第 1 文の前半と同じ形で補った that は O で 関代 ・目的格。

そうすれば　(あなたは)　がわかるだろう　ということ　それが　具体化されている　によって　科学

and you 'll find [that it is shaped (by science)].

(等)　S　Vt　O→(接)　S　V(受)　M

《全文訳》科学は私達の文化が最も首尾よく成し遂げていることであるだけでなく，私達の生活様式に最も深く影響を与えているものでもある。私達がするほとんど何でも思い浮かべてみれば，そういったことが科学によって具体化されていることがわかるだろう。

【語句】not just A but also B「A だけでなく B もまた」／profoundly 副 深く／influence Vt に影響を与える／shape Vt を具体化する

44 〈名詞＋[that SV]〉は that が接続詞なら同格節

次の英文を訳しなさい

Edison was guided by **his belief that genius is** one percent inspiration and 99 percent perspiration. Consequently, he worked day and night for much of his life. By the time he died in 1931, he had patented over 1,100 inventions.

（神戸大）

名詞の後の that が 接続詞 なら，that-節は同格節

9課で，名詞の役割の1つとして，名詞を，並置された名詞（句・節）が言い換える，「同格」と呼ばれる用法を紹介しました。この課では **〈名詞＋[名詞節]〉**，特に **〈名詞＋[that SV]〉** の同格を中心に学びましょう。

最初に，**同格節の先頭に立つ3つ**を確認しておきましょう。

① 接 **that**　② 接 **whether**「～かどうか」　③ **疑問詞**

同格節は前の名詞の「言い換え（＝内容説明）」の名詞節でS・O・Cにならず，**先行の名詞を修飾**しています。**〈名詞＋[whether SVX]〉**，**〈名詞＋[疑問詞(S)VX]〉** を見たら whether-節・疑問詞節は同格節と即決していいのですが，that-節はそうはいきません。**名詞の後の that-節は関係詞節の可能性**があるからです。ただ，**名詞の後に直接 that-節が続き，that が 接 なら that-節は同格節**です。これが大前提です。

接 that は「格なし」で，前の名詞は 関副 に無関係

前課の復習をかねて，**that が 接 になる条件**を検討しましょう。

(a) I don't like the idea that the mayor proposed.
「私は市長が提案した考えが気に入らない」

propose は通常 **Vt** です。下線部で that を除くとOがなく**文型不成立**です。that をOにすると文型成立ですから，**that は 関代・目的格で「格あり」**。

(b) I believe in the idea that everyone is equal.
「私は人は皆平等だという考えが正しいと信じる」

下線部は **that を除いても SVC の文型が成立**しますから，that は 関代 ではありません。「格」がありませんから 関副 の可能性が残ります。しかし，idea は前課の確認

により[関副]の先行詞にはならないので，**that** は[接]で，that-節は**同格節**と判別します。

つまり，**that に「格」がなく，先行の名詞が[関副]の先行詞でなければ，that は[接]で that-節は同格節**です。このとき，先行の名詞と同格節（=「言い換え」）を be 動詞でつなぐことができ，(b) の the idea と that-節は The idea **is** that everyone is equal. とすることができます。また，The idea occurred to me that SVX.「SVX という考えが心に浮かんだ」のように，**先行の名詞と同格節が離れる**こともあるので，要注意です。

第1文

エジソンは 指針を与えられた によって 彼の 信念 という 天才は である 1 パーセントの ひらめき

Edison was guided (by **his belief**) [**that** genius **is** {one percent inspiration

S V(受) M (接) S Vi C

そして 99 パーセントの 汗

and 99 percent perspiration}].

(等) C

belief の後の that 節は SVC で文型が成立していますから，that は[関代]ではありません。さらに belief は[関副]の先行詞にはならないので，that は[接]と判定し，that-節は同格節と決定します。

第3文

までには 彼が 死ぬ に 1931年 彼は の特許をとっていた を超える 1100の 発明品

[By the time he died (in 1931)], he had patented over 1,100 inventions.

(接) S Vi M S Vi(過完) (前) O

time の後に that を補って By the time (that) he died にして，that は[関副]で when の代行と考えてもいいのですが，as soon as SV「S が V するとすぐに」と同様，**by the time で1つの[接]**扱いにしてしまいましょう。過去完了の基準時（→ 20 課）は "he died in 1931" でいいですね。

《**全文訳**》エジソンは，天才とは1パーセントのひらめきと99パーセントの努力である，という信念を指針とした。その結果彼は一生のほとんどの間昼も夜も働いた。1931年に死ぬまでに，1100を超える発明品の特許をとった。

【語句】guide [Vt]に指針を与える／belief [名]信念／genius [名]天才／inspiration [名]ひらめき／perspiration [名]汗→努力／consequently [副]その結果／day and night [副]昼夜の別なく／much [代]多くのもの／by the time SV「S が V するまでには」／patent [Vt]の特許をとる／invention [名]発明(品)

45 〈It is＋形容詞/過去分詞＋that-節〉は形式主語構文

次の英文を訳しなさい

In Biblical times Friday was the unluckiest day of the week. **It is said that** Eve tempted Adam on Friday and the Flood started on Friday. Jesus was also put on the cross on Friday.

（姫路独協大）

〈It is ＋形容詞／過去分詞＋ that ...〉ときたら形式主語構文

it は，最も一般的には，前に出た表現・内容（「それ」と訳せる）を受けます。この課では，**後から出る名詞節に代わってSになる形式主語の it** を学びます。

“That he is kind is true.” という 23 課で紹介した文は，文頭の S である That-節が長いのに比べて述部（VC）が短く，バランスがよくありません。

そこで，**バランスをよくするために**「空箱」（→ 26 課）の **It** を **S** にして，まず It（S） is（Vi） true（C） と文の形式を作ってしまい，その後に本来の S である **that-節（＝真主語）を付け足す**と，次のようにバランスのとれた英文ができあがります。接 that が省略されても当惑しないようにしましょう

It is true ［ここにつなぎの詞］ he is kind.

↓

It is true [**that** he is kind].

It（S） is（V） true（C），he（S） is（V） kind（C） と節が 2 つあるのだから，「つなぎの詞（ことば）」が必要なのに姿が見えない。「つなぎ」の万能語は **that** です。

同様にバランスの観点から，They/People say [that SVX]. を機械的に受動態にすると [That SVX] is said.ですが，通常は **It is said [that SVX].** とします。

また，冒頭で述べたように「It は前の何かを受ける」ことが多いのですが，次の 2 つの条件がそろったときは，「**It は形式主語**」と決めてかまいません。

1. It is の後が形容詞か過去分詞。
2. that SV が見えた。

〈It is ＋形容詞・過去分詞〉の後に形容詞節（＝関係詞節）が続くはずはありません。なぜなら，修飾する名詞がないからです。副詞節の可能性も，so/such がないこと，

また so/such がなく，「(…だ) とは」という判断の根拠を表す that-節 (この場合主節の S は普通人間) だとしても，It が S であることから無理があります。したがって **that-節は名詞節で It は形式主語**と判別できます。

述部に一般動詞，名詞節が疑問詞節・whether-節

形式主語 It の述部は必ずしも be-動詞ではありません。**一般動詞の Vi・Vt** や，名**詞節として疑問詞節・whether-節**も使われます。例を挙げましょう。

- **It matters** a lot [**what** you will do].「君が何をするのかはとても重要だ」
  - ▶ matter (Vi) は「重要である」の意味。a lot は副詞句。
- **It makes** no difference [**whether** he will come or not].
  「彼が来るか来ないかはどうでもいい」
  - ▶ make a difference は「違いを生じる，重要だ」の意味。

第2文

～が　言われている ／ ということが ／ イブが　を誘惑した　アダム　に　金曜日

It is said [**that** Eve tempted Adam (on Friday)
S(形)　V(受)　S(真)→(接)　S　Vt　O　M

そして　ノアの洪水が　発生した　に　金曜日

and the Flood started (on Friday)].
(等)　S　Vi　M

It is の後の said は過去分詞。そして that が見えました。念のためにさらに目を右に移すと SV ...，と続いています。間違いなく It は形式主語です。

第3文

イエスが　た　また　かけられ　に　十字架　に　金曜日

Jesus was also put (on the cross) (on Friday).
S　V(受)　(副)　(過分)　M　M

《全文訳》聖書に書いてある時代には金曜日は週のうちで最も不吉な曜日だった。イブがアダムを金曜日に誘惑し，ノアの洪水が金曜日に発生した，と言われている。そしてまたキリストが金曜日に十字架にかけられた。

【語句】Biblical 形 (新約と旧約の) 聖書に書いてある／unlucky 形 不吉な／Eve イブ (キリスト教で神が最初に創った女性)／tempt Vt を誘惑する／Adam アダム (神が最初に創った男性)／the Flood 名 ノアの洪水／Jesus イエス (キリスト)／cross 名 十字架

46 〈It is＋名詞＋that-節〉はまず形式主語構文

次の英文を訳しなさい

It is a curious **phenomenon** of nature **that** only two species practice the art of war — men and ants, both of which, significantly, maintain complex social organizations. This does not mean that only men and ants engage in the murder of their own kind.

（近畿大）

形式主語構文のthat-節はthat抜きで文型成立

前課は判別が容易な構文でしたね。この課と47課では，**It isの次に名詞**が登場し，**その後にthatが続く文**を扱います。このタイプの文は次に示すように，Itが前出の表現を受けていない場合と，受けている場合の2つに分けられます。

(1) Itが前出の表現を受けていない場合
　① 形式主語構文　　② 強調構文(→47課)
(2) Itが前出の表現を受けている場合(→48課)
　③ that-節は関係詞節　　④ that-節は同格節

この課では**形式主語構文**を扱いますが，that-節の構造は前課と同じです。**thatは**[接]ですから，**that-節はthatなしで文型が成立**しなければなりません。次の文を検討して，**形式主語構文と判断する条件**を確認しましょう。

It is a fact that people live long in Japan.

Itの前に文がありませんから，**(1)**のケースです。Itを「それは」と訳せないということは，that-節がfactを修飾することはないということです。thatが関係詞（[関代]・[関副]）ではなく，またthat-節が同格節でないのは明らかです。

下線部のthat-節に注目しながら，thatを除外して文型を検討すると，**people**(S) **live**(Vi) **long**(副詞) **in Japan**(前置詞句)と分析できます。**live**はViでOは不必要，かつ前置詞inには目的語があるので**文型成立**。thatは文型の成立に関与しません。thatが関係詞でないのは上述のとおりで，**thatは**[接]と判断できます。that-節は，前課と同じ理由（主節のSは「人」でなく，so/suchもない）で副詞節ではなく，**ItにSの役割を代行された名詞節**です。訳は「日本では人々が長生きするのは事実だ」となります。

以上のことから，〈**It is ＋名詞＋ that-節**〉において，**It が前出の表現を受けず，that 抜きで that-節の文型が成立**すれば**形式主語構文**と判定できます。

第 1 文

～は である 奇妙な 現象 の 自然 ということ 単に 2つの 種が を行使する

It is a curious **phenomenon** (of nature) [**that** only two species practice ...

S(形) Vi (形) C M (接) (副) S Vt

It is ... phenomenon (名詞) ..., that S Vt，続く art が O ですから，that 以下は that を含めないで**文型が成立**します。したがって，**形式主語構文**です。

ヒト と アリ 両者は の それ 意味深いことに を維持している… 組織

— men and ants, [both (of which), significantly, maintain ... organizations].

同格語 S M (文修飾の副詞) Vt O

men and ants は two species の**同格語**。which は 関代 で先行詞が men and ants なので，これを them に換えて both of them maintain ... と解釈します。**カンマがあるので継続用法 (非制限用法)** で，「で，その両者とも…」のように**追加的に訳します**。この **significantly** は，文修飾の副詞です。**文修飾の副詞**は「**…なことに**」と訳すことが多く，文や節の内容に対する判断を示します。

第 2 文

このことは を意味しない ということ だけ ヒト と アリが 携わる に 殺戮(さつりく) の …

This does not mean [that only men and ants engage (in the murder) (of ...)].

S Vt(否) O→(接)(副) S Vi M M

This は第 1 文の that-節を受けています。構造理解の上では，**that-節の that とその文型把握**がとても重要です。

《全文訳》2 つの種しか兵法を行使しない—その 2 種とはヒトとアリで，その両者とも，意味深いことに，複雑な社会組織を維持しているのだが—ということは奇妙な自然現象である。だからといって，ヒトとアリのみが自分自身の種の殺戮に携わるということにはならない。

【語句】curious 形 奇妙な／phenomenon 名 現象／species 名（生物の分類で）種／practice Vt を行使する／art 名（技）術／ant 名 アリ／significantly 副（文修飾の副詞）重要なことに（は）／maintain Vt を維持する／complex 形 複雑な／social 形 社会の／organization 名 組織／mean Vt を意味する，ということになる／engage Vi 携わる／murder 名 殺戮／kind 名 種類

同格節の把握 / It is ～ that-節の把握 / 準動詞の把握 / with 構文の把握 / 比較構文の把握 / 仮定法の把握 / 倒置構文の把握

47 〈It is＋名詞＋that ...〉は，次に強調構文

次の英文を訳しなさい

The pronunciation of American English in words like "park" and "grass" is very close to the English people spoke in London in the 17th century. **It is** British English **that** has changed, not American English! And American slang, such as the word "guy", can be found in the pages of Shakespeare. （桃山学院大）

強調構文では that の後は文型不成立

この課では，〈**It is, that**〉の**強調構文**を学びましょう。例文の検討です。

(a) **It was** India **that** won freedom in 1947.

前に指す語句がないので It を「それは」と訳せないし，that の後が win (Vt) の過去形 won で，that 抜きで文型が成立しませんから，形式主語構文ではありません。実は，〈**It is, that**〉**は強調**のための「枠」で，例文では **India (S) を強調**しているのです。「枠」をはずしてみましょう。

India won freedom in 1947.「インドは 1947 年に自由を勝ち取った」

形式主語構文との相違は以下の 2 点ですが，②に特に留意を要します。

① It is に続くのは**名詞だけでなく名詞句・名詞節・代名詞。**
② that の後は**文型が不成立**。S・O・前置詞の O が欠けている。

It is, that で挟まれている表現を際立たせて訳す

以下のように，(a) 以外に名詞 freedom (O) を「枠」に入れる文も可能です。V が過去形なので，普通 It was を使います。

(a) **It was** India **that** won freedom in 1947.　[**It was** S **that** Vt O M]
(b) **It was** freedom **that** India won in 1947.　[**It was** O **that** S Vt M]

訳し方は，次の 2 通りがあります。that 以下が長いときは②方式が手軽です。

① that 以下を **It にかけて**訳す。
② 強調部分を**「実に～」「～こそ」「まさに～」**として that 以下を訳す。

それぞれの方式で訳してみましょう。

①方式：(a)「1947年に自由を勝ち取ったのはインドだった」
(b)「インドが1947年に勝ち取ったのは自由だった」
②方式：(a)「まさにインドは1947年に自由を勝ち取った」
(b)「まさに自由をインドは1947年に勝ち取った」

強調語句が「人」のときはthatの代わりに**who**,「物」に対しては**which**が使われることがあります。また,**thatが省略**されることもあります。

第1文

発音は　の…　英語　における　語　のような　いる　とても　似て

The pronunciation (of ... English) (in words) (like ...) is very close
S　M　M　M　Vi　(副)　C

に　英語　(それを)　人々が　を話した　で　ロンドン　に　17　世紀

(to the English) [(that) people spoke (in London) (in the 17th century)].
M　(関代)O　S　Vt　M　M

peopleの前に**thatを補って**spokeのOとします(→42課)。the Englishは「英語(一般)」ではなく関係詞節で修飾/限定された「特定の英語」です。

第2文

である　イギリス　英語　(~)のは　変化した　ではなく　アメリカ　英語

It is British English **that** has changed, not American English!
S　Vi(現完)

前文にItが指す語句は見当たりませんから,Itを「それは」と訳せません。またthatの後はVでSが欠けていますから,**強調構文**です。〈..., not A〉は〈not A but B〉の変形タイプです(→18課)。Not A but Bにして「枠」をはずすと,**Not** American English **but** British English has changed. になります。

なお,**Not A but B VX**.「AではなくてBがVXだ」と**It is ... that**の組み合わせは〈B, not A〉の変形タイプを含めて次の4種類が可能です。

(a) **It is not A but B that VX.**　(b) **It is not A that VX(,) but B.**
(c) **It is B, not A, that VX.**　(d) **It is B that VX, not A.**

《全文訳》アメリカ英語の「公園」や「草」といった語に見られる発音はロンドンで17世紀に話していた英語ととても似ている。変化したのはアメリカ英語ではなく,イギリス英語である。また「やつ」という語のようなアメリカの俗語がシェイクスピアの作品に見られる。

【語句】pronunciation 名 発音/close 形 近い・似かよった/slang 名 俗語/A(,) such as B＝such A as B「BのようなA」/guy 名 やつ/pages 名 著作

48 「それは」と訳せる It, 従属節に2つのタイプ

次の英文を訳しなさい

When we meet somebody, we commonly shake right hands, a formal custom of no present-day significance. But in an age when everybody carried weapons, **it was a demonstration that** one was prepared to converse without a weapon in one's hand, a sign of peace.　（京都女子大）

「それは」と訳せる It, 従属節は関係詞節の可能性

SVX. It is N（名詞） **that-節（...）**. のように，**2つの文**があり，後の文の It（S）が前文そのもの，あるいはその一部を受けていれば，**It** を**「それは」**と訳せます。つまり，**that-節が名詞を修飾する**ことになります。訳は**「それは…な N である」**となります。that-節は N に対する形容詞節で，that を関係詞（＝関代・関副）と考えることができます（→ 42・43 課）。例文を見てみましょう。

(a)　The earth is round. **It is a fact** that everybody knows.

前の文は「地球は丸い」です。**It** を**「それは」**と解釈すると，that-節が fact を修飾することになり，**that** は関代で **knows の O** になり，「それは皆が知っている事実だ」で意味が通ります。

(b)　There is something mysterious about her. **It is the way** that she talks.

「彼女にはどこか神秘的なところがある」に続いて **It「それは…」**とつなぐと，that-節は way「やり方・方法」を修飾することになります。また **talk** は通常 **Vi** なので，**that** は関副と考えられ，「それ（＝神秘的なところ）は彼女の話し方だ」と訳せます。

「それは」と訳せる It, 従属節は同格節の可能性

名詞を修飾する節には同格節（→ 44 課）もありました。

(c)　There is one thing inevitable in life. **It is the fact** that people die.

「人生には避けられないことが1つある」の後が問題です。that-節だけ見ると，people（S） die（Vi）で文型成立ですから that は関代ではなく，また fact は関副の

先行詞にもなりません。**that** は[接]です。that-節を**同格節**と決めると，「それ (＝避けられないこと) は人が死ぬという事実だ」となり，すんなり理解できます。

第1文

[When we meet somebody], we commonly shake right hands,
(接) S Vt O S (副) Vt (形) O

a formal custom (of no present-day significance).
(同格語) M

名詞群 **a formal custom** は S・O・C の役割を持っていません。custom「習慣」の意味をもとに，When ... hands を言い換えた**同格語** (→ 9 課) と決めます。

第2文

when-節が age を修飾で when は[関副]でいいですね。

it was a demonstration [**that** one was prepared **(**to converse
S Vi C (接) S Vi C (形) M→ (不) (Vi)

(without a weapon (in one's hand)**)**)]
(前) O P

, a sign of peace.
同格語

that-節は that を除いて文型成立ですから，強調構文ではないし，that 自体が[関代]の可能性もなく，また demonstration は[関副]の先行詞にもなりません。したがって it を「それは」と訳せれば that-節は同格節，訳せなければ形式主語構文です。この解釈に従うと，**it** は**「右手で握手すること」**で無理はなさそうです。他方，「人が…用意があるのは表明だ」では意味の流れが悪く，形式主語構文ではありません。**it を「それは」と訳せる**ので **that-節は同格節**です。a sign of peace は a demonstration that ... を言い換えた同格語です。

《**全文訳**》誰かと会うと，私達は普通右手で握手をするが，これは今日では意味のない形式的な習慣である。しかし，その行為は，皆が武器を持ち歩いた時代には，武器を手にしないで打ち解けて話す用意があることの表明，友好の意思表示だった。

【語句】commonly [副] 普通／shake [Vt] (手) を握る／formal [形] 形式的な／custom [名] 習慣／of significance [形] 意味のある／present-day [形] 現代の／weapon [名] 武器／demonstration [名] 表明／be prepared to Ⓥ「Ⓥする用意がある」／converse [Vi] (打ち解けて) 話す

49 〈It is＋副詞(句／節)＋that ...〉は強調構文

次の英文を訳しなさい

The 1980s brought amazing new advances in the field of technology. Computers had existed for years, but **it was during the 1980s that** the "Age of the Computer" really arrived.

(東洋大)

〈It is ＋副詞(句/節) that ...〉は強調構文

〈It is, that ...〉の強調構文の総仕上げです。46 課で示したとおり〈It is ＋名詞＋that-節〉には 4 通りの構造理解があることを念頭に置く必要がありました。それに比べ，45 課の〈**It is ＋形容詞／過去分詞＋ that-節**〉と，この課の〈**It is ＋副詞(句/節)＋ that ...**〉は楽です。**共通点**は that 以下に関して，**that を除いて文型が成立**すること，**相違点**は **It is の後**が 45 課の場合は**形容詞・過去分詞**で，この課は**副詞(句/節)**であることです。もちろん，これは見かけの話であり，形式主語構文と〈It is, that の強調構文〉では構造が違います。

〈**It is, that**〉**の強調構文**では，**It is** と **that** は強調のための「**枠**」で，It is と that の**間に強調したい表現**を置くのでした(→ 47 課)。例文です。

It was in 1947 that India won freedom.

in 1947 は前置詞句です。was の後ですから形容詞の役割をする形容詞句であれば C になりますが，in 1947 が「状態」を示しているとは思えません。副詞の役割をする前置詞句で修飾語として分類すれば**副詞句**です。

that 以下はどうでしょうか。that を含めないで India (S) won (Vt) freedom (O) で**文型成立**です。in 1947 が副詞句ですから形式主語構文ではありません。that 以下が名詞節にならないのは明らかです。

It was in 1947 **that** India won freedom.

47 課を参考に，訳してみましょう。「インドが自由を勝ち取ったのは 1947 年だった」「まさに 1947 年にインドは自由を勝ち取ったのだ」となりますね。

It is, that を削除して文型成立なら強調構文

形式主語構文では that の省略はあり得ても，It is まで削除すると文型が成立しませ

ん。それに対して**強調構文**では〈**It is, that**〉の「枠」をはずせば実体が姿を現すことになります。

It was in 1947 **that** India won freedom.
➡ In 1947 India won freedom.

「枠」をはずして in を In に。
実体としての文がはっきりする。

47課の〈It is ＋名詞＋ that 節〉では，「枠」をはずした後に O が強調されている場合は，O を Vt または前置詞の後に移動してやる必要があります。

It was freedom **that** India won in 1947.
➡ **Freedom** India won in 1947.
➡ India won **freedom** in 1947.

「枠」をはずして freedom を won の後へ移動すると文が成立。

It is not money **that I** want.
➡ **Not** money I want.
➡ I do**n't** want money.

not があるときも「枠」をはずして not を述語動詞に付けると正しい文になる。

第 1 文

The 1980s (1980年代は, S) brought (をもたらした, Vt) amazing (驚嘆すべき, (形)) new (新しい) advances (進歩, O) (in the field) (での 分野, M) (of technology) (の 科学技術, M).

「無生物主語構文」を意識して訳してみましょう（→ 15 課「解説」）。

第 2 文

Computers (コンピューターは, S) had existed (存在していた, V(過完)) (for years) (の間 何年も, M), but (しかし, (等)) **it was** (だった) (**during the 1980s**) (の間に 1980年代, M) **that** ((～)のは) the "Age (of the Computer)" (時代が の コンピューター, S) really (本当に, (副)) arrived (到来した, Vi).

過去完了の基準時（→ 20 課）は第 1 文です。it was の後は**副詞句**で次が that。その後は S Vi で**文型成立**ですから，〈**It is, that ...**〉**の強調構文**に決定です。

《**全文訳**》1980 年代に科学技術分野で驚嘆すべき新しい進歩がもたらされた。コンピューターは何年も前から存在していたが，「コンピューターの時代」が本当に到来したのは 1980 年代だった。

【語句】amazing 形 驚嘆すべき／advance 名 進歩／field 名 分野／technology 名 科学技術

50 to Ⓥ は削除不可なら名詞的用法

次の英文を訳しなさい

To get a chocolate out of a box requires a considerable amount of unpacking. The box has to be taken out of the paper bag in which it arrived; the cellophane wrapper has to be torn off, the lid opened and the paper removed; the chocolate itself then has to be unwrapped from its own piece of paper.

（東海大）

to Ⓥは不「定詞」

不定詞・動名詞・分詞の3つを準動詞と呼びます。これらは「O・C・Mを伴える」という（述語）動詞の性格を持つのに，文全体の主語の数・人称・「時」の変化に左右されないので「準」動詞と呼ばれます。それでは不定詞〈to＋Ⓥ（動詞の原形）〉を含んだ文を検討しましょう。

① I want **to drink** coffee.
② He wants **to drink** coffee.
③ He wanted **to drink** coffee yesterday.

IがHeになり，過去を示すyesterdayが加わるなどの変化に応じ，形が定まっているのが（述語）動詞wantです。（述語）動詞は，主語（の数・人称）と「時」に対応して語形が定まっている「定（形）動詞」です。一方，**変化しない to drink** は，「定（形）動詞」ではなく，**人称や「時」に左右されない不「定詞」**なのです。

名詞的 to Ⓥは削除不可

不定詞（to Ⓥ）には**名詞的・形容詞的・副詞的の3つの用法**があります。用法を判別するには，**名詞的か否か**の検討から始めるのが効率的です。名詞的であればS・O・Cのいずれかになって，to Ⓥを削除すると文が成立しないからです。**削除できない to Ⓥは名詞的で，「Ⓥすること」と訳せる**のです。

• **To see** is **to believe**.「見ることは信じること（百聞は一見に如かず）」
→ To see を削除すると ［ ? ］ is to believe.で**Sがなく**，文になりません。
→ to believe を削除すると To see is ［ ? ］ で**Cがなく**，文になりません。

• I want **to swim**. 「泳ぎたい」

→ to swim を削除すると I want [?]. で **O がなく**，文になりません。

第1文

ことを取る　チョコレート　外へ　から　箱　を必要とする　量　…の　中身を出すこと

(To get a chocolate (out of a box)**)** requires … amount (of unpacking).

S→(不)(Vt)　(O)　(M)　Vt　O　M

To get ... box を削除すると requires の S がなくて**文型不成立**。したがって，**To get ...** はこの文の **S** です。

第2文

箱は　必要がある　取られる　外へ　から　袋　に入って　それ　それが　届いた

The box has to be taken (out of the ... bag [(in which) it arrived]);

S　V(受)　M　(先)　(前)(関代)　S　Vi

セロハン　包装は　なければならない　破られる

the cellophane wrapper has to be torn off,

S　V(受)

ふたは　開けられ　紙は　はずされ

the lid (has to be) opened and the paper (has to be) removed;

S　V(受)　(過分)　(等)　S　V(受)　(過分)

the lid と opened，the paper と removed が SV だとすると，前の節(現在形 has)と「時」が違います。**構造がわからないときは省略を疑う**ことを思い出しましょう(→ 19 課)。

チョコレートが　それ自体　それから　必要がある　取り出される　から　その　自身の　1枚　の　紙

the chocolate itself then has to be unwrapped (from its own piece) (of paper).

S　(同格語)　(副)　V(受)　M　M

itself は chocolate (S) を強調するための**同格語**です。

《**全文訳**》チョコレートを箱から取り出すのにはかなりの取り出し作業を要する。箱を，届くのに使用された紙袋から取り出す必要がある。セロハン包装を破り，ふたを開けて包装紙をはずさなければならない。それからチョコレートそのものを包んでいる紙から取り出さなくてはいけない。

【語句】get O out of N「O を N から取り出す」／require Vt を必要とする／considerable 形 かなりの／amount 名 量／unpacking 名 中身の取り出し／cellophane 名 セロハン／wrapper 名 包装(紙)／tear off Vt を破る／lid 名 ふた／remove Vt を取り去る／unwrap O from N「O を N から取り出す」

51 〈It is C ＋ to Ⓥ〉は形式主語構文

次の英文を訳しなさい

The American view is "**It is cheaper to scrap** the old and replace it with something new," or "No one stands still. If you are not moving ahead, you are falling behind." These attitudes have come to the U.S. only during the last 200 years.

（札幌学院大）

〈It is C to ...〉は形式主語構文を予測

この課では **to Ⓥの代行をする形式主語 It** について学びましょう。考え方は名詞節の代行をする形式主語と同じです。to Ⓥを S にすると，述部（VX）に比べて S が長くなり，文のバランスが悪くなります。それを避けるために，とりあえず It を S にして，〈It VX〉として文の形式を整えます。その後に to Ⓥを付け足して，**〈It VX to Ⓥ〉**とします。例文を見てみましょう。

To learn a foreign language is important.「外国語を学ぶことは重要だ」

To learn a foreign language が（S），is が（V），important が（C）です。これを以下のようにすると英文の安定感が増しますね。

➡ It is important **to learn** a foreign language.

It は文の形式を整えるための主語（S）**「形式主語」**で，書き手・話し手にとって，いわば空箱みたいなもので，**後から中身（＝真主語）を提示**するわけです。

［　　］ is important ［to learn a foreign language］. のイメージですね。

（中身を提示）

〈It is C（名詞・形容詞）to Ⓥ〉を，まず**形式主語構文**と受け止めましょう。

述部には一般動詞も使われる

形式主語構文の述部には**〈be 動詞＋ C〉**以外に**〈seem C〉**「C と思える」，**〈feel C〉**「C の感じを与える」のような be 動詞の仲間（→ 5 課）だけでなく，Vi の **help**「役に立つ」，**occur**「…する考えが頭に浮かぶ」，Vt の **give**（→ 8 課），**〈make O ＋形容詞〉**「O を…（の状態）にする」（→ 14 課）などが使われることがあります。次の例文で確認しておきましょう。

- It feels good [to be helpful to others]. 「人のためになるのはいい気持ちだ」
- It won't help [to get angry]. 「怒ってもしょうがないよ」
- It gives me great pleasure [to talk with you].
  「あなたとお話できるのは大変うれしいです」

第 1 文

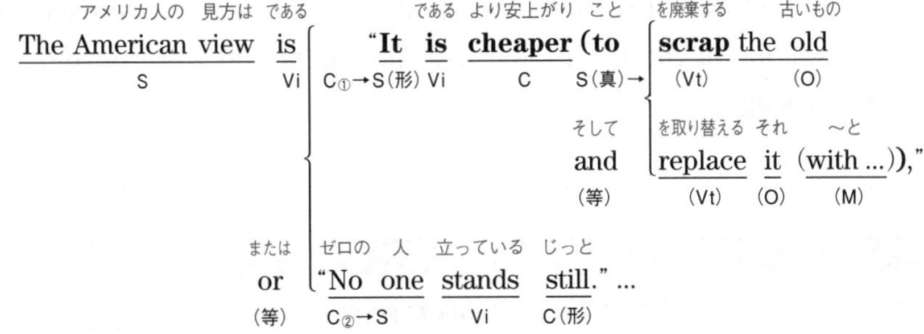

“　”に挟まれている 2 つの引用文が主節の C です。1 つ目の引用文が〈**It is C to Ⓥ**〉で，すぐに**形式主語構文**と判別できます。

もしも～なら (あなたが) いない 動いて 前方へ (あなたは) いることになる 遅れて

[If you are not moving ahead], you are falling behind.

(接) S Vi(否) (進) S Vi(進)

従属節と主節双方に進行形が使われている場合は，この **2 つの事柄の同一性**（前進しないこと＝遅れること），または同時性（同時に 2 つの事柄が行われていること）を表します。

第 2 文

こういった 態度は 達した に 合衆国 つい 間に この 200 年

These attitudes have come (to the U.S.) only (during the last 200 years).

S V(現完) M M

《全文訳》アメリカ人の考え方は「古くなったものを廃棄してそれを何か新しいものと取り替えるほうが安上がりだ」とか「じっと立っている人はいない。前進しているのでなければ遅れていることになる」というものである。アメリカはついこの 200 年間でこういった考え方をするようになったのである。

【語句】view 名 見方／cheap 形 金がかからない／scrap Vt を廃棄する／〈the ＋形容詞〉…な人・もの・こと／replace O with N「O を N と取り替える」／still 形 じっとして／move ahead Vi 前進する／fall behind Vi 遅れる／attitude 名 態度，見方／only（＋(時の) 副詞表現）副 つい，ほんの

52 〈V it C + to Ⓥ〉は形式目的語構文

次の英文を訳しなさい

New microscopes soon **may make it possible to see** detailed moving pictures of the inner workings of cells. These microscopes are versions of the traditional instruments which were developed centuries ago.

(福井工業大)

〈V it C〉を見たら，形式目的語構文を予測する

26課で学んだ**形式目的語構文**(*ex*. I think **it** good **that** you learn history.)を思い出しましょう。下線部のように，真目的語は名詞節でした。VOCの文型で〈V＋[名詞節]＋C〉のようにOの部分に名詞節を使わないで，〈V it C〉の後に名詞節を付け足して，**〈V it C＋[名詞節]〉**のスタイルにするのでしたね。

同様に〈V to Ⓥ C〉ではなく〈V it C to Ⓥ〉を使います。Vの後にitが続くと一瞬「何を表すitかな？」と思うのですが，**it**は文の形式を作るため**Oの役割**をする空箱(＝**形式目的語**)で，後に続く**to Ⓥ**が中身(＝**真目的語**)です。

(a) I think **it** important **to learn** a foreign language. は，

(b) I think [　　] important [**to learn** a foreign language]. のイメージです。

中身を提示

訳は(a)「私は外国語を学ぶのが重要だと思う」ですが，**英文を読む際の思考の流れ**は(b)のように「私は[　　]を重要だと思う，[外国語を学ぶこと]」です。この思考法に慣れることが構造把握，そしてスムーズに読み進む上で重要です。

なお，形式目的語構文によく使われる動詞には，**consider**「を…と考える」，**feel**「を…と思う」，**find**「を…と思う」，**make**「を…にする」などがあります。

V it C to Ⓥにはit is C to Ⓥが圧縮されている

10課で，VOCの文型においてOとCの間には「S(主語)とP(述語)」の関係がある，と確認しましたね。そうすると**〈V it C to Ⓥ〉**のitとCの間にも**SとPの関係**があることになりますから，文として復活させると**〈It is C to Ⓥ〉**になるはずです。では上記の例文を対象にして検証作業に入りましょう。

I think **it** important [**to learn** a foreign language].

形式目的語 it を S にして，C の形容詞 important との間に be 動詞を補うと，

I think **it is** important [**to learn** a foreign language]. となります。

前課の形式主語構文が再登場しました。**〈V it C to ⓥ〉** 構文は V の後に **〈It is C to ⓥ〉構文を圧縮**して OC にして組み込んだ構文だと言えます。そうすると，26 課の形式目的語構文〈V it C +[名詞節]〉は，その後で学んだ 45・46 課の形式主語構文〈It is +形容詞[過分／名詞]+ that-節〉が，be 動詞を除いて OC にされて V の後に組み込まれた構文だと確認できますね。

第 1 文

新しい 顕微鏡は まもなく かもしれない を…にする 可能(な)

New microscopes soon may **make** **it** **possible** (**to see** ...

S (副) Vt O(形) C O(真)→(不)(Vt)

助動詞 may の後に make (Vt) it (O) possible (C) ですから，形式目的語構文の可能性が濃厚です。前に it が受ける表現は見当たりません。そして to see ... ですから，形式目的語構文に決定です。「無生物主語構文」を意識して「…顕微鏡のおかげで～が可能になる」と訳しましょう。

こと を見る 細部に及ぶ 動画 の 内部の 動き の 細胞

to see detailed moving pictures (of the inner workings) (of cells).

(不) (Vt) (形) (O) (M) (M)

第 2 文

こういった 顕微鏡は である 改造物 の 従来の 器具

These microscopes are versions (of the traditional instruments)

S Vi C M (先)

(それは) た 開発され 何世紀も 前に

[which were developed (centuries ago)].

(関代)S V(受) M

《**全文訳**》まもなく新しい顕微鏡のおかげで細胞内部での動きを細部までとらえた映像を見ることができるかもしれない。こういった顕微鏡は何世紀も前に開発された従来の顕微鏡を改造したものである。

【語句】microscope 名 顕微鏡／possible 形 可能な／detailed 形 細部にまで及ぶ／moving picture 名 動画／inner 形 内部の／working 名 動き方／cell 名 細胞／version 名 改造（物）／traditional 形 従来の／instrument 名 器具／develop Vt を開発する

53 「形容詞」役の to Ⓥ は名詞に後置

次の英文を訳しなさい

One of the most pleasurable learning experiences I know is to read a good book with a fine friend or loved one. Whether you do it alone or together, what happens afterward can be **an affair to remember**.

（徳島大）

to Ⓥの to は，もともと「方向」の前置詞

名詞的 to Ⓥ を除き，to Ⓥ の to はもともと「～のほうへ向かって」の意味を持つ前置詞でしたが，今は単なる「不定詞の目印」にすぎません。

この課では〈**N to Ⓥ**〉のような，N（名詞）の後に to Ⓥ を置いて名詞を修飾する形容詞的 to Ⓥ，いわゆる**「後置修飾」**を学びます。たとえば，water [to drink] は，water を [to drink] が修飾していますが，to が前置詞の名残を留めていて，「[飲むのに向いている]水」→「飲み水・飲料水」の意味になります。

N to Ⓥで N とⓋは関係がある

to Ⓥ が名詞 N を修飾する場合は，意味の上で以下のような関係があることが多いのです。①は to を除外して N とⓋの関係を検討します。

① SV/VO の関係になるもの

a **friend** [**to help** me] は〈A friend helps me.〉という **SV の関係**です。

water [**to drink**] は〈drink water〉という **VO の関係**です。

② N を Vt に変換すると Vt [to Ⓥ] になるもの

a **plan** [**to visit** Kyoto] では plan を Vt にすると〈**plan** [**to visit** Kyoto]〉になり，plan（Vt）[**to visit** Kyoto]（O）の関係になります。訳すときは「京都に行くという計画」という同格的な訳か，あっさり「京都に行く計画」がいいですね。

③　N を形容詞に変換すると〈形容詞＋ [to Ⓥ]〉になるもの

the **ability** [**to speak** English] 「英語を話す能力」では，ability を形容詞にして be 動詞を補うと〈be able to speak English〉となります。〈have the ability [**to** Ⓥ]〉なら「Ⓥする能力がある」「Ⓥできる」と訳します。

②③では，「ための」「べき」と訳すと，内容理解に誤りが生じるので避けましょう。**〈N to Ⓥ〉**の訳は**「Ⓥする N」**が無難です。

第1文

1つは ～の 最も 楽しい 学習 経験 （それを）私が を知っている である
One (of the most pleasurable learning experiences [(that) I know]) is
S M （先） （関代）O S Vt Vi

こと を読む （1冊の） 良い 本 ～と （1人の） すばらしい 友人 / または / 愛する 人
(to read a good book (with a {fine friend / or / loved one})).
C→（不）（Vt） （O） （M）→ （等）

〈experiences I know〉は〈名詞＋S Vt〉ですから，**that を補い，that は know の O で関代目的格**と決めます。また，to read は is の C で名詞的用法の不定詞ですね。

第2文

…であろうと （あなたが） をする それ 1人 であろうと 一緒に （…する）こと 起こる 後に
[Whether you do it alone or together], [what happens afterward]
（接） S Vt O （副） （等） （副） S→（関代）S Vi （副）

ことがある である （1つの） 出来事 （ほうへの） 忘れないでいる
can be an affair (to remember).
Vi C （不）（Vt）

Whether-節は副詞節か名詞節です。カンマがあるので迷わないですね。念のために後続部の構造を見ると what-節があって can be が V ですから，間違いなく Whether-節は**副詞節**です。

an affair to remember に注目しましょう。to をはずして an affair を remember の後に置くと **VO の関係**ですから，to remember は affair を修飾している形容詞的 to Ⓥ とわかります。

《全文訳》私が知っている最も楽しい学習経験の1つは，良書をすばらしい友人か愛する人と読むことである。それを1人でしようと人と一緒にしようと，後に起きることは，忘れられない出来事になることがある。

【語句】pleasurable 形 楽しい／learning 名 学習／experience 名 経験／loved one 名 愛する人（→ 36 課 語句）／alone 副 1人で／together 副 一緒に／happen Vi 起きる／afterward 副 後で／affair 名 出来事

54 副詞的な to Ⓥ は修飾先もいろいろ

次の英文を訳しなさい

Aristotle, the Greek philosopher, summed up the four chief qualities of money some 2,000 years ago. It must be lasting, **easy to recognize**, **easy to divide**, and **easy to carry about**.

（桜美林大）

to Ⓥは名詞的・形容詞的でなければ副詞的

従属節（→ 21 課）と同様，**to Ⓥ は「名詞的か」→「形容詞的か」→「副詞的か」の順にチェック**するのが効率的です。**名詞的 to Ⓥ** であれば**削除不可**（→ 50 課）です。前課で学んだように，**形容詞的 to Ⓥ** は**前の名詞を修飾**し，多くの場合，意味上関係があります。名詞的でも形容詞的でもない to Ⓥは，副詞的 to Ⓥ に決まります。

副詞的 to Ⓥは動詞・形容詞・副詞・文を修飾

形容詞的 to Ⓥ は名詞を修飾するだけですが，**副詞的 to Ⓥ** は修飾先を**①動詞**，**②形容詞**，**③副詞**（→ 55 課），**④文全体**に分類できます。

to Ⓥ の to はもとはと言えば方向を表す前置詞で「～のほうへ向かって」の意味でした。これが副詞的 to Ⓥ にも色濃く残っていますから，解釈の際には**「～のほうへ向かって」**の意味を踏まえておくことです。あとは to Ⓥ のⓋと to Ⓥ が修飾する動詞・形容詞などとの**意味関係で解釈**するということです。

① **動詞を修飾する場合**（意味は以下 (a) ～ (d) のように分類されます）

(a) We eat to live.　（**目的**「～するために」）
「人は生きる（ほうへ向かって→）ために食べる」

(b) I am glad to see you.　（**原因**「～して」）
「私はあなたに会（うほうに向いて→）えてうれしい」

(c) You are kind to help me.　（**理由**「～するとは」）
「手伝ってくれる（ほうへ向いて→）とは親切ですね」

(d) One morning I awoke to find myself famous.　（**結果**「…して（その結果）～」）
「ある朝，目を覚まし（…に気づくほうへ向かって→）たら有名になっていた」
〈find oneself C → 14 課〉

② **形容詞を修飾する場合**

This book is easy to read.「この本は読む（ほうに向いて→）のにやさしい」

③ **文全体を修飾する場合**

To tell the truth, I cannot agree with you.

「実（のほうに向いて→）のところ，あなたには賛成できかねる」〈To Ⓥ は “I cannot ... you” 全体を修飾している〉

第１文

アリストテレスは　ギリシャの　哲学者（である）　を要約した　4つの　主な　特性

Aristotle, the Greek philosopher, summed up the four chief qualities

S　(同格語)　Vt　O

…の　貨幣　約　2,000　年　前に

(of money) (some 2,000 years ago).

M　M

S は文頭の Aristotle，その後のカンマに挟まれてる the Greek philosopher は Aristotle の言い換え，つまり同格語(→ 9 課)。

第２文

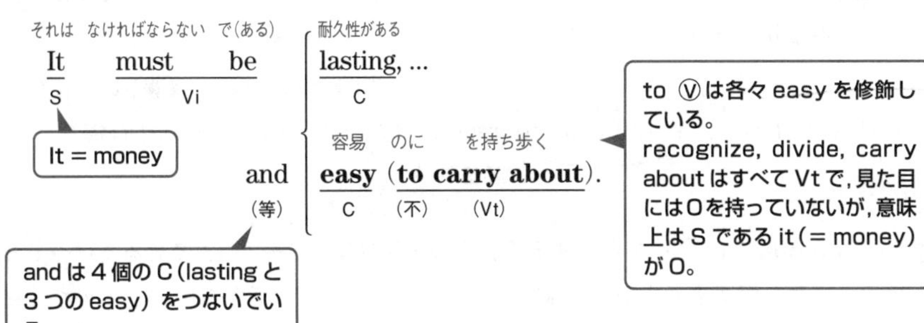

《全文訳》ギリシャの哲学者アリストテレスは，およそ 2,000 年前に貨幣の主な特性を 4 つに要約した。すなわち，貨幣には耐久性があり，見分けやすく，分けやすく，持ち歩きやすいものでなければならないのだ。

【語句】Aristotle アリストテレス／Greek 形 ギリシャの／philosopher 名 哲学者／sum up Vt を要約する／chief 形 主な／quality 名 特性／some 副（数詞の前で）約／lasting 形 長持ちする／recognize Vt を識別する／divide Vt を分割する／carry about Vt を持ち歩く

55 too/enough を to Ⓥ が修飾

次の英文を訳しなさい

Americans like to tell fish stories. Fishermen who like to brag about the big fish they have caught may have started the habit. If you tell a story that is just a little bit **too** good **to be** true, someone will say, "There's something fishy about that."

（常磐大）

too/enough は to Ⓥに修飾される

前課では This book is easy to read. のように，to Ⓥが形容詞（ここでは easy）を修飾する構造を学びました。さらに to Ⓥは，**〈形容詞・副詞の前の too〉〈形容詞・副詞の後ろの enough〉を副詞的に修飾**し，判断の基準を示して**「V するには」**の意味を持ちます。

① **〈too ～ to Ⓥ〉**：**「Ⓥするにはあまりにも～」**という**「程度」**が基本ですが，文脈で「あまり～なのでⓋできない／しない」という**「結果」**も可能です。

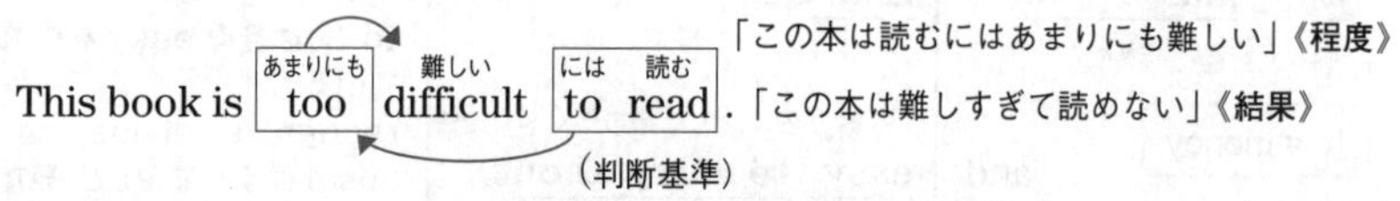

② **〈～ enough to Ⓥ〉**：**「Ⓥするのに十分／足りるだけ～」「Ⓥできるだけ～」**という**「程度」**が基本ですが，文脈で「（足りるだけ）～なので V できる」という**「結果」**も可能です。

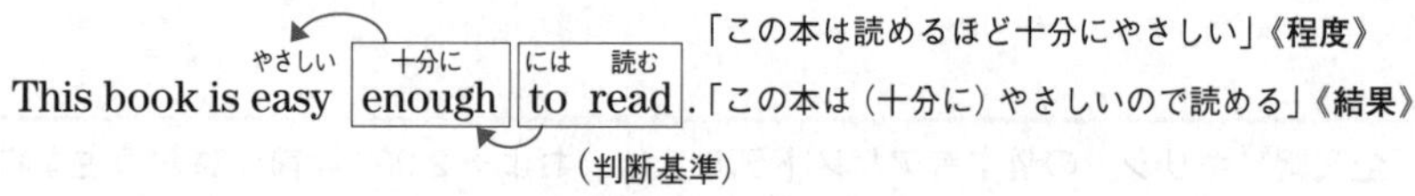

too は常に**副詞**ですが，**enough** は**副詞・形容詞・代名詞**にもなります。代名詞の enough を修飾する to Ⓥは形容詞的です。

否定文なら〈too ～ to Ⓥ〉〈～ enough to Ⓥ〉は「程度」で訳せ

③ This book is not **too difficult to read**. 「この本は読みにくすぎることはない」

④ You are not **old enough to drive**.「君は車を運転できる年になっていない」

このように**否定文のときは「程度」の意味のほうがわかりやすい**のです。「結果」の意味にすると，③なら「この本は，難しすぎて読めないのではない」となってまわりくどいですね。否定文なら「程度」の訳が無難です。

第1文

アメリカ人は を好む こと を話す ほら話

Americans like (to tell fish stories).

S Vt O(不)(Vt) (O)

to tell は like (Vt) の O で，名詞的 to Ⓥ。

第2文

漁師達は (その人は) を好む こと 自慢する について 大きな 魚

Fishermen [who like (to brag (about the big fish

S(先) (関代)S Vt O(不) (Vi) M (先)

to brag も名詞的 to Ⓥ。

(それを) 彼らが 釣った かもしれない を始めた その 習慣

[(that) they have caught]))] may have started the habit.

(関代)O S Vt(現完) (助) (Vt) (過分) O

fish の後に that を補って構造を整える（→42課）。

第3文

もし〜なら 人が をする 話 (それが) である ほんの 少し あまりにも 良い には である 本当

[If you tell a story [that is just (a little bit) **too** good (**to be** true)]],

(接) S Vt O(先) (関代)S Vi (副) M (副) C (不) (Vi) (C)

誰かが ものだ と言う ある 何かが うさんくさい には そのこと

someone will say, "There's something fishy (about that)."

S Vt O→(副) Vi S (形) M

too good to be true の修飾関係をきちんと押さえましょう。「本当であるには良すぎる」が**「程度」**，「あまり良いので本当ではあり得ない」が**「結果」**の直訳です。**to be ... が too** を，**too が good** を修飾でしたね。

《全文訳》アメリカ人はほら話をするのが好きである。釣った大きな魚のことを自慢するのが好きな漁師達がそういった習慣を始めたのかもしれない。もしもちょっとうますぎて本当とは思えない話をすると，誰かが「それにはうさんくさいところがある」と言うのである。

【語句】fish story 名 ほら話／fisherman 名 漁師／brag Vi 自慢する／may have V（過去分詞）「V したかもしれない」／habit 名 習慣／a little (bit) 副 少し／fishy 形 うさんくさい

56 〈for O to Ⓥ〉の役割を決めろ

次の英文を訳しなさい

The public want the government to take stronger action, because it is the government which has the most power. What they want is **for the government to provide** an excellent public transport system so that people will not want to drive.

(小樽商科大)

to Ⓥ は意味上の S を持つ

O と C の間には S (主語) と P (述語) の関係があります (→ 10 課・13 ～ 16 課)。

I want **you to help me**.
S　Vt　O　C

O の you と C の to help me の間には意味上〈You help me.〉という **S と P の関係**があります (→ 15 課)。これを「you (O) は to help me の意味上の主語 (S), to help me (C) は you の意味上の述語 (P)」と表現することがあります。

ところで, to Ⓥ は述語動詞ではないので文という形式の中では主語を持ちませんが, 上の例文に示されるように, **意味内容の点では S (主語) を持ちます**。ただし, 以下の例文 (a) (b) のように, 意味上の S が「一般の人々」「文脈上明らかな人」のときは明示されません。

(a) It is important to read a newspaper. 「新聞を読むのは大事だ」
(b) It is impossible to cross this street now. 「今この通りを渡るのは無理だ」

〈for O toV〉の中の SP 関係と役割をつかめ

例文 (c) ～ (e) のように, **〈for O to Ⓥ〉**の形で**「to Ⓥ の意味上の S が O であること」**が明示されることがありますから, このときは O と to Ⓥ が (意味上) S と P の関係にあることを読み取りましょう。なお, 〈for O to Ⓥ〉で, O は名詞・代名詞の目的格です。また, 先の例文 (a) の〈to read〉の前に**〈for you〉**のような**意味上の S** を明示すると, 意味上の S は特定化され, 一般的な話ではなくなります。この文では〈for you to read〉が 1 つの「かたまり」になります。

(c) It is important for you to read a newspaper. 「君が新聞を読むのは大事だ」

この場合，**to Ⓥ が名詞的か形容詞的か副詞的か**で，〈for O to Ⓥ〉の性格が決まります。

(d) There is no need for you to hurry.「あなたが急ぐ必要はない」

▶ to Ⓥ は**形容詞的**で名詞 need を修飾。

(e) I opened the door for her to come in.「彼女が入って来れるようにドアを開けた」

▶ to Ⓥ は**副詞的**で opened (Vt) を修飾。

第1文

一般大衆は　を望む　政府が　こと　を取る　もっと強い　措置

The public want the government (to take stronger action),

S　Vt　O　C(不)(Vt)　(O)

(～)なので　である　政府　(～)のは　を持っている　最大の　権限

[because it is the government which has the most power].

(接)　S　Vt　O

government と to take は S と P の関係にありますね。従属節内は，it が前文の表現を受けていないし，which を that に換えて後を見ると S が欠けていますから，**government (S) を強調する強調構文**です (→ 47 課)。

第2文

(…する)こと　彼らが　(を)望む　である　政府が　こと　を提供する　システム

[What they want] is **(for the government (to provide** an ... system

S→O(関代)　S　Vt　Vi　C→　(意味上のS)　(不)　(Vt)　(O)

(～する)ように　人々が　ない　を望ま　こと　車を運転する

[so that people will not want (to drive)])).

(接)　S　(助)(否)　Vt　O　(不)(Vi)

文頭の **What は先行詞内蔵の**関代です。**〈for O to Ⓥ〉が is の C で名詞の役割**とつかめれば，この課はマスターです。so that-節は目的を表す副詞節です。

《全文訳》一般大衆は，最大の権限を持っているのは政府なので，政府がもっと強い措置を取るよう望んでいる。彼らが望むのは，人々が車を運転したがらないように，政府が立派な公共輸送網を整備することである。

【語句】public 名 一般大衆／government 名 政府／take action「措置を取る」／provide Vt を提供する／excellent 形 立派な／public 形 公共の／transport 名 輸送／system 名 (輸送) 網／so that S will V「S が V するように」

57 〈be to Ⓥ〉＝〈助動詞＋Ⓥ〉に注意

次の英文を訳しなさい

If a man **is to be** master of his own enjoyment of life, he is going to have to do some thinking for himself unless he is content to let circumstances and other people do it for him. Bertrand Russell claimed that man was more frightened of thinking than of anything else.
（実践女子大）

〈be ＋ to Ⓥ〉ではなく〈be to ＋Ⓥ〉ととらえる

〈be to Ⓥ〉を見ると，以下の(a)の例文のように，beのCになる名詞的to Ⓥと思いたくなります（→50課）が，そうはいかないときがあります。例文です。

(a) My plan **is to** visit China.

(b) The prime minister **is to** visit China.

(a)の構造は**to Ⓥがis のCで名詞的**ととらえて問題ありませんね。〈to visit China〉が「かたまり」になっていて，「私の計画は中国へ行くこと」です。

(b)のto Ⓥは名詞的ではありません。名詞的として訳すと「首相は…こと」，となって意味不明ですから，名詞的to Ⓥでないことは明白。頭を切り替えましょう。〈is〉〈to visit China〉ではなく**〈is to〉〈visit China〉**という構造と見て，〈is to〉をはずしてvisitを現在形にしてみましょう。

(c) The prime minister visits China.

これは立派な文です。〈be to〉が「固まり」となってⓋ（動詞の原形）と結合していると見るのが合理的です。さらに言えば，〈be to〉を助動詞的と見るのが妥当です。ここでの**〈be to〉**は「**(〜する)予定だ**」を表し，(b)は「首相は中国を訪問する予定だ」の意味です。

〈be to〉は予定・義務・可能，if-節中なら意図

〈be to〉の意味は上の例のような①**「予定」**のほか，②**義務**「…すべきだ」(＝should)，③**可能**「できる」(＝can)，④**意図**「…するつもり」(＝will)などがあり，**どの意味かは文脈で決まります**。ただ，傾向として，③なら**〈be to be 十過去分詞〉**の形で，④はif-節の中で使われる〈be to〉の意味です。

第1文

もし〜なら 人は たい であり 支配できる人 について 彼 自身の 楽しむこと を 人生
[If a man **is to be** master (of his own enjoyment) (of life)],
(接) S (助) Vi C M M

彼は だろう なければならない をし 少しの 思考 自分で
he is going to have to do some thinking (for himself)
S (助) (助) Vt O M

(〜)でない限り 彼が いる 満足して ことに (〜の)ままにする 状況が をする それ に代わって 彼
[unless he is content (to let {circumstances do it (for him).
(接) S Vi C (不) (Vt) (O) (C)(Vt) (O) (M)

そして 他人が
and other people}
(等) (O)

If-節ですからここでは **is to** は意志を表す助動詞 **will「〜するつもり」に相当する表現**です。主節の述語動詞は〈**be going to ＋ have to ＋**Ⓥ〉の仕組みです。主節に従属節（= unless-節）がすぐに続いていますが，**let** に注目。let は使役動詞ですから **do は原形**です（→ 16 課）。it = some thinking と押さえましたね。

第2文

バートランド ・ラッセルは を主張した ということ 人間は である もっと 怖いの が 思考
Bertrand Russell claimed [that man was more frightened (of thinking)
S Vt O→(接) S V(受) (過分) M

よりも (が) どんなこと ほかの
than (he was) (of anything else)].
(接) (省略) M

《全文訳》人は自分自身の人生を思いどおりに楽しみたければ，自分に代わって状況や他人のなすがままにさせておくことに甘んじない限り，自分で少し考えなければならないだろう。バートランド・ラッセルは，人はほかのどんなことより思考を怖がっている，と主張した。

【語句】be master of N「N を自由にすることができる」／own 形 自分自身の／enjoyment 名 楽しむこと／thinking 名 思考／for oneself 副 自分で／unless SVX「S が V する場合を除いて→ S が V しない限り」／be content to Ⓥ「Ⓥすることに甘んじている」／circumstance 名（複数形で）状況／Bertrand Russell イギリスの哲学者・数学者／claim Vt と主張する／be frightened of N「N を（いつも）怖がっている」／else 副 ほかに[の]

同格節の把握 It is 〜 that 節の把握 準動詞の把握 with 構文の把握 比較構文の把握 仮定法の把握 倒置構文の把握

58 Vingは削除不可なら動名詞

次の英文を訳しなさい

Language is not simply a means of **communicating** information — about the weather or any other subject. It is also a very important means of **establishing** and **maintaining** relationships with other people. (静岡県立大)

「動名詞」は「動詞名詞」の短縮形

「準動詞」(→50課)の2番手，**動名詞**の登場です。「動詞」と「名詞」の両方の働きをする詞(ことば)ですが，**文の骨格としては名詞の働き**をするので，「動名詞」のイメージになります。したがって「名動詞」と呼ばれてもよさそうですが，動詞に-ing(=名詞を意味する接尾辞)を付けて名詞の働きをさせたものなので，「動名詞」と呼ばれます。

動名詞は削除不可

動名詞は，文の構造上は名詞の働き(S・O・C・前置詞のO)をするので，名詞的to Ⓥと同様，**削除すれば文または意味が成立しなくなります**。

(a) **Collecting** old coins is my hobby. 「古銭を収集することが私の趣味だ」

Collectingはisの**S**なので**名詞の働き**をし，old coinsをOにして，動詞の働きもしています。

(b) I like **listening** to music before **going** to bed.
「私は寝る前に音楽を聞くのが好きだ」

listeningはlike(Vt)の**O**で**名詞の働き**を持ち，goingは前置詞beforeのOで名詞の働きをしています。動詞の機能としては，listeningが前置詞句to musicとbefore going to bedを，goingが前置詞句to bedをMにしています。

(c) My hobby is **collecting** old coins. 「私の趣味は古銭を収集することだ」

(a)のSとCを交換した文で，構造はhobby(S) is(Vi) **collecting**(C)です。
さて，**S is Ving.** の文は，構造上以下の2つに分けられます。

① S is Ving.　**(is VingでV)**
② S is(Vi) Ving.　**(VingはC).**

①の例は，4 課の例文 (b) Spring is coming. です。〈**is (助動詞) ＋ coming (現在分詞)**〉で **V** になるのでしたね。**現在形**にすると Spring comes. で **SV の構造**です。例文 (c) との違いはここにあります。つまり，(c) の場合，論理上 hobby (S) collects (Vt) coins (O) は成立しないのです。is collecting を collects にはできないのですから，**is (Vi) collecting (C) の構造**で，**collecting は動名詞** (＝名詞的 Ving) です。例文 (c) は②に該当します。

所有格・目的格で動名詞の意味上の S を明示

動名詞の意味上の S を明示するには his/him coming「彼が来ること」のように**所有格か目的格**を，**動名詞が S** であれば **His** coming と**所有格**を使います。

第 1 文

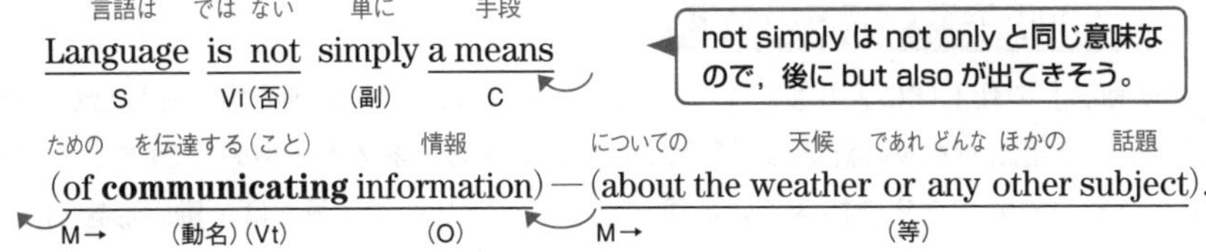

communicating は**前置詞 of の O で動名詞**。その O が information です。

第 2 文

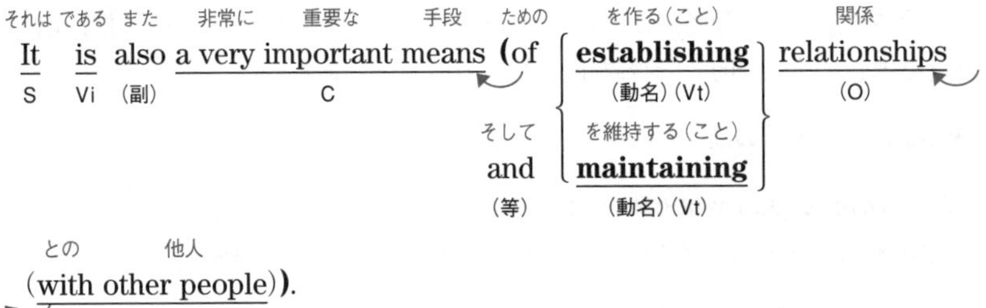

との 他人
(with other people)).
M

第 1 文の not simply に連動して，But it is also ... のつもりで読みましょう。

establishing と **maintaining** がともに**前置詞 of の O で動名詞**。動名詞の共通の O が relationships です。

《全文訳》言語は — 天候であれほかのどんな話題についてであれ — 情報を伝達する手段であるだけではない。それはまた他人との関係を作り維持する非常に重要な手段でもある。

【語句】not simply A but also B「A だけでなく B もまた」／means 名 手段／communicate Vt を伝達する／subject 名 話題／establish Vt (関係) を作る／maintain Vt を維持する／relationship 名 関係

59 現在分詞は「形容詞」役で能動的

次の英文を訳しなさい

As women gain new status and responsibilities in the business world, new manners develop. Women **supervising** both men and women are no longer unusual. All these changes require new and different behavior; consequently, manners change.

（青山学院女子短大）

分詞の別名は「動詞形容詞」

「準動詞」の仕上げに入りましょう。分詞については12・13課で触れましたが，「**分詞**」という用語の本来の意味は「**動詞で形容詞の働きにあずかるもの**」，すなわち「動詞と形容詞の働きを**分**け持っている**詞**」です。そのため「分詞」は「**動詞形容詞**」と呼ばれることがあります。

現在分詞は「動作進行・能動」分詞

現在分詞の語形は，動名詞と同様にVingです。この課では名詞を修飾する現在分詞の位置を中心に「動詞的」「形容詞的」性格の検討をします。

① Ving単独で名詞の前

A drowning man will catch at a straw.

「溺れかけている者はわらをもつかもうとする」「溺れる者はわらをもつかむ」

drowningは修飾する名詞manに対しては形容詞的で，動作の進行を示している点では能動的な動詞の性格を持っています。

② 名詞の後（＝後置修飾）

This is the house belonging (= which belongs) to the mayor.

「これが市長所有の家だ」(Vingが必ずしも進行中の動作を表さない例)

belongingはhouseを修飾する点では形容詞的で，前置詞句(to the mayor)を修飾語としている点で動詞的です。belong「属する」は状態を示す能動の動詞です。

後置修飾の場合，Ving単独のこともありますが，多くはO・C・副詞(句・節)を持っていて，この点が動詞の性格を示しています。したがって，**名詞を修飾するVing**

は削除できますが，②のように付属物を持っている場合は，それらも一緒に削除するのを忘れないようにしましょう。

総じて現在分詞は「動作進行・能動」分詞と言ってよさそうです。

第1文

~につれて 女性が を得る 新たな 地位 そして 責任 で 実業界

[As women gain new status and responsibilities (in the business world)],

(接) S Vt O (等) O M

新たな 礼儀作法が 発生する

new manners develop.

S Vi

この文の接 As の訳は，「~につれて」がぴったり(→ 32 課)。

第2文

女性は を管理する の両方 男性 と 女性 である もはや …ない 珍しく

Women (**supervising** both men and women) are no longer unusual.

S M→ (現分)(Vt) (O) (等) (O) Vi (副)(否) C

supervising とその O までをまとめて削除しても文の構造は維持されますし，意味も成立しますから，supervising は形容詞的 Ving で Women を修飾です。

第3文

すべての これらの 変化は を必要とする 新しい そして 異なる 行動

All these changes require new and different behavior;

S Vt (形) (等) (形) O

必然的に 礼儀作法は 変化する

consequently, manners change.

(副) S Vi

《全文訳》女性が実業界で新たな地位を得て新たな責任を持てるようになるにつれて，新たな礼儀作法が生まれる。男女両者を管理する女性はもはや珍しくない。すべてこういった変化には新たなそして異なった振る舞いが必要となる。必然的に，礼儀作法は変わる。

【語句】gain Vt を得る／status 名 地位／responsibility 名 責任／manners 名 礼儀作法／develop Vi 発生する／supervise Vt を管理する／both A and B「A も B も両方とも」／no longer 副 もはや…ない／unusual 形 珍しい／require Vt を必要とする／behavior 名 振る舞い，行儀／consequently 副 その結果，必然的に

60 過去分詞は「形容詞」役で受動的

次の英文を訳しなさい

In Japan students are taught at an early age to endure by their teachers and parents. There is nothing wrong with this, but it is different from the behavior **found** in the West, where the individual has a right to speak up, criticize, and ask questions.

(都留文科大)

過去分詞は「動作完了・受動」分詞

過去分詞の語形は規則動詞では語尾が過去形と同じ-ed，また不規則動詞では過去形と同形（make は過去形・過去分詞とも made）のものと異なるもの（speak は過去形が spoke，過去分詞は spoken）があります。この課では**名詞を修飾する過去分詞の位置**を中心に「動詞的」「形容詞的」性格の検討をします。

① **過去分詞単独では名詞の前**

Both spoken language and written language are important.

「話し言葉も書き言葉も重要だ」（「話され言葉」「書かれ言葉」が直訳）

spoken も written も本来は過去分詞ですが，この例文の場合は**形容詞として分類**します。a stolen car「盗まれた車→盗難車」，a used car「使われた車→中古車」なども同様です。他方 a printed book「印刷された書物」，a murdered man「殺害された男性」は過去分詞が名詞を修飾していると言える例です。いずれにせよ**完了**「…してしまった」と**受動**「…される」の意味を持っています。

② **名詞の後（＝後置修飾）**

Chinese is a language spoken by a large number of people.

「中国語は多くの人々に話されている言語です」

過去分詞単独のこともありますが，多くはO・C・副詞（句・節）を持っていて，この点が動詞の性格を示しています。①では形容詞の性格が濃いか形容詞になっているものも少なくありません。②になると動詞の性格を色濃く持っていると言えます。例文では **spoken** は前置詞句（by a large number of people）を修飾語として持ちながら **language を修飾**しています。

前課の現在分詞と同様，**名詞を修飾する過去分詞は削除できる**のですが，**付属物がある場合はそれらも一緒に削除**しなければなりません。

まとめると，総じて過去分詞は「動作完了・受動」分詞と言えそうです。

第 1 文

では 日本 学生は いる を教えられて に 早い 時期 こと 我慢する

(In Japan) students are taught (at an early age) (to endure)

M S V(受) M O(不) (Vi)

によって 彼らの 先生 そして 親

(by their teachers and parents).

M

この文は teach O to Ⓥ の受動態です。

第 2 文

である ゼロのものは 不都合 について これ しかし それは いる 異なって ～と 行動

There is nothing wrong (with this), but it is different (from the behavior)

(副) Vi S P M (等) S Vi C M

見られる で 欧米 そこでは 個人は がある 権利 率直に言う

found (in the West), [where the individual has a right (to speak up,

(過分) M (関副) S Vt O (不) (Vi)

批判する そして をする 質問

criticize, and ask questions)].

(Vi) (等) (Vt) (O)

現在形 (is) が支配する文の中の found です。過去形なら S と O が必要ですが，O はなく，直前の behavior は前置詞 from の O です。したがって **found は behavior を修飾する過去分詞**です。to Ⓥ は right を修飾する形容詞的 to Ⓥ（→ 53 課）ですね。

《全文訳》日本では，学生は幼い頃に先生や親から我慢することを教えられる。この行動は何の問題もないが，欧米で見られる行動とは異なっている。欧米では，個人は自分の意見をはっきり述べ，批判し，質問する権利を持っている。

【語句】endure Vi 我慢する／behavior 名 行動／individual 名 個人／right 名 権利／speak up Vi (意見を) 率直に言う／criticize Vi 批判する

61 名詞の後の-ed 形を判別せよ

次の英文を訳しなさい

More than ten-thousand million kilograms of plastics are produced in the United States each year. However, they take up a lot of ground space **used** to contain wastes **produced** by cities and industries. While in the ground, plastics do not break down into natural, harmless substances.　(日本工業大)

文の構造上，過去分詞はSを持たない

過去形と過去分詞の決定的な違いは「**過去形は述語動詞(V)，過去分詞は単独ではVになれない**」(→1・4・60課)ことです。次の文の**下線部の動詞が，過去形か過去分詞かを判別**してみましょう。文頭のIはSに決まっています。

(a)　I met a boy named Taro.　「私は太郎という名の男の子に会った」

meetもnameも，動詞なら過去形・過去分詞はそれぞれmet，namedと同形です。metがVで過去形，boyがOです。Oであるboyが同時に過去形の動詞namedのSにはなり得ませんから，**named**は過去形ではなく**過去分詞**です。

ここで(a)からa boy named Taroを抜き出し助動詞としてのbe動詞wasを補うとA boy was named Taro.という受動態の文ができあがります。〈**name OC**〉「OをCと名づける」がname(Vt)の文型ですから，**TaroはC**です。(a)の過去分詞namedはCのTaroを持ったままboyを修飾しています(→60課)。

過去形と仮定して矛盾すれば過去分詞

今度はSが名詞ですが，**calledとdugのどちらが過去形**でしょうか。

(b)　A dog called Pochi dug a hole.　「ポチという名の犬が穴を掘った」

Sが1つで動詞が2つあり，それらをつなぐandがない場合，V(述語動詞)は1つです。**dogがS**です。**calledをVと仮定**するとPochiがOですね。

dugの後にあるholeにはaが付いていますから明らかに名詞で，holeはdugのOの可能性が大です。さらにdigはVtの場合，〈**dig O**〉「を掘る」の文型しかなく，**dugはholeをOに持つ過去形**です。calledは動詞の過去形でなく過去分詞の可能性が大きくなりました。さらにcallは文(a)のnameと同じ〈**call OC**〉「OをCと呼ぶ」の文型の動詞ですから，calledは過去分詞でC(Pochi)を持ったままS(dog)を

修飾しています。以下の図解で確認しましょう。

A dog called Pochi dug a hole.
S (過分)(形)(Vt) (C) Vt O

このように，判別には**構造説明が成り立つか否かをチェックするのが有効**です。

第1文

を超える 10 千 百万 キログラム からなる プラスチック製品 生産される
More than ten-thousand million kilograms (of plastics) are produced ....
S M V(受)

構造上は**kilograms が S** で，of は「構成要素」を O にする前置詞です。

第2文

しかしながら それらは を占める たくさん の 土壌 空間 使用される ために を収容する 廃棄物
However, they take up a lot of ground space **used** (to contain wastes
(副) S Vt (形) O (過分) (不) (Vt) (O)

排出される によって 都市 と 産業
produced (by cities and industries)).
(過分) M

space は take up の O ですから，**used** が過去形になるはずはありません。**produced** も直後に (by ...) があることと，直前の wastes が contain の O ですから，過去形ではありません。**両者とも過去分詞で直前の名詞を修飾**しています。

第3文

(～の)間に プラスチックが 存在する の中に 土壌 プラスチックは ない 分解 され
[While (they are) (in the ground)], plastics do not break down
(接) S Vi M S Vi(否)

に(なるように) 自然界の 無害の 物質
(into natural, harmless substances).
M

接 While の後の省略 (they are) を見抜くのもポイント (→31課)。

《全文訳》1,000 万トンを超えるプラスチック製品が毎年アメリカで生産される。しかしながら，それらは都市や企業が排出する廃棄物を収容するのに使われる土壌空間の相当部分を占めている。プラスチックは，地中にある間に分解されて自然界の無害物質になることはない。

【語句】million 名 100 万／produce Vt を生産する／each year 副 毎年／take up Vt (時間・場所)を取る，占める／contain Vt を収容できる／waste(s) 名 廃棄物／industry 名 産業／break down Vi 分解される／harmless 形 無害の／substance 名 物質

62 形容詞的ではない現在分詞は分詞構文

次の英文を訳しなさい

Many people today walk for fitness. Walking can be beneficial for the mind as well as the body. Walking can relieve stress, **helping** you relax at the end of the day or after a difficult task.

（大阪女子大）

分詞構文は動詞修飾の分詞（句）

名詞的でも形容詞的でもない Ving が，述語動詞などを**副詞的に修飾**することがあります。この Ving を**分詞構文**と呼びます。分詞構文が修飾するのは V（述語動詞）に限らず，動詞の原形・分詞（現在分詞・過去分詞）・動名詞もその対象になります。

(a) I eat, watching TV.　　　(b) I like to eat, watching TV.

watching TV は (a) の V である eat，(b) では原形 eat を修飾しています。どちらも「テレビを見て食べる」「テレビを見ながら食べる」という解釈が妥当です。

通常は，文の S が分詞構文の意味上の S

It being fine, we went out. 「天気がよかったので，私たちは外出した」

上記の例文のように，意味上の S が示されない限り**文の S が分詞構文の意味上の S** です。Ving を分詞構文と判断したら「何が，どうした」のかを読み取り，とりあえず，「…して」くらいに訳しておきます。それでも意味の流れが悪ければ，**1.**「**…する／したとき**」，**2.**「**…する／したので**」，**3.**「**…しながら**」「**そして…**」，それでもダメなら，**4.**「**…ならば**」，**5.**「**…けれども**」で大体おさまります。

Ving の位置が文中・文尾なら，意味上の S から形容詞的か副詞的かを判別

分詞構文の位置は①文頭，②文中，③文尾，の 3 つです。

① Watching TV, the man ate an apple.
「テレビを見て（見ながら）男はりんごを食べた」

② The man, watching TV, ate an apple.
「テレビを見ていた男は…」「男は，テレビを見て（見ながら）…」

③ The man ate an apple, watching TV.

「男は，テレビを見ながら…」「男はりんごを食べて，テレビを見た」

①は判別しやすい〈**Ving X, SVX.**〉の形です。Ving ... そしてカンマの次に SV が顔を出しますから，**Ving** は名詞的でも形容詞的でもなく，**副詞的で分詞構文**です。②は，man を修飾する**形容詞的 Ving**，もしくは**分詞構文**と考えることができます。いずれの場合も man が意味上の S です。③では watching の意味上の S が man なのは明白で，watching は**分詞構文**です。

第２文

散歩は　のが可能だ　ある　有益で　にとって　心…　だけでなく　身体

Walking can be beneficial (for the mind as well as the body).

S　Vi　C　M

Walking は can be の S で，**動名詞**とも**名詞**とも考えられます。

第３文

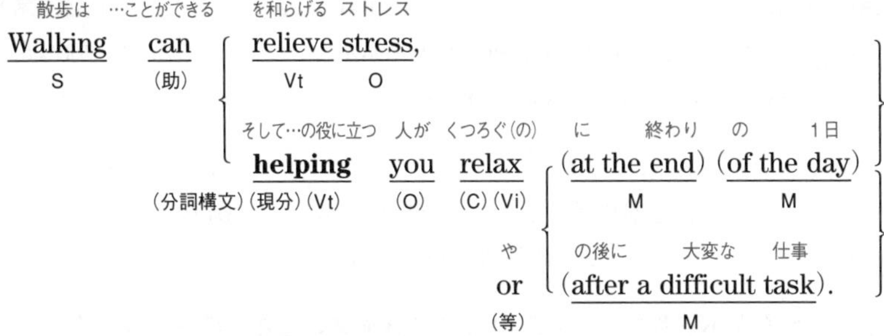

散歩は
…ことができる
を和らげる
ストレス
Walking
can
relieve
stress,
S
(助)
Vt
O
そして…の役に立つ
人が
くつろぐ(の)
に
終わり
の
1日
helping
you
relax
(at the end)
(of the day)
(分詞構文)(現分)(Vt)
(O)
(C)(Vi)
M
M
や
の後に
大変な
仕事
or
(after a difficult task).
(等)
M

helping は意味上の S が stress ではなく文の S である Walking なので，**分詞構文**です。意味の流れから can に支配されて relieve を修飾し and help と書き換え可能です。〈**help O (to) Ⓥ**〉には「**O が V する**」という **S と P の関係**（→ 15・16 課）を読み取ってください。

《**全文訳**》このごろ，健康のために歩く人が多い。散歩を身体だけでなく心にも役立てることができる。散歩でストレスを和らげることができるし，また，1日の終わりや大変な仕事を終えた後に，散歩のおかげでくつろぐことができる。

【語句】fitness 名 健康／beneficial 形 有益な／mind 名 精神，心／A as well as B「B だけでなく A も」／relieve Vt を和らげる／relax Vi くつろぐ／task 名 仕事，課題

63 beingのない分詞構文を見抜け

次の英文を訳しなさい

Women's leaving the home and entering the workforce has diminished men's traditional value to women. Increasingly **independent and self-sufficient**, contemporary women no longer feel the same need for men to provide for or protect them.

（玉川学園女子短大）

分詞構文のbeingは省略される

分詞構文の基本形はVingですが，**分詞構文のbeingはよく省略されます**。多く見られるのは，以下の(a)～(c)の例です。

(a)　Seen from the moon, the earth looks like a ball.　（過去分詞の前）
(b)　Kind to anyone, he was liked by everyone.　（C（補語）である形容詞の前）
(c)　A man of sense, the doctor speaks softly.　（Cである名詞の前）

過去分詞・形容詞・名詞，いずれもbe動詞と結合して文の骨格を担う語である点で共通しています。**Beingを前に置くと，**(a) Being seen ...，(b) Being kind ...，(c) Being a man ... のように**分詞構文の基本形**ができあがります。

意味上のSが明示されない限り**文のSが分詞構文の意味上のS**です。各々の文のSV（特に「時」に注意して）に着目して(a)～(c)の分詞構文の中に**SとPの関係**を読み取りましょう。(a)ではThe earth is seen ... (b)ではHe was kind ... となります。

(c)ではThe doctor is a man of sense. の文を意識してください。訳の確認です。

(a)「（月から見られると→）月から見ると，地球はボールに似ている」
(b)「誰にも親切で（親切なので），彼は皆に好かれた」
(c)「分別がある人で（人なので），その医者は穏やかに話す」

意味上のSがbeingなしで明示される

(d)　Her work done（→ Her work **being** done), she went home.

上記のような，過去分詞などの前に**beingなしで意味上の主語が置かれるタイプ**に慣れましょう。訳は「(仕事が終えられて→) 仕事を終えて (終えたので)」となります。

第1文

女性が　を出ることは　家庭　そして　に加わることは　労働人口　いる　を減少させて

Women's leaving the home and entering the workforce has diminished

(意味上のS)　S(動名)(Vt)　(O)　(等)　S(動名)(Vt)　(O)　Vt(現完)

男性の　従来の　重要性　にとっての　女性

men's traditional value (to women).

O　M

Women's は所有格なので2つのVing は動名詞。「女性が…すること」と解釈する。

第2文

…いるので　ますます　自立して　そして　自活して　現代の　女性は

(Being) Increasingly **independent and self-sufficient**, contemporary women

(分詞構文)(Vi)　(副)　(C)(形)　(等)　(C)(形)　S

もはや …ない を感じて　同じ　必要性　男性が　という　を扶養する　自分たち

no longer feel the same need (for men (to provide for / or protect them)).

(副)(否)　Vt　O　(意味上のS)　(不)→　(Vt)　あるいは　を守る　(等)　(Vt)　(O)

self-sufficient の後がカンマで区切られていますから，**分詞構文の場合だけ単独で省略可能な語形 being を補って**，分詞構文の基本形を作りましょう。分詞構文の**意味上の主語は文の S**，つまり contemporary women です。for men to ... は need を修飾している (→ 53・56 課) ことを押さえましょう。

《全文訳》女性が家庭から出て働くようになったことで，男性が従来持っていた女性にとっての重要度は減少している。ますます自立し自活できるようになったので，現代の女性はもはや以前と同様の―男性が自分たちを養い守ってくれる―必要性を感じていない。

【語句】workforce 名 労働人口／diminish Vt を減らす／traditional 形 従来の／value 名 価値，重要性／increasingly 副 ますます／independent 形 自立している／self-sufficient 形 自活できる／contemporary 形 現代の／no longer 副 もはや…ない／need 名 必要性／provide for Vt を養う／protect Vt を守る

64 〈with ＋ O ...〉の中に SP を予期せよ

次の英文を訳しなさい

In 1940 Superman began his radio career, **with** Clayton Collyer **providing** the voice of the man from Krypton. Throughout the 1960s and 1970s people continued to have an interest in the man of steel, **with** plays, television movies, and animated series **produced** every few years. （神戸大）

with OP に SP を読め

前置詞の with・without はほかの前置詞と同様，O（目的語）を持ってさまざまな意味を表しますが，ほかの前置詞との大きな違いは，**O の後に**「動作・状態を示す表現」，つまり **P（述語）を持てる**ことです。多くは，〈**SVX（,）** **with OP**〉，ときには位置が変わって，〈**With OP**, **SVX**〉の形態を取ることもあります。この場合，**〈with OP〉**は「…が～して（しながら）」などの意味を表します。ですから，**with** が目に入ったら，その直後の（代）名詞の次に **P に当たる語句**があるかどうかをよく見極めましょう。

このような用法の with をよく「**付帯状況の with**」と呼び「O が P（の状態）で」と訳しますが，「**同時展開の with**」ととらえるとイメージがわきます。「**S が V だ，（そのとき）同時に O が P だ**」のニュアンスで使われるからです。そこで内容理解のためには with OP を while S is P に転換するといいでしょう。

多くの場合〈with OP〉は副詞句ですが，中には a room **with** the window open「窓の開いた部屋」のように，形容詞句として名詞を修飾することもあります。

P になるのは副詞（句）・分詞・形容詞など

P の多くは，①**副詞**（句），②**現在分詞・過去分詞**，③**形容詞**などです。

① (a) I feel comfortable with him away.「彼がいなくて気楽だ」

(b) She looked at me with a smile on her lips.
「彼女は唇に笑みを浮かべて私を見た」（〈without O ＋副詞句〉→ 48 課の例題）

② (c) He laughed, with / without a smile showing on his face.
「彼は笑ったが，（そのとき）笑みが顔に浮かんでいた／浮かんでいなかった」

(d) The meeting ended with / without a decision made.
「集会は１つの決定がなされて／１つの決定もされないまま終わった」

③ (e) Don't speak with your mouth full.「口の中をいっぱいにしてしゃべるな」

第1文

に 1940年 スーパーマンが を開始した ラジオの 経歴
(In 1940) Superman began his radio career,
M S Vt O

がその際 クレイトン・コリヤーが を提供した 声 の 男 から来た クリプトン星
(with Clayton Collyer **providing** the voice (of the man) (from Krypton**)**.
(付帯状況) O P(現分)(Vt) (O) (M) (M)

〈with OP〉ですから内容理解のために while Clayton Collyer was ... としたいところですが，意味の流れから進行形は不自然ですから，ただの過去形にして while Clayton Collyer provided ... と解釈します。

第2文

を通して 1960年代・1970年代 世の人々は を続けた こと を持つ 興味
(Throughout the 1960s and 1970s) people continued **(**to have an interest
M S Vt O(不)(Vt) (O)

への 男 の 鋼鉄 が同時に 劇 テレビ 映画 そして アニメの 続き物が
(in the man) (of steel)**)**, **(with** plays, television movies, and animated series
M M (付帯状況) O

制作された 毎に 数年
produced (every few years)**)**.
P(過分) M

ここも〈with OP〉を見抜けましたね。P が過去分詞ですから受動態を連想しましょう。**while S were produced ...** の理解ができれば「付帯状況の with」の基本はこれで OK です。

《全文訳》1940 年に，スーパーマンがラジオに登場したが，クレイトン・コリヤーがクリプトン星からやって来た男の声を演じた。1960 年代，1970 年代を通して人々は鋼鉄の男への興味を持ち続け，劇・テレビ映画・アニメ映画が数年毎に制作された。

【語句】career 名 経歴／provide Vt を提供する／throughout 前 を通して／interest 名 興味／of steel 形（鋼鉄のように）強靭な／play 名 劇／animated 形 動画の／series 名（番組などの）続き物／produce Vt を制作する／every ＋数詞＋複数名詞「…毎に」

65 副詞の as は同等比較の先導役

次の英文を訳しなさい

When it comes to guns, the cultural gulf between Japan and the United States is **as** wide and deep **as** the ocean that separates the two countries.

Americans are torn between two feelings about guns. One side believes that owning guns is a basic Constitutional right **as** valuable **as** life itself.

The other side believes that guns have become so widespread and deadly that the law must change.　（文教大）

副詞の as は「同程度に」の意味

この課では，**副詞の as が形容詞・副詞の原級を修飾する同等比較**を学びます。「原級」とは辞書の見出し語の形で，「それ自体は比べる意味」を持っていない語形のことです。最初に以下の２文を比較してみましょう。

(a) I am old.　　(b) He is in his twenties. I am as old.

(a) は「私は年老いている」ですから，心身ともに衰えを感じて一線を退く年齢です。(b) は「彼は 20 歳代だ。私は同じくらいの年齢だ」であって，「老い」を表しません。しかも**「同じくらい」の意味を表す副詞 as** がありますから，誰か (当然 He) と比べていて，この点が**「比較の基準」**のない (a) とまったく違います。

〈as ＋原級〉が見えたら「比較の基準」を確認する

同等比較の「ひな形」は **〈as ＋原級〉〈as ＋比較の基準〉** です。**前の as は副詞で原級を修飾**しているのでしたね。**後の as は接続詞**で，全体の意味は「**同程度に 原級** (比較の基準と)」「**(比較の基準と) 同程度に 原級**」となります。

「比較の基準」を文脈から読み取って (b) に**「比較の基準」を補う**と，

(c) I am **as** old **as** he (is).　← 比較の基準

次に，同様に 原級 を使って，比べる相手で意味が異なることを示します。

(d) You are **as** wise **as** a dog.　　(e) You are **as** wise **as** Einstein.

「賢い」点で比べる相手が犬とアインシュタインでは，意味がまるで違います。

第1文

と　こと　になる　の　銃　文化の　大きな隔たりは　の間での　日本　と　米国

[When it comes (to guns)], the cultural gulf (between Japan and the U.S.)

(等)　S　Vi　M　S　M

である　同程度に　大きく　て　深い　と　大洋　(それは)　を隔てる　2つの　国

is **as** wide and deep [**as** the ocean [that separates the two countries] (is)].

Vi　(副)　C　(等)　C　(接)　S (先)　S (関代)　Vt　O　Vi (省略)

the cultural gulf の**「比較の基準」**は，接 as の後に続く **the ocean** です。

第3文

一方の　側は　と信じている　ということ　を所有することは　銃　である　基本的な　憲法上の　権利

One side believes [that owning guns is a basic Constitutional right

S　Vt　O→(接)　S (動名) (Vt)　(O)　Vi　C

同程度に　貴重な　と　命　そのもの

as valuable [**as** life itself (is)]].

(副)　M (形)　S　同格語　Vi (省略)

itselfはlifeを強調するための同格語

後ろのvaluableがrightを修飾。

第4文

他方の　側は　と信じている　ということ　銃が　しまった　それほど　普及し　て　命取りになって

The other side believes [that guns have become so widespread and deadly

S　Vt　O→(接)　S　Vi (現完)　(副)　C_1　(等)　C_2

〜ほどに　法律が　必要がある　変わる

[that the law must change]].

(接)　S　Vi

soとその後のthat-節はセット表現。

《全文訳》銃のことになると，日米間の文化の大きな隔たりは両国を隔てる大洋と同じくらい大きく深い。アメリカ人は銃について2つの考えに分裂している。一方の側は，銃の所有は生命それ自体と同じくらい貴重な憲法上の基本的権利だ，と信じている。他方の側は，銃があまりに普及し命を奪っているので，法律を変える必要がある，と信じている。

【語句】when it comes to N「Nのことになると」／cultural 形 文化の／gulf 名 大きな隔たり／separate Vt を隔てる／tear Vt を引き裂く／constitutional 形 憲法(上)の／right 名 権利／valuable 形 貴重な／widespread 形 普及した／deadly 形 命取りの／law 名 法律

66 比較級には不等号を使え

次の英文を訳しなさい

American parents want their children to do **better** than they did. Middle-class children are encouraged to get **better** educations so that they can make **more** money and live in a **better** neighborhood than their parents.

（名古屋女子大）

比較級は「差があること」を示す

比較級の形は〈**原級＋-er**〉か〈**more ＋原級**〉で，意味は「**もっと…**」です。また〈**less ＋原級**〉は直訳で「**より少なく…**」「**より…でない**」，〈**less ＋原級＋ than ＋比較の基準**〉は「**比較の基準ほど…ない**」です。

比較級は「**差があること**」**が前提になっている表現**ですから，比較級を「不等号」と置き換えて理解することが重要です。等号（＝）を含む「以上」「以下」の訳語は避け，**more than one** は「**1つを超えて**」または「**複数**」か「**2つ以上**」と訳しましょう。

not ＋比較級（＞）→≦

比較級を含んだ文が否定文の場合，どんな意味になるかを検討しましょう。

(a)　I have more than 10 books.　　（肯定文）
「私は10冊を超える本を持っている」

(b)　I don't have more than 10 books.　　（否定文）

(c)　I have not more than 10 books.　　（否定文）

(b)と(c)は「私は 10 冊を超える本を持っていない」という同じ意味で，**not は動詞を否定**しますが，このことは要するにどういうことでしょうか。

ここで「私の持っている本の冊数」を X としましょう。すると(a)では X ＞ 10 が成立します。(b)(c)はそれを否定するわけですから，X ≦ 10，すなわち不等号が逆向きになってイコールが加わります。**X ＜ 10 あるいは X ＝ 10 ということ**です。これを「X は 10 未満か 10 と等しい」「X は 10 以下」「X の最大値は 10」「X は多くとも 10」などいろいろに表現できます。

比較級には不等号を対応させ，**比較級の前に not があったら肯定文の逆向きの不等号にイコールをプラスする**，これが比較級を正確に理解する方法です。

比較級を見たら「比較の基準」を探せ

〈as＋原級〉と同様に，比較級の後の**〈than＋比較の基準〉が省略**されることがあります。こんなときは既出の英文の中，あるいは文脈から**「比較の基準」**を見つけます。次の文の場合はどうでしょう。

If you finish your work, you can go home **earlier**.

earlier の後は than usual「いつもより」などの**省略**が考えられます。

第1文

アメリカの 親は を望む 自分の 子どもが こと 成績を取る もっと良い より 自分が 取った

American parents want their children (to do **better** [than they did]).

S Vt O C→(不)(Vi) (副) (接) S V

better は原級 well の比較級ですが，この「比較の基準」が置かれる部分には原級を置きません。

第2文

中産階級の 子どもは る 奨励され ように を受ける もっと良い 教育 よりも 親が 受けた

Middle-class children are encouraged (to get **better** educations (than they did)

S V(受) C→(不)(Vt) (形) (O) S V (省略)

文の流れから第1文と同様の **than they did が隠れている**ことが読み取れますね。この **did** は get の過去形 got の代役をしている**代動詞**です。

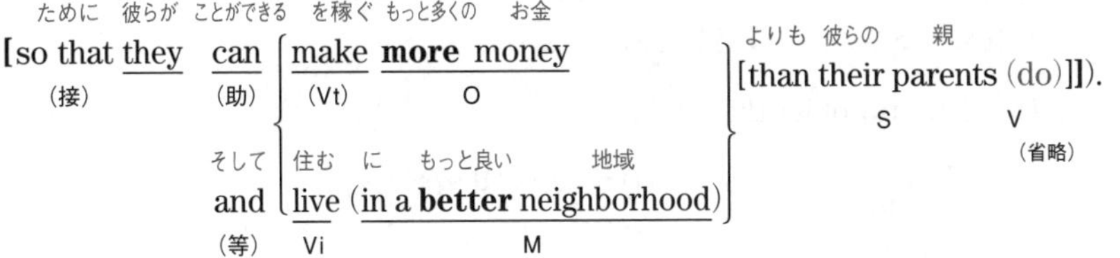

省略されている現在形の **do** も**代動詞**で，make と live の2つの動詞の代役を兼ねて，「(お金を) 稼ぐ」「(地域に) 住む」を表しています。

《全文訳》アメリカの親は子どもには自分たちより良い成績を取ってほしいと思っている。中産階級の子どもは，親よりも多く金を稼ぎ，環境がもっと良い地域に住めるように，親よりも良い教育を受けることを奨励される。

【語句】do well「成功する，(学校で) 成績がいい」／middle-class 形 中産階級の／encourage O to Ⓥ「O をⓋするように励ます」／education 名 教育／so that S can V「S が V できるように」／neighborhood 名 地域

67 〈no ＋比較級＋ than〉＝「差がゼロ」

次の英文を訳しなさい

The Japanese are always asking questions, especially of foreigners like myself. It is perhaps only natural for them to ask questions of foreigners; and it is **no less natural** for foreigners to comment on the fact with astonishment. （桜美林大）

〈no ＋比較級〉は「差がゼロ（ない）」

(a)　I am older than you. は[(年齢の点で) I ＞ you の差がある] を示します。

差を具体的に表すには次のように比較級の前に 3 years などを置きます。

(b)　I am 3 years older than you.

このとき，3 years は**副詞の役割**をして（→ 9 課），**older を修飾**しています。差がないときは，「**差がない**」「**差がゼロ**」を**示す no を比較級の前に置きます**。つまり〈**no ＋比較級＋(than ～)**〉は「**同程度を示す**」と押さえましょう。

〈no ＋比較級〉は「逆方向に同程度」が基本

形容詞・副詞の前に置かれた no は副詞として比較級を修飾しますが，全体としてどんな意味になるのかを検討してみましょう。

(c)　I am **no** older than you.

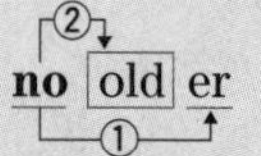

no は，① **older の比較級を否定**して「(年齢に) 差がないこと」を示すと同時に，② **old** をも否定しています。

① **比較級を否定**，つまり不等号（＞，＜）を否定して**同等**であることを表します。同等を示すのは副詞の **as** でした。

② **old を否定**して **young** を表します。比較級の原級と反対の意味を持たせるのです。その結果 no older は as young になります。これに比較の基準を付け足すと no older than you → as young as you です。一般化してみましょう。

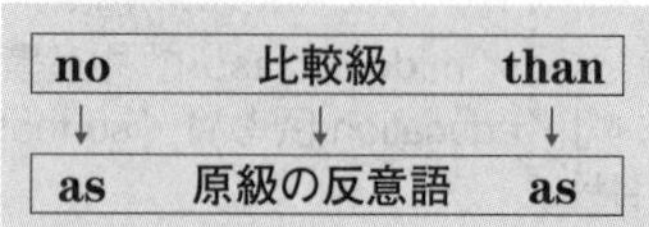

第1文

日本人は　いる　いつも　をして　質問　特に　に　外国人

The Japanese are always asking questions, especially (of foreigners)

S　Vt(進行)　O　(副)　M

のような　私自身

(like myself).

M

進行形はalwaysと一緒になって「動作の反復」を強調していて，「しょっちゅう～してばかりいる」と筆者の困惑を示しています。likeは前置詞です。

第2文

～は　である　もしかして…かもしれない　ごく　当然　彼らが　ことをする　質問　に　外国人

It is perhaps only natural (for them (to ask questions (of foreigners)));

S(形)　Vi　(副)　(副)　C　(意味上のS)　(不)(Vt)　(O)　M

そして　である　同じ　くらい　当然　外国人が　こと　論評する　について　この　事実

and it is no less natural (for foreigners (to comment (on the fact))

(等)　S(形)　Vi　C　(意味上のS)　(不)(Vi)　M

を持って　驚き

(with astonishment) [than ...]).

M　(省略)

さて**no less natural**が〈**no＋比較級**〉です。「less naturalの原級の反意語」か「less naturalの反意語の原級」がわかれば，それに**as**をつければいいのです。lessの反意語はmoreですからless naturalの反意語はmore naturalで，その**原級は natural**です。**no less natural ＝ as natural**。「比較の基準」は，セミコロンの前を見直すとIt is ... natural for them (= the Japanese) to ...。**「比較の基準」の部分には原級を置かないのがルール**ですから，naturalを削除して，as natural ... with astonishment as (it is) for the Japanese to ask ... foreignersと，省略を補います。

《全文訳》日本人はしょっちゅう，特に私みたいな外国人に質問をしてくる。ことによると，彼らが外国人に質問をするのは，ごく当たり前なのかもしれない。そして，外国人が驚いてそういった日本人の事実について論評するのも，同じくらい当然なのだ

【語句】especially 副 特に／perhaps 副 ことによると…かもしれない／only 副 (判断を示す形容詞の前で) まったく／natural 形 当然の／comment Vi 論評する／with astonishment 副 びっくりして，驚いて (astonishmentは 名 驚き)

68 助動詞の過去形に仮定法を予測せよ

次の英文を訳しなさい

What **would happen if** society **looked** at young people as competent community-builders? This question is not trivial, for the dominant image of youths in any society will affect the beliefs and behavior both of adults and of youths themselves.

（津田塾大）

仮定法過去は現実から距離を置く表現

「現在の事実をそのまま述べる」表現法を**直説法現在**と呼び，（助）動詞は**現在形**を使います。例文です。

(a)　He is not here, so I cannot talk to him.
「彼がここにいないので彼と話ができない」

直説法とは違い，**現在の事実**に関して**（助）動詞の過去形**を用いるのが**仮定法過去**です。(a)の事実に対して仮定法過去を適用すると次の文(b)になります。

(b)　If he were/was here, I could talk to him.
「仮に彼がここにいれば話ができるのに」

この場合は**（助）動詞の過去形を使う**ことで**「現実との隔たり」「現実離れ」**を示し，「現在の事実に反すること」の**仮定**を述べているのです。ですから，**現在形が連なる文章の中に助動詞の過去形**を見つけたら，**「仮定法かも」**と心の準備をしましょう。

仮定法過去は「反事実」「可能性の低さ」を示す

「仮に～なら…なのに」という**仮定**を表す**仮定法過去**の典型は，

If S V（過去形）…，S＋助動詞の過去形＋V（原形）…．

If-節を条件節と呼び，主節を帰結節とも呼びます。**条件節での be 動詞は were** 及び（Sが1人称・3人称の単数なら）**was** も使います。主節（＝帰結節）の助動詞は **would/could/might/should** です。事実に反する仮定の文は前出の(b)がわかりやすいですね。

次に微妙な直説法現在と仮定法過去の違いを検討しましょう。(c)が**直説法現在**の文，(d)が**仮定法過去**の文です。

(c) What will you do if a war breaks out? 「もし戦争が起きたらどうする？」
(d) What would you do if a war broke out? 「仮に戦争が起きたらどうする？」

(c) では戦争の可能性が五分五分はあると見ているのに対し，(d) は可能性が「まずないと思うが，仮に戦争が起こったらどうする？」と遠慮した感じです。

第1文

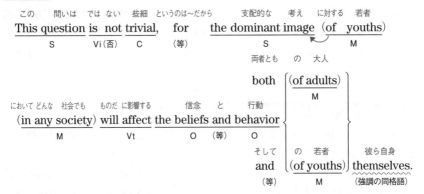

What（何が／S） would happen（だろうか 起こる／Vi（仮過）） [if（仮に～なら／（接）） society（社会が／S） looked at（を考える／Vt） young people（若者／O） (as（として） competent community-builders（有能な 社会 を築く者／C）)]?

主節のVに助動詞の過去形があり，従属節のif-節のVが過去形なので，**仮定法過去**の可能性が大です。第2文に is と will が確認できるので，第1文は仮定法過去の文です。

第2文

This question（この 問いは／S） is not（では ない／Vi（否）） trivial,（些細／C） for（というのは～だから／（等）） the dominant image（支配的な 考え／S） (of youths)（に対する 若者／M） (in any society)（において どんな 社会でも／M） will affect（ものだ に影響する／Vt） the beliefs（信念／O） and（と／（等）） behavior（行動／O） both（両者とも） (of adults)（の 大人／M） and（そして／（等）） (of youths)（の 若者／M） themselves.（彼ら自身／（強調の同格語））

for の品詞は何でしょう。will affect を発見し，for の後に SV を確認した後に，「理由・判断の根拠を示す」**等位接続詞**と決定します。

《全文訳》仮に社会が若者を社会建設の有能な担い手と考えると，どうなるだろうか。この問いは取るに足りないものではない，というのは，どの社会でも若者に対する支配的な考え方が大人と若者自身両者の信念と行動に影響を与えるからだ。

【語句】look at O as C「O を C と考える」／competent 形 有能な／community-builder 名 社会を築く者／trivial 形 些細な／dominant 形 支配的な／image 名 印象，考え／youth 名 若者／affect Vt に影響する／belief 名 信念／behavior 名 行動／both A and B「A も B も両方とも」／adult 名 大人

69 VS/vSV の語順の変化を見落とすな

次の英文を訳しなさい

While dioxin is treated like radioactive waste in Germany, in Japan garbage is burned in waste incinerators next to houses and farms. **Only in 1997 did Japan enact** its first law regulating dioxin emissions from incinerators.

（神田外語大）

倒置を見抜く鍵は SV の発見

疑問文では，S の前に v（助動詞）・be 動詞が出てくるといったように通常の語順に変化が起きますね。また感嘆文では How nice he is! のように強調される部分が S の前に出てきます。

英語では，疑問文でも感嘆文でもないのに，**S の前に V や v（＝助動詞）・be 動詞・O・C が飛び出す現象・語順の変化を「倒置」**と呼びます。倒置という表現はちょっとぎょうぎょうしい響きがしますが，S と V を発見する技術が身に付いていれば恐れることはありません。

強調語（句・節）が文頭の倒置，v/be/V を追え

倒置には①**強調による倒置**と，②**構文上の倒置**があります。この課では，**語・句・節を強調**するために**文頭に移動**したことで起きる倒置を学びます。

それでは強調による倒置の代表の登場です。**否定の副詞（句・節）と〈only ＋副詞（句・節）〉が文頭に来ると倒置が起きて，S の前に be 動詞/v（助動詞）が飛び出します**。be と v に続く S を確認することが先決です。次に **O や C の有無，倒置の原因**を探って文構造をはっきりさせましょう。この作業に慣れたら，いろいろな倒置のパターンを覚えることで**読むスピードが速くなる**こと請け合いです。では例文を検討してみましょう。

(a)　**Not until** we lose our health **do we realize** its value.

(b)　**Only when** we lose our health **do we realize** its value.

(a) (b) ともに **do we** に**着目**しましょう。これが **vS** で**倒置**，realize が V（原形）で value が O です。倒置の引き金は〈**Not ＋ until-節**〉（否定語＋副詞節）が**文頭に**，

〈**Only + when-節**〉(Only +副詞節) が**文頭**に来ていることです。(a) の **Not until** は「〜するまでではなく」→「**〜して初めて**」という意味になります。また (b) も，only が時の副詞節を修飾しているので，このようなときは〈**Not + until 節**〉と同じ「**〜して初めて**」という意味になります。したがって訳はともに「健康を損なって初めて，そのありがたみがわかる」となります。

第 1 文

〜だけれども ダイオキシンは いる 扱われて 同様に 放射性 廃棄物 では ドイツ

[While dioxin is treated (like radioactive waste) (in Germany)],

(接) S V(受) M M

では 日本 ごみは いる 燃やされて で ごみ 焼却炉 のそばの 住宅 と 農場

(in Japan) garbage is burned (in waste incinerators) (next to {houses and farms}).

M S V(受) M M→(群前) (等)

While の意味は While-節 SVX と主節の意味によって決まりますが，ここでは「**〜だけれども**」が適切です。

第 2 文

ようやく に 1997 年 た 日本は を制定し 最初の 法律 を規制する ダイオキシンの 排出物 からの 焼却炉

Only (in 1997) did Japan enact its first law regulating dioxin emissions (from incinerators).

(副) M (助) S Vt(原形) O (現分)(Vt) (O) M

Only が副詞句の (in 1997) を修飾して**文頭**に立っています。**did Japan** が **vS** で**倒置**，その直後に enact が V(原形) と確認できましたね。regulating は law を修飾している現在分詞。regulating 以降を削除しても (→ 58・59 課) 構造・意味が成立します。

《**全文訳**》ダイオキシンはドイツでは放射性廃棄物同様に扱われているというのに，日本ではごみは住宅や農場のすぐそばにあるごみ焼却炉で燃やされる。1997 年になってようやく日本は焼却炉から排出されるダイオキシンを規制する最初の法律を制定した。

【**語句**】dioxin 名 ダイオキシン (毒性が非常に強く持続性の高い有機塩素化合物) ／ treat Vt を扱う／ radioactive 形 放射性の／ garbage 名 ごみ／ incinerator 名 焼却炉／ next to 群前 の隣に／ enact Vt (法律) を制定する／ regulate Vt を規制する／ emission 名 排出 (物)

70 So V S, Neither/Nor V S の中身をつかめ

次の英文を訳しなさい

You have probably noticed that pushing a car uphill is hard work. While you can stop for a rest, you must finish the job or chances are your car will slide all the way back to the bottom of the hill. Then you have to start pushing all over again. Work is like that. **So is studying**.

（山口大）

So V S の So の内容をつかめ

ついに最終の 70 課です。この課では，構文上，つまり**表現として定まった倒置**を学びます。はじめに〈**So VS.**〉です。

〈**So VS.**〉の **So** は副詞ですが，「代名詞的副詞」とも言われ，V との関係で前の文・節の C（名詞・形容詞）や動詞（＋ O，C，M）の代行をします。とりあえず「**S もまた〜だ**」と覚えてください。**V** の部分は**助動詞か be 動詞**（→ 6 課）です。では例文で検討してみましょう。

(a) You are hungry, and so am I.（so am I. = I am hungry, too.）

▶ **so** は前の節の **hungry**（C）に対応し，C の役割をしている。

(b) I can swim fast and so can he.（so can he. = he can swim fast, too.）

▶ **so** は前の節の **swim fast** に対応している。

このように〈**So VS.**〉**を見て So の内容を確認すること**が読解を確実にします。

Neither/Nor V S が否定する対象をつかめ

Neither/Nor VS も「**S もまた〜ない**」と訳すだけでなく，**具体的内容を確認**しましょう。V は助動詞か be 動詞，neither は副詞，nor は等位接続詞です。

(c) "I have never been to Germany." "Neither / Nor have I."

▶ [Neither / Nor have I. = **I have never been there, either.**]

このように**内容をきちんと把握**することで英文解釈の技術が向上するのです。

第1文

君は いる 多分…だろう に気づいて ということ を押すことが 車 上り坂で である 困難な 仕事

You have probably noticed [that pushing a car uphill is hard work].

S (副) Vt(現完) O→(接) S(動名)(Vt) (O) (副) Vi (形) C

第2文

～けれども 君は ことができる 立ち止まる のために ひと 休み 君は なければならない を終え その 仕事 さもないと

[While you can stop (for a rest)], you must finish the job or

(接) S Vi M S Vt O (等)

多分 …だろう 車は だろう 滑る ずっと 逆戻りして

chances are [(that) your car will slide (all the way) back

S Vi C→(接) S Vi M (副)

まで 一番下 の 坂

(to the bottom) (of the hill)].

M M

chances are 以降は「可能性は～ということだ」が直訳です。

第3文

その場合 君は なければならない を始め 押すこと もう一度初めから

Then you have to start pushing (all over again).

(副) S Vt O(動名)(Vi) M

第1文と同様に **pushing は動名詞**で，この文では start の O になっています。

第4文・第5文

仕事とは いる に似て そういうこと もそう である 勉強すること

Work is (like that). **So is studying**.

S Vi C C Vi S(動名)(Vi)

「そのような」とは第2・3文の内容，つまり「中途で休むと，初めからやり直さなくてはならない性質のものだ」ということです。**So が前文の C (＝ like that) を受けている**のは文構造から明白です。

《**全文訳**》君は多分，車を押して坂を上るのは大変な仕事だということに気づいているだろう。一息入れるために立ち止まることはできるけれど，車を押していくという仕事をやり終えなくてはならない。そうしないと，たぶん車は坂の一番下までずっと滑って後戻りしてしまうだろう。そうなったらもう一度初めから押して上らなくてはならない。仕事とはそんなものだ。勉強もまた同じだ。

【語句】notice Vtに気づく／push Vtを押す／uphill 副上り坂で／rest 名休息／(The) Chances are (that) SV「たぶん SV だろう」／slide Vi 滑る／all the way 副 ずっと／bottom 名最下部／(all) over again 副 もう一度初めから

復習トレーニング

p.2 ～ p.140 の英文 70 題を，解釈のポイントを示す太字なしで掲載しています。学んだことを思い出しながら，もう一度自分で和訳してみましょう。

また，音声は，各英文を英文ごとに 1 回目はスロー・スピードで，2 回目はナチュラル・スピードで読んでいます。1 回目は意味を考えながら，2 回目はその意味を確認しながら聞いてみましょう。

音声▶

TR 2

本文：p.2

❶ Every living thing exists in a particular place, and that place has certain conditions. Some fish live in fresh water, and others live in salt water.

本文：p.4

❷ Life on earth began in water, billions of years ago, and water sustains all life today. It cycles about endlessly, from rain to streams, from streams to rivers and from rivers to the seas. Sea water rises to the atmosphere as water vapor, then forms clouds in the cooler air and falls to earth again as rain.

TR 3

本文：p.6

❸ There is in man's makeup a general aggressive tendency but this, like all other human urges, is not a specific and unvarying instinct.

本文：p.8

❹ A hundred years ago, new words entered the English language slowly. Now the pace has picked up. Because of TV, satellites and airplanes, the world has become much smaller. It has become a "global village." In this village, new words travel quickly.

TR 4

本文：p.10

❺ Conversation is an art and like all arts, it is improved by experience and practice. Experience is very important, for the greatest obstacle to good conversation is shyness.

本文：p.12

❻ Time is seamless. Past, present and future are woven into the same fabric. The present is continually disappearing into the past.

TR 5

本文：p.14

❼ We must not look behind too much, we must not look ahead too far and we must not fix our gaze too steadily on the present.

本文：p.16

❽ During the 1980s cable TV became a popular alternative to broadcast television. The compact disc and the laser disc also made their debut during the 1980s.

TR 6

本文：p.18

❾ Already in the sixteenth century the first Christian missionary to Japan, St. Francis Xavier, remarked on the inquisitiveness of the people in his letters home. This is still true of the people of Japan today.

本文：p.20

❿ New technologies have transformed the mass media. Since the 1960s, the communication satellite has made instantaneous global communication a reality.

TR 7

本文：p.22

⓫ Paul Cezanne is now regarded as one of the most important painters of the twentieth century and the father of modern art. However, for most of his life, his paintings were rather slighted and thought of as naive.

本文：p.24

⓬ Office computers lie buried under a mountain of paper, faxes, photocopies, newspapers, magazines and paper cups. It will get worse: offices are increasing their paper usage by 6 percent every year.

TR 8

本文：p.26

⓭ Human beings are blessed with three long-distance senses: seeing, hearing, and smelling. Of these, seeing is the longest-distance sense. We can see streams of photons crossing the vacuum of space.

本文：p.28

⓮ Each country considers its culture unique and therefore special. In the 1960s, Europeans — the French in particular — were concerned about American cultural influence in their countries. The French called it "the American challenge."

TR 9

本文：p.30

⓯ Until a hundred years ago, for most people, salt was only available from far away, and so it was very expensive. Salt has forced Man to explore, to think, to work, to trade, to learn foreign languages, and to travel.

本文：p.32

⓰ A cartoon combines art and humor. A simple line drawing and a few words can make people laugh. Their troubles become small and they can enjoy life fully.

TR 10

本文：p.34

⓱ People on the island of Yap don't need purses. They need a big stick and strong arms. A piece of Yap money has a hole in the middle, can be three or four meters high, and can weigh over a thousand kilograms.

本文：p.36

⑱ In the seventeenth century, England became the chief slave trader. Newport, Rhode Island, was the chief home of the American slave ships in the North American colonies. The Europeans did not capture the slaves, but bought them from the black kings along the west coast of Africa.

TR 11

本文：p.38

⑲ In Britain we sip the refreshing beverage from breakfast till bedtime. Tea lubricates all our social activity. Some prefer it plain, others with milk, sugar, or both.

本文：p.40

⑳ For a century before the start of the Industrial Revolution, Britain had been the richest commercial nation in Europe. It became the paramount industrial power as well.

TR 12

本文：p.42

㉑ The mysterious Japanese smile should be understood in the context of the social situation. When a Japanese commuter misses a bus, he smiles if there are other people on the site, but he curses if there is nobody around.

本文：p.44

㉒ During hibernation animals breathe very slowly and their hearts scarcely beat. If they are awakened too suddenly or violently from this deep sleep they may die.

TR 13

本文：p.46

㉓ Radio is usually more than just a medium; it is company. Whether it is the company of first choice or of last resort makes no difference.

本文：p.48

㉔ Environmentalists argue that paper consumption is already unsustainable and will have a profound impact on communities, climate, plants and wildlife.

TR 14

本文：p.50

㉕ At the beginning of the twentieth century, many people thought that the American family was falling apart — in other words, they thought it was dying. A century later, we know that this was not the case.

本文：p.52

㉖ Whatever we may think about mass-production, we can take it as certain that after 150 years of continuous development the system is here to stay; we cannot slow it down, or go back to the old hand methods of production.

TR 15

本文：p.54

㉗ People write for two primary reasons: to be read and to make money. What an author writes is based on his purpose: to entertain, to instruct, or to affect his readers. How he writes depends upon his character, personality, zest, and capacity. How a person writes reflects what he himself is.

本文：p.56

㉘ The incredible thing about us human beings is how unique each one of us is. The police know that, because of fingerprints. There are no two people with the same fingerprints.

TR 16

本文：p.58

㉙ Humankind has over many centuries been exploiting the Earth and its resources. Much of this exploitation has been carried out with little or no thought as to whether this use of natural resources is responsible.

本文 : p.60

30 Few of us are so balanced that we don't keep conflicts within ourselves. Listen to the dialogue within and admit them openly. In this way you can begin being true to yourself.

TR 17

本文 : p.62

31 Most plastics are made of oil-based chemicals. They are not easily used again, because they produce poisonous gasses or substances when broken down.

本文 : p.64

32 Each person has defining moments in life. As with people, so it is with nations. Nations, of course, live longer than people and often change more dramatically as time goes by.

TR 18

本文 : p.66

33 Some people may believe that gold or jewels are important treasures, but there are other treasures that are far more important. They are our memories. Memories are our link with the past.

本文 : p.68

34 The average life expectancy has increased. A person who reaches age 65 has an average life expectancy of about 14 more years. But the job opportunities for older people are not increasing.

TR 19

本文 : p.70

35 Often the members of a society which is strong in economic and military terms look down on their poorer, weaker neighbors. In many cases, neighboring societies which have much in common have fought wars off and on throughout the centuries. A look at today's newspaper will provide some examples.

本文：p.72

㊱ Most of us think of picture books when we think of children's books. They were the books that comforted us, that put us to sleep, that we shared on the lap of a loved one.

TR 20

本文：p.74

㊲ The dog is not the noble animal in Spain that it is in England. The reason for this is that in Spanish villages and working-class streets it gets so much tormented by little boys that it becomes cowardly. Then it forfeits respect.

本文：p.76

㊳ While working on the atom bomb at Los Alamos during the Second World War, Feynman had his wife send him letters in a code to which he did not know the key: he felt satisfied when he discovered the code.

TR 21

本文：p.78

㊴ What exactly do you understand by wisdom? It is a quality that we often speak about, but have great difficulty in defining. Everyone agrees that children are born without it, and that it is gradually acquired as we grow older.

本文：p.80

㊵ Almost since the first days of European settlement, South Carolina has been rice country. Rice was once to South Carolina what tobacco was to Virginia and cotton was to Texas.

TR 22

本文：p.82

㊶ What do the Japanese think of pets? Unlike in England, where almost everybody has one, or in America, where about half the people that I know have one, I only know three Japanese who have pets.

本文：p.84

㊷ Parents are not the main influences in the lives of their children. Some of the first voices children hear are from the television; the first street they know is Sesame Street.

TR 23

本文：p.86

43 Science is not just the thing our culture does best, it is also the thing that most profoundly influences the way we live. Think of almost anything we do and you'll find that it is shaped by science.

本文：p.88

44 Edison was guided by his belief that genius is one percent inspiration and 99 percent perspiration. Consequently, he worked day and night for much of his life. By the time he died in 1931, he had patented over 1,100 inventions.

TR 24

本文：p.90

45 In Biblical times Friday was the unluckiest day of the week. It is said that Eve tempted Adam on Friday and the Flood started on Friday. Jesus was also put on the cross on Friday.

本文：p.92

46 It is a curious phenomenon of nature that only two species practice the art of war — men and ants, both of which, significantly, maintain complex social organizations. This does not mean that only men and ants engage in the murder of their own kind.

TR 25

本文：p.94

47 The pronunciation of American English in words like "park" and "grass" is very close to the English people spoke in London in the 17th century. It is British English that has changed, not American English! And American slang, such as the word "guy", can be found in the pages of Shakespeare.

本文：p.96

48 When we meet somebody, we commonly shake right hands, a formal custom of no present-day significance. But in an age when everybody carried weapons, it was a demonstration that one was prepared to converse without a weapon in one's hand, a sign of peace.

TR 26

本文：p.98

㊾ The 1980s brought amazing new advances in the field of technology. Computers had existed for years, but it was during the 1980s that the "Age of the Computer" really arrived.

本文：p.100

㊿ To get a chocolate out of a box requires a considerable amount of unpacking. The box has to be taken out of the paper bag in which it arrived; the cellophane wrapper has to be torn off, the lid opened and the paper removed; the chocolate itself then has to be unwrapped from its own piece of paper.

TR 27

本文：p.102

51 The American view is "It is cheaper to scrap the old and replace it with something new," or "No one stands still. If you are not moving ahead, you are falling behind." These attitudes have come to the U.S. only during the last 200 years.

本文：p.104

52 New microscopes soon may make it possible to see detailed moving pictures of the inner workings of cells. These microscopes are versions of the traditional instruments which were developed centuries ago.

TR 28

本文：p.106

53 One of the most pleasurable learning experiences I know is to read a good book with a fine friend or loved one. Whether you do it alone or together, what happens afterward can be an affair to remember.

本文：p.108

54 Aristotle, the Greek philosopher, summed up the four chief qualities of money some 2,000 years ago. It must be lasting, easy to recognize, easy to divide, and easy to carry about.

TR 29

本文 : p.110

55 Americans like to tell fish stories. Fishermen who like to brag about the big fish they have caught may have started the habit. If you tell a story that is just a little bit too good to be true, someone will say, "There's something fishy about that."

本文 : p.112

56 The public want the government to take stronger action, because it is the government which has the most power. What they want is for the government to provide an excellent public transport system so that people will not want to drive.

TR 30

本文 : p.114

57 If a man is to be master of his own enjoyment of life, he is going to have to do some thinking for himself unless he is content to let circumstances and other people do it for him. Bertrand Russell claimed that man was more frightened of thinking than of anything else.

本文 : p.116

58 Language is not simply a means of communicating information — about the weather or any other subject. It is also a very important means of establishing and maintaining relationships with other people.

TR 31

本文 : p.118

59 As women gain new status and responsibilities in the business world, new manners develop. Women supervising both men and women are no longer unusual. All these changes require new and different behavior; consequently, manners change.

本文 : p.120

60 In Japan students are taught at an early age to endure by their teachers and parents. There is nothing wrong with this, but it is different from the behavior found in the West, where the individual has a right to speak up, criticize, and ask questions.

TR 32

本文：p.122

61 More than ten-thousand million kilograms of plastics are produced in the United States each year. However, they take up a lot of ground space used to contain wastes produced by cities and industries. While in the ground, plastics do not break down into natural, harmless substances.

本文：p.124

62 Many people today walk for fitness. Walking can be beneficial for the mind as well as the body. Walking can relieve stress, helping you relax at the end of the day or after a difficult task.

TR 33

本文：p.126

63 Women's leaving the home and entering the workforce has diminished men's traditional value to women. Increasingly independent and self-sufficient, contemporary women no longer feel the same need for men to provide for or protect them.

本文：p.128

64 In 1940 Superman began his radio career, with Clayton Collyer providing the voice of the man from Krypton. Throughout the 1960s and 1970s people continued to have an interest in the man of steel, with plays, television movies, and animated series produced every few years.

TR 34

本文：p.130

65 When it comes to guns, the cultural gulf between Japan and the United States is as wide and deep as the ocean that separates the two countries.

Americans are torn between two feelings about guns. One side believes that owning guns is a basic Constitutional right as valuable as life itself.

The other side believes that guns have become so widespread and deadly that the law must change.

本文：p.132

66 American parents want their children to do better than they did. Middle-class children are encouraged to get better educations so that they can make more money and live in a better neighborhood than their parents.

TR 35

本文：p.134

67 The Japanese are always asking questions, especially of foreigners like myself. It is perhaps only natural for them to ask questions of foreigners; and it is no less natural for foreigners to comment on the fact with astonishment.

本文：p.136

68 What would happen if society looked at young people as competent community-builders? This question is not trivial, for the dominant image of youths in any society will affect the beliefs and behavior both of adults and of youths themselves.

TR 36

本文：p.138

69 While dioxin is treated like radioactive waste in Germany, in Japan garbage is burned in waste incinerators next to houses and farms. Only in 1997 did Japan enact its first law regulating dioxin emissions from incinerators.

本文：p.140

70 You have probably noticed that pushing a car uphill is hard work. While you can stop for a rest, you must finish the job or chances are your car will slide all the way back to the bottom of the hill. Then you have to start pushing all over again. Work is like that. So is studying.

第2部

演習問題 70

第１部で学んだ 70 の例題と同じ解釈のポイントを含んだ英文 70 題を掲載。力試しのつもりでチャレンジし，解説を読んで定着を図りましょう。

❶ 演習1　(解答・解説→別冊：p.2)

音声▶ 

TR 38

次の英文を訳しなさい。

Nonsmokers often breathe in the smoke from other people's cigarettes. This is secondhand smoke.

(関東学院大)

【解答欄】

❷ 演習2　(解答・解説→別冊：p.2)

次の英文を訳しなさい。

Millions of immigrants from scores of homelands brought diversity to our continent. In a mass migration, some 12 million immigrants passed through the waiting rooms of New York's Ellis Island.　(常磐大)

【解答欄】

【語句】 **1** nonsmoker 名 非喫煙者／breathe in Vt を吸い込む／smoke 名 煙／cigarette 名 (紙巻き)たばこ／secondhand 形 間接の／secondhand smoke 名 副流煙 (間接喫煙とも二次喫煙とも言う)
2 millions 名 何百万のもの，多数／millions of N「何百万ものN，多数のN」／immigrant 名 (外国からの) 移民／scores of N「たくさんのN」／homeland 名 故国／diversity 名 多様性／continent 名 大陸／mass 形 大規模な／migration 名 移住／some 副 (数詞の前で) 約／million 形 100万の／pass through Vt を通過する／waiting room 名 待合室／Ellis Island 名 エリス島 (米国New York湾にある小島，もと移民検疫所があった)

3 演習3 （解答・解説→別冊：p.3）

次の英文を訳しなさい。 TR 39

In the late 1800s and early 1900s, there were mainly two types of families in the United States: the extended and the nuclear. The nuclear family consists of only parents and children.

（神戸女子大）

【解答欄】

4 演習4 （解答・解説→別冊：p.3）

次の英文を訳しなさい。

Radio cannot dazzle us with visual spectacles; it has to capture and hold our attention through our ears. That is, it has to speak to us, through either words or music.

（同志社大）

【解答欄】

【語句】 3 late 形 末期の／early 形 初期の／mainly 副 主に／type 名 種類／extended family 名（祖父母などの近親者を含む）拡大家族／nuclear family 名 核家族／consist of N「N から成り立つ」
4 dazzle Vt を驚嘆させる／visual 形 目で見える／spectacle 名（テレビ・映画の）大がかりな場面／capture Vt を捕える／hold one's attention「（人の）注意を引きつける」／through 前 を通して，によって／that is 副 つまり／either A or B「A か B のどちらか」

5 演習5 （解答・解説→別冊：p.4）

次の英文を訳しなさい。 TR 40

A desert in summer is a hot, dry place. In the daytime the ground is very hot. At night it is cool in the desert.

（浦和短大）

【解答欄】

6 演習6 （解答・解説→別冊：p.5）

次の英文を訳しなさい。

The computer age was supposed to herald the arrival of the "paperless office," but after 15 years of desktop computers we are using more paper than ever.

（信州大）

【解答欄】

【語句】 5 desert 名 砂漠／daytime 名 日中／ground 名 地面 6 be supposed to Ⓥ「Ⓥすると思われている，と言われている」／herald Vt（の到来）を告げる／arrival 名 到来／paperless 形 紙を使用しない（でコンピューターで事務処理を行う）／desktop 形 デスクトップの，机上で使う／than ever 副（比較級の後で）これまで以上に，これまでになく

7 演習7 （解答・解説→別冊：p.6）

次の英文を訳しなさい。 TR 41

A good journalist casts anxious and inquiring glances over his shoulder, and a good historian lifts his eyes from the page to look at the world around him. Sometimes the roles merge completely.

（大阪市立大）

【解答欄】

8 演習8 （解答・解説→別冊：p.6）

次の英文を訳しなさい。

For some reason or other, I am an eager Sunday gardener. I will die one. I am a bit "touched" by every green-growing thing on earth. This strangeness has not put me in any hospital.

（いわき明星大）

【解答欄】

【語句】 7 cast Vt （視線など）を向ける／anxious 形 心配そうな／inquiring 形 いぶかしげな／glance 名 視線／over 前 （～）越しに／shoulder 名 肩／historian 名 歴史家／lift Vt を上げる／around 前 （～）の周囲に／role 名 役割／merge Vi 融合する／completely 副 完全に 8 for some reason (or other) 副 よくはわからないが，何かの理由で／eager 形 熱心な／gardener 名 園芸家／a bit 副 少々／touch Vt 感動させる／green-growing 形 青々と育つ／earth 名 地上／strangeness 名 一風変わっていること

9 演習 9

（解答・解説→別冊：p.7）

次の英文を訳しなさい。 TR 42

Japan's trade with the outside world from the 14th to 16th centuries brought many new influences. *Kabocha*, the much-loved green-skinned pumpkin, was introduced via Cambodia by the Portuguese in the 16th century.

（新潟大）

【解答欄】

10 演習 10

（解答・解説→別冊：p.8）

次の英文を訳しなさい。

There are a few problems in Hawaii, but in general people have learned to live together in peace. They call Hawaii the Aloha State. Aloha means both hello and goodbye.

（田園調布学園大学短期大学部）

【解答欄】

【語句】 9 trade 名 貿易／outside 形 外部の／influence 名 影響を及ぼすもの／much-loved 形 とても好かれている／green-skinned 形 緑の皮を持った／pumpkin 名 南瓜（かぼちゃ）／introduce Vt を持ち込む／via 前 を通って，…経由で／Portuguese 名 ポルトガル人　10 problem 名 問題／in general 副 概して，たいてい／learn to Ⓥ「Ⓥできるようになる，Ⓥするようになる」／in peace 副 平穏に／mean Vt を意味する／both A and B「ＡもＢも両方とも」

⑪ 演習 11 （解答・解説→別冊：p.9）

次の英文を訳しなさい。 TR 43

Americans look forward to their Saturdays and Sundays — days off — with great anticipation. And an annual 2- or 3-week vacation is taken for granted by most people.

（東京国際大）

【解答欄】

---

⑫ 演習 12 （解答・解説→別冊：p.9）

次の英文を訳しなさい。

A tropical rain forest is a forest of tall trees in a region of year-round warmth and plentiful rainfall. Tropical rain forests stay green throughout the year. Almost all such forests lie near the equator.

（十文字学園女子短期大学部）

【解答欄】

【語句】 11 look forward to Vt を楽しみにする／off 副 休みで／great 形 大きな／anticipation 名 期待／annual 形 年次の／vacation 名 休暇 12 tropical 形 熱帯の／forest 名 森林／region 名 地域／year-round 形 年間を通じての／warmth 名 温暖／plentiful 形（あり余るほど）豊富な／rainfall 名 降雨／throughout 前 を通じて／equator 名 赤道

13 演習 13 （解答・解説→別冊：p.10）

次の英文を訳しなさい。　TR 44

Even people in their 40s and 50s feel their memory starting to slip. "Why can't I remember names?" they sigh. "Where did I put my keys?" With the passing of the years, the questions move from annoyance to concern.　（神奈川大）

【解答欄】

---

14 演習 14 （解答・解説→別冊：p.11）

次の英文を訳しなさい。

Leisure is a very important topic, for several reasons. Many people spend more time at their leisure than at work; many find their leisure more satisfying than their work; leisure can be a major source of happiness and of mental and physical health.　（大阪女子大）

【解答欄】

【語句】 13 even 副 でさえ／be in one's 40s「40歳代である」／memory 名 記憶力／slip Vi（能力などが）衰える／sigh Vt ため息をついて言う／passing 名（時の）経過／annoyance 名 いら立ち／concern 名 不安 14 leisure 名 余暇／topic 名 話題／reason 名 理由／spend Vt（時間）を使う，かける／satisfying 形 満足のいく／major 形 主要な／source 名 源／happiness 名 幸福／mental 形 精神の／physical 形 身体の／health 名 健康

15 演習 15 （解答・解説→別冊：p.12）

次の英文を訳しなさい。 TR 45

Positive and negative effects occur hand-in-hand. Telephones allow us to communicate with anyone anywhere; yet they also cause us to forget the pleasure of sending and receiving letters. Television enables us to view distant places, though it also teaches us to favor images over actual experiences. （大阪女学院短大）

【解答欄】

16 演習 16 （解答・解説→別冊：p.13）

次の英文を訳しなさい。

Although I have a car, I prefer to travel by train. As the train travels at speed through the countryside, I can relax, drink coffee, read a book, or just gaze out of the window. Sometimes the movement of the train makes me fall asleep. （多摩大）

【解答欄】

【語句】 15 positive 形 好ましい／negative 形 好ましくない／effect 名 結果／occur Vi 起こる，生じる／hand-in-hand 副 共同で，同時に／allow O to Ⓥ「O が Ⓥ するのを可能にする」／communicate Vi 意思［情報］を伝え合う／anyone 代（肯定文で）誰でも／anywhere 副（肯定文で）どこでも／yet 副 だが／cause O to Ⓥ「O に Ⓥ させる，O が Ⓥ する原因となる」／enable O to Ⓥ「O が Ⓥ するのを可能にする」／view Vt を見る，眺める／distant 形 遠い／favor O over N「O を N より好む」／image 名 映像／actual 形 実際の／experience 名 経験 16 although 接（～だ）けれども／prefer Vt を好む／at speed 副 高速で／through 前 を通って／countryside 名（the countryside で）田園地帯／relax Vi くつろぐ／just 副 ただ（…だけ）／gaze Vi じっと見る／out of 群前（…の中）から外へ／movement 名 動き／fall asleep「（ぐっすり）寝入る」／asleep 形 眠って

17 演習17 （解答・解説→別冊：p.14）

次の英文を訳しなさい。　TR 46

Sometimes an indigenous language emerges as a lingua franca — usually the language of the most powerful ethnic group in the area. The other groups then learn this language with varying success, and thus become to some degree bilingual.　（愛媛大）

【解答欄】

---

18 演習18 （解答・解説→別冊：p.15）

次の英文を訳しなさい。

One of the rules of a good discussion is that the participating speakers should remember the subject being discussed, and not wander away from it. Their remarks and examples should be clearly related to the subject.　（高知大）

【解答欄】

【語句】17 indigenous 形（土地，国に）固有の／emerge Vi 登場する／emerge as N「Nとして知られ［注目され］るようになる」／lingua franca 名 共通語／powerful 形 勢力のある／ethnic 形 民族の／then 副 それから／learn Vt（外国語など）を習得する／with success 副 首尾よく，成功して／varying 形 さまざまな／thus 副 だから／to some degree 副 ある程度／bilingual 形 2言語併用の
18 discussion 名 議論／participate Vi 参加する／subject 名 議題，テーマ／discuss Vt を議論する／wander away from N「N（＝主題）から脱線する」／remark 名 発言／example 名 例証，実例／clearly 副 明らかに／relate O to N「OをNに関連づける」

19 演習 19 （解答・解説→別冊：p.16）

次の英文を訳しなさい。 TR 47

The Swiss mountains make up nearly two-thirds of the country's area, with only 12 percent (750,000) of the population, and have always been a problem. Incomes have been lower than in the rest of the country, services fewer, opportunities more limited, and populations decreasing. （明海大）

【解答欄】

20 演習 20 （解答・解説→別冊：p.17）

次の英文を訳しなさい。

The Amazon forest, in Brazil, covers five million square kilometers. It contains one third of the world's trees. However, the trees are disappearing. By 1974, a quarter of the forest had already been cut down. （清泉女子大）

【解答欄】

【語句】 19 make up Vt を占める／nearly 副 ほぼ／two-thirds 名 3分の2／area 名 面積／with 前 (…)を持って／population 名 人口／problem 名 問題，悩みの種／income 名 収入，所得／rest 名 (the rest で)残り／service 名 公益事業・サービス業など／opportunity 名 機会（雇用の機会・人と会う機会など）／limited 形 限られた／decrease Vi 減少する 20 cover Vt (範囲)を占める，にわたる／square 形 平方の／contain Vt を含む，を持っている／one third 名 3分の1／however 副 しかし(ながら)／disappear Vi 消滅する／quarter 名 4分の1／cut down Vt (の樹木)を切り倒す

21 演習21 （解答・解説→別冊：p.17）

次の英文を訳しなさい。 TR 48

Whether we like it or not, the world we live in has changed a great deal in the last hundred years, and it is likely to change even more in the next hundred.

（愛知学院大）

【解答欄】

22 演習22 （解答・解説→別冊：p.18）

次の英文を訳しなさい。

Although the skillfulness and acts of courage of the immigrants — our ancestors — shaped the North American way of life, we sometimes take their contributions for granted.

（常磐大）

【解答欄】

【語句】 21 whether ... or ～ 接 …であろうと～であろうと／a great deal 副 大いに／last 形 この前の／be likely to Ⓥ「Ⓥしそうである」／even 副（比較級を強めて）さらに，いっそう／next 形 次の
22 skillfulness 名 器用さ／act 名 行為／of courage 形 勇気のある／immigrant 名（外国から入ってくる）移民／ancestor 名 祖先，先祖／shape Vt を形づくる／take O for granted「O を当然と思う，（慣れっこになって）O を顧みない」／contribution 名 貢献

23 演習23 (解答・解説→別冊：p.19)

次の英文を訳しなさい。 TR 49

All writing that is not directly copied from another source is creative. A letter is creative. An advertising slogan is creative. Whatever goes through the mind of a human being and is altered by it is creative. （北海道大）

【解答欄】

24 演習24 (解答・解説→別冊：p.19)

次の英文を訳しなさい。

The ozone layer over Europe is now dangerously thin, and over Australia holes have actually developed in it. This means that people will not be able to sit freely in the sun. In Britain, as everywhere, people are now saying: "Mother Earth needs our help!" （小樽商科大）

【解答欄】

【語句】23 writing 名 文(章)／directly 副 直接／copy Vt を写す／source 名 出所／creative 形 創造的な／advertising 名 広告／slogan 名 標語，キャッチフレーズ／whatever 関代 (…する)ものは何でも／go through Vt を通り抜ける／mind 名 頭脳，思考(力)／alter Vt を変える 24 the ozone layer 名 オゾン層／over 前 の上に／dangerously 副 危険なほどに／thin 形 薄い／hole 名 穴(ここではオゾンホールのこと)／actually 副 現実に，実際に／develop Vi 発生する／mean Vt を意味する，ということになる／freely 副 自由に，好きなように／everywhere 副 いたるところで

25 演習 25 （解答・解説→別冊：p.20）

次の英文を訳しなさい。 TR 50

Roman soldiers built many roads. The emperors thought road building was useful work for soldiers in peacetime. The soldiers did not share that view. They complained they had not joined the army to use a pick and shovel.

（神戸松蔭女子学院大）

【解答欄】

---

26 演習 26 （解答・解説→別冊：p.21）

次の英文を訳しなさい。

One often hears it said, in Japan and in the West, that young people are not as well educated as they used to be. They do not write as well, nor do they read with as much speed and understanding.

（佛教大）

【解答欄】

【語句】25 soldier 名 兵士／emperor 名 皇帝／building 名 建設／useful 形 有益な／peacetime 名 平時，平和な時期／share Vt を共有する／view 名 考え(方)／complain Vt と不平を言う／join Vt (軍隊など)に入る／army 名 軍隊／pick 名 (=pickax(e)) つるはし／shovel 名 シャベル 26 well 副 十分に／educate Vt を教育する／used to Ⓥ「(以前は)よくⓋしたものだ」／nor 等 そしてまた…ない／understanding 名 理解力

27 演習 27 （解答・解説→別冊：p.22）

次の英文を訳しなさい。 TR 51

An English passenger kindly drew me into conversation. He was older than I. He asked me what I ate, what I was, where I was going, why I was shy, and so on. He also advised me to dine with him.

（立教大）

【解答欄】

---

28 演習 28 （解答・解説→別冊：p.23）

次の英文を訳しなさい。

I think part of the uproar over cloning is that many people simply don't understand what it is. They seem to have it confused with genetic alteration, another technology that's creating a stir.

（明治大）

【解答欄】

【語句】 **27** passenger 名 乗客／kindly 副 親切にも／draw Vt を引き込む／conversation 名 会話／shy 形 恥ずかしがりの／and so on「(…) など」／advise O to Ⓥ「O にⓋするように助言する [勧める]」／dine Vi 食事をする **28** uproar 名 騒動，ごうごうたる非難／over 前 (…) をめぐって (の)／cloning 名 (無性生殖での) コピー生物作製，クローニング／simply 副 (否定語の前で) 全然／seem to Ⓥ「Ⓥするように思われる」／confuse O with N「O を N と混同する，と区別がつかない，と間違える」／genetic 形 遺伝子の／alteration 名 改造，組み換え／create Vt (騒動など) を引き起こす／stir 名 騒ぎ

29 演習29 （解答・解説→別冊：p.24）

次の英文を訳しなさい。　TR 52

The historian's method begins with the collection and questioning of so-called factual information. Once historians have collected a good deal of information, they study it and develop explanations of how the facts relate.

（成蹊大）

【解答欄】

---

30 演習30 （解答・解説→別冊：p.25）

次の英文を訳しなさい。

In India, some land has been so badly damaged by farming and tree cutting that mud now slides into the Indus and Ganges rivers.

（京都産業大）

【解答欄】

【語句】 29 historian 名 歴史家／method 名 方法／begin with N「Nで［から］始まる」／collection 名 収集／questioning 名 疑問／so-called 形 いわゆる／factual 形 事実に基づく／once 接 いったん～すると／collect Vt を集める，収集する／a good deal of 形 多量の／study Vt を（詳しく）調べる／develop Vt を展開する，詳しく説く／explanation 名 説明／relate Vi 関係がある　30 badly 副 とても／damage Vt に損害［損傷］を与える／farming 名 農業，耕作／cutting 名 伐採／mud 名 泥／slide Vi すべる，すべって（…に）移動する

31 演習31 (解答・解説→別冊：p.25)

次の英文を訳しなさい。 TR 53

Language, in short, while in itself the most significant invention, or product, of culture, is the foundation on which culture is erected. The social life of humans is dramatically affected by language.

(工学院大)

【解答欄】

32 演習32 (解答・解説→別冊：p.26)

次の英文を訳しなさい。

Learning a foreign language is a double experience: as we learn about the new language, this new knowledge makes us discover more about our own language.

(ノートルダム清心女子大)

【解答欄】

【語句】 31 in short 副 要するに，手短に言うと／in itself 副 それ自体，本質的に／significant 形 重要な／invention 名 発明品／product 名 所産，産物／culture 名 文化／foundation 名 土台，基礎／erect Vt を建てる／human 名 (しばしば humans) 人間／dramatically 副 著しく，目を見張るほど／affect Vt に影響を与える 32 double 形 二重の／experience 名 経験／knowledge 名 知識

33 演習 33 （解答・解説→別冊：p.27）

次の英文を訳しなさい。 TR 54

In general, social groups are divided into a few who rule and the many who are subject. Subjects are sometimes mistreated but usually can do little about it.

In the nineteenth century, when the Industrial Revolution was leading to the establishment of factories all over western Europe, a new class of underlings — factory workers — came into existence. （摂南大）

【解答欄】

----

34 演習 34 （解答・解説→別冊：p.28）

次の英文を訳しなさい。

Cartoons make people laugh at their own personal worries. Young people who are not always sure of how to act can smile at their awkwardness. Students who have studied too little before an examination can laugh at their anxiety. （東海大）

【解答欄】

【語句】 33 in general 副 一般的に／divide Vt を分ける／rule Vi 支配する／subject 名 被支配者，形 支配を受ける／mistreat Vt を虐待する／the Industrial Revolution 名 産業革命／lead to N「Nにつながる，を引き起こす」／establishment 名 設立／all over 群前 のいたる所で／class 名 階級／underling 名 従属者，被支配者／come into existence「生まれる，出現する」 34 cartoon 名 漫画／laugh at Vt を一笑に付す，物ともしない／personal 形 個人の／worry 名 心配事，悩みの種／sure 形 確信している，自信のある／smile at Vt を苦笑する／awkwardness 名 不器用，ぎこちなさ／anxiety 名 心配

35 演習35 （解答・解説→別冊：p.29）

次の英文を訳しなさい。 TR 55

Fever is an example of a biological defense mechanism that is often regarded as merely an unpleasant symptom of disease. A raised body temperature is a standard biological response to infection by bacteria and viruses, and a good indicator of illness. （東京工業大）

【解答欄】

36 演習36 （解答・解説→別冊：p.30）

次の英文を訳しなさい。

In the winter of 1988, a group of nuns working under Mother Teresa were walking through the snow in New York City in their Indian clothes. They were looking for an abandoned building that they might convert into a shelter for people who are homeless. （明治大）

【解答欄】

【語句】 35 fever 名 熱，発熱／example 名（実）例／biological 形 生物（として）の／defense mechanism 名 防衛機構／unpleasant 形 不愉快な／symptom 名 症状／disease 名 病気／raised 形（血圧などが）普段より高い／body temperature 名 体温／standard 形 標準の，普通の／response 名 反応／infection 名 伝染，感染／bacteria 名 細菌／virus 名 ウイルス／indicator 名 示すもの／illness 名 病気 36 nun 名 修道女／Mother Teresa マザー・テレサ（1910－97；マケドニア生まれのカトリック修道女。インドのカルカッタで貧民救済に貢献。ノーベル平和賞受賞者）／clothes 名 衣服／look for Vt を探す／abandoned 形 廃墟となった，人の住まなくなった／convert O into N「OをNに変える，に改造する」／shelter 名（ホームレスの）保護施設，収容所／homeless 形 家のない

37 演習 37 （解答・解説→別冊：p.31）

次の英文を訳しなさい。 TR 56

Looking back at my childhood, I can see my mother's strong influence in making me the shy person that I am today.

（神奈川大）

【解答欄】

38 演習 38 （解答・解説→別冊：p.32）

次の英文を訳しなさい。

In 1893, Doyle wrote a story in which the great detective Holmes was killed. Holmes' death upset his readers very much. Finally, public demand forced Doyle to bring Holmes back to life in another story.

（和洋女子大）

【解答欄】

【語句】 37 look back Vi 振り返る／childhood 名 子ども時代／influence 名 影響／shy 形 内気な
38 Doyle コナン・ドイル（1859 − 1930：英国の推理小説家。Sherlock Holmes の生みの親）／detective 名 探偵／upset Vt を狼狽（ろうばい）させる，動揺させる／reader 名 読者／public 形 世間の／demand 名 要求／force O to Ⓥ「O にⓋすることを強いる」／bring O back to life「O を生き返らせる」

39 演習39（解答・解説→別冊：p.33）

次の英文を訳しなさい。 TR 57

Have you ever heard of the SAT? The letters stand for the Scholastic Aptitude Test. The SAT is a test that almost every high school student in America knows about.

（大阪経済大）

【解答欄】

40 演習40（解答・解説→別冊：p.33）

次の英文を訳しなさい。

What everyone remembers about Charlie Chaplin is the unique clothes and makeup he wore — a derby hat on his head, a short mustache, baggy trousers, heavy work shoes and a cane.

（亜細亜大）

【解答欄】

【語句】39 hear of Vt のことを聞き知る，の存在を聞き知る／letter 名 文字／stand for Vt を表す，を意味する／Scholastic Aptitude Test 名 大学進学適性検査／know about Vt のことを（詳しく）知っている　40 Charlie Chaplin チャーリー・チャップリン（1889 – 1977；英国出身の映画俳優・監督・製作者）／unique 形 独特の／makeup 名 扮装／wear Vt を身につけている／derby hat 名 山高帽／mustache 名 口髭／baggy 形（服などが）だぶだぶの／trousers 名 ズボン／heavy 形（衣服・靴などが）分厚く頑丈な／work shoes 名 作業靴／cane 名 杖

演習37〜40　演習41〜44　演習45〜48　演習49〜52　演習53〜56　演習57〜60　演習61〜64　演習65〜68　演習69〜70

41 演習41 （解答・解説→別冊：p.34）

次の英文を訳しなさい。 TR 58

British tourists going abroad are often advised to drink only boiled or bottled water. The few occasions when I have ignored this advice have been followed by expensive visits to the doctor's.

（亜細亜大）

【解答欄】

42 演習42 （解答・解説→別冊：p.35）

次の英文を訳しなさい。

I read with interest the article on American families. In general I agree with it. But there are some important things it left out. It didn't tell the reader much about the life of a househusband. It's not an easy life. I know this, because I'm now a househusband myself.

（和歌山大）

【解答欄】

【語句】 41 tourist 名 旅行者／abroad 副 外国に［へ，で］／advise O to Ⓥ「Oに Ⓥ するよう忠告する」／boiled 形 沸かした，ゆでた／bottled 形 瓶詰の，瓶入りの／occasion 名（特定の）時／ignore Vt を無視する／follow Vt に続く，…の（必然の）結果として起こる／expensive 形 費用のかかる，高くつく／visit 名（医者に）通うこと／the doctor's ＝ the doctor's office 42 with interest 副 関心を持って／article 名 記事／in general 副 おおむね，だいたいにおいて／agree with N「Nに賛成する」／leave out Vt を書き落とす，抜かす／househusband 名 専業主夫／easy 形（生活が）安楽な

43 演習43（解答・解説→別冊：p.36）

次の英文を訳しなさい。 TR 59

While my friends spent six months in Europe, I took care of their husky, Misha. Misha could jump most fences and travel freely. He jumped our fence the day I took him in.

（学習院大）

【解答欄】

44 演習44（解答・解説→別冊：p.36）

次の英文を訳しなさい。

What is interesting is the way the salesperson is supposed to catch the eyes of passengers. It would be discourteous to look at the eyes of a passenger too long. A short look might give the impression that the salesperson is indifferent.

（山口大）

【解答欄】

【語句】43 spend Vt を過ごす／take care of Vt を世話する／husky 名 ハスキー犬／take in Vt を引き取る 44 salesperson 名 販売員／be supposed to Ⓥ「Ⓥすることになっている」／passenger 名 乗客／discourteous 形 失礼な／a short look「短時間の一見」／impression 名 印象／indifferent 形 無関心な

45 演習 45 （解答・解説→別冊：p.38）

次の英文を訳しなさい。 TR 60

To date it has been shown that there is little relationship between employed women and divorce. In fact busy wives and higher double incomes seem to be a factor towards greater stability.

（京都外語大）

【解答欄】

---

46 演習 46 （解答・解説→別冊：p.38）

次の英文を訳しなさい。

Technology — which took us to new continents and world domination, transforming our appearance and surroundings — now threatens to rebound on us. It is an irony that our own creations threaten to bring us down. （東北大）

【解答欄】

【語句】 45 to date 副 現在までのところ／show Vt を示す，を明らかにする／relationship 名 関係／employed 形 雇われている，就職している／divorce 名 離婚／in fact 副（前文の確認・強調）実際に／double 形 二重の／income 名 収入／factor 名 要因／towards 前 のための，に資する／stability 名 安定（性） 46 technology 名 科学技術／continent 名 大陸／domination 名 支配／transform Vt を変える／appearance 名 外見／surroundings 名 環境／threaten to Ⓥ「Ⓥする恐れがある，Ⓥしそうである」／rebound Vi 跳ね返る／irony 名 皮肉／creation 名 創造物／bring down Vt を破滅させる

47 演習47 (解答・解説→別冊：p.39)

次の英文を訳しなさい。 TR 61

In the 1700s, sailors often suffered from scurvy. When the sailors started eating fresh limes, the disease disappeared. They knew that limes controlled scurvy, but they did not know that it was the vitamin C in this fresh fruit that was helping them. (近畿大)

【解答欄】

---

48 演習48 (解答・解説→別冊：p.40)

次の英文を訳しなさい。

Both reading and writing demand the full use of one's mental powers. When you write, you have to probe the deep understanding of relationships, ideas, and facts. All this must be put together into a whole, a composition, a letter, or a report. It is an activity that literally stimulates the brain cells. (同志社大)

【解答欄】

【語句】47 suffer from N「N(という病気)にかかる」／scurvy 名 壊血病／lime 名 ライム，ライムの実／disease 名 病気／disappear Vi なくなる，消滅する／control Vt を抑制する，を抑える 48 both A and B「AもBも両方とも」／reading 名 読むこと／writing 名 書くこと／demand Vt を要求する／full 形 十分な／use 名 使用，使うこと／mental 形 知的な／power 名 力／probe Vt を精査する，を厳密に調査する／understanding 名 理解／relationship 名 関係／put together O into N「OをNにまとめる」／whole 名 (部分に対して)全体，統一体／composition 名 作文／activity 名 活動／literally 副 文字通り，まさに／stimulate Vt を刺激する／cell 名 細胞

49 演習49 （解答・解説→別冊：p.41）

次の英文を訳しなさい。　TR 62

More than a thousand years ago, people used to cut up green coffee beans into very small pieces, mix them with fat, and eat them for dessert. Then it became the custom to boil the green beans in water to make a kind of tea. Probably it was quite by accident that somebody dropped coffee beans into a fire and cooked them, which made a wonderful smell!　（静岡理工大）

【解答欄】

50 演習50 （解答・解説→別冊：p.42）

次の英文を訳しなさい。

Westerners like to make friends so that they can express their feelings. With the exception, perhaps, of the British, they seek intimacy and try to avoid small talk. They don't like talking around a subject when they can discuss it head-on.　（名古屋女子大）

【解答欄】

【語句】49 used to Ⓥ「(以前は)よくⓋしたものだ」／cut up O into N「Oを切り刻んでNにする」／piece 名 一片，ひと切れ／mix O with N「OをNと混ぜる」／fat 名 (食用の)油脂／eat O for N「OをNに[として]食べる」／custom 名 (社会の)習慣／probably 副 たぶん，きっと，十中八九／quite 副 まったく／by accident 副 偶然に，たまたま／cook Vt (加熱して)を料理する／smell 名 におい，香り 50 so that S can V「SがVできるように」／express Vt (考え，感情)を述べる／feelings 名 感情／with the exception of N「Nを除いて，例外として」／seek Vt を得ようとする／intimacy 名 親しいこと，親密さ／try to Ⓥ「Ⓥしようと努力する」／avoid Vt を避ける／small talk 名 世間話，おしゃべり／talk around Vt (話題など)について回りくどく話す／head-on 副 (真)正面から，単刀直入に

51 演習51 (解答・解説→別冊：p.43)

次の英文を訳しなさい。 TR 63

People often think and act differently in groups from the way they would do as individuals. It takes a considerable effort of will, and often calls for great courage, to stand out against one's fellows and insist that they are wrong. (青山学院大)

【解答欄】

---

52 演習52 (解答・解説→別冊：p.44)

次の英文を訳しなさい。

One of the biggest problems facing Japanese companies is the strength of the yen. The value of the yen has increased dramatically in recent years and some Japanese businesses have found it difficult to sell their goods abroad. (大東文化大)

【解答欄】

【語句】 51 differently 副 異なって，違ったように／in a group 副 群れ［集団］をなして／individual 名 個人／take Vt (時間・労力など)を必要とする／considerable 形 かなりの／an effort of will 名 意志の力／call for Vt を要求する，を求める／courage 名 勇気／stand out against N「Nに強く反対する，Nに屈しない」／fellow 名 仲間／insist Vt と主張する 52 problem 名 (解決すべきやっかいな)問題／face Vt (危険・困難などが)…に立ちはだかる／strength 名 強さ／value 名 価値，価格／increase Vi 増す／dramatically 副 劇的に，目をみはるほど／recent 形 最近の／business 名 企業／goods 名 商品／abroad 副 海外・外国に［へ，で］

53 演習53 （解答・解説→別冊：p.45）

次の英文を訳しなさい。　TR 64

On July 20, 1969, one of the most memorable moments in America and scientific history occurred. Neil Armstrong, dressed in a white spacesuit, stepped down from his spacecraft onto the moon. He became the first human being to set foot on another world.

（岩手大）

【解答欄】

---

54 演習54 （解答・解説→別冊：p.46）

次の英文を訳しなさい。

Every ancient Greek city-state, wherever it might be, was an independent city and an independent state: in fact, the Greeks used the same word to mean both "state" and "city." The word was "polis."

（関西大）

【解答欄】

【語句】 53 memorable 形 記憶すべき／scientific 形 科学の／history 名 歴史／occur Vi 起こる／Neil Armstrong ニール・アームストロング（1930－；米国の宇宙飛行士。1969年，人類で初めて月面に降り立った）／dress Vt に服を着せる／be dressed in N「Nを着ている」／spacesuit 名 宇宙服／step down from N「Nから降りる」／spacecraft 名 宇宙船／onto 前 の上へ／human being 名 人間／set foot on N「Nに足を踏み入れる」 54 ancient 形 古代の／Greek 形 ギリシャの／city-state 名 都市国家／wherever 接 どこに[で]～しようとも／independent 形 独立した／in fact 副 実際に／Greek 名 ギリシャ人／polis 名 ポリス（古代ギリシャの都市国家）

55 演習55 (解答・解説→別冊：p.47)

次の英文を訳しなさい。 TR 65

Köhler found that his chimpanzees could use sticks as tools to pull down bananas which were hanging out of their reach. They were intelligent enough to see that this tool — the stick — could be used to extend their arms and get the banana.

(電気通信大)

【解答欄】

56 演習56 (解答・解説→別冊：p.48)

次の英文を訳しなさい。

I'm not sure how the boy got to my clinic but when I walked into the waiting room he was lovingly petting his cat lying in his lap. He had brought his sick cat in for me to heal.

(大阪国際大)

【解答欄】

【語句】 55 Köhler ケーラー(1887 − 1967；米国に在住したドイツの心理学者)／stick 名 棒／pull down Vt を引き降ろす／hang Vi ぶら下がる／out of one's reach「手の届かない所に」／intelligent 形 知能が高い／see Vt (節をOにして)とわかる，を理解する／extend Vt を伸ばす 56 sure 形 を確信して／get to N「Nに到着する」／clinic 名 診療所／walk into N「歩いてNに入る」／waiting room 名 待合室／lovingly 副 愛情を込めて／pet Vt をなでる／lie Vi 横たわる／lap 名 ひざ／heal Vt を治療する

57 演習57 （解答・解説→別冊：p.49）

次の英文を訳しなさい。　TR 66

Side by side with the political revolutions that swept Europe at the end of the 18th century, there occurred an Industrial Revolution which was to transform the lives of everyone in the Western world.

（日大）

【解答欄】

---

58 演習58 （解答・解説→別冊：p.49）

次の英文を訳しなさい。

A good sense of humor is important to Americans. Laughing at themselves or their country is something they do very well. But they may not appreciate a foreigner doing the same, especially in a critical tone.

（大東文化大）

【解答欄】

【語句】57 side by side 副 一緒に，密接に関係［関連］して／political 形 政治の／revolution 名 革命／sweep Vt（地域）を席巻する，にまたたく間に広がる／occur Vi 起こる／Industrial Revolution 名 産業革命／transform Vt を変える 58 sense of humor 名 ユーモアを理解する心／laugh at Vt を笑いものにする／appreciate Vt（物・事）をありがたく思う／appreciate one('s) Ving「人がVすることに感謝する」／the same 代 同じこと／especially 副 特に／critical 形 批判的な／tone 名 口調

59 演習59 （解答・解説→別冊：p.50）

次の英文を訳しなさい。 TR 67

Although many college students do temporary work, many part-timers are also housewives working to meet rising educational costs or the monthly housing loan payment.

（横浜国大）

【解答欄】

60 演習60 （解答・解説→別冊：p.51）

次の英文を訳しなさい。

The secret of the phone card's success in Japan lies in a series of shrewd moves made by the main telephone company, NTT. It opted for a very thin kind of card, unlike the bulky pieces of plastic adopted by other countries like Britain.

（松山大）

【解答欄】

【語句】 59 although 接 (〜だ)けれども／temporary 形 一時的な，臨時の／part-timer 名 パートタイマー，非常勤の人／housewife 名 主婦／meet Vt (必要な費用・負債など)を支払う／rising 形 上昇する／educational 形 教育の／cost 名 費用／monthly 形 毎月の／housing loan 名 住宅貸付金，住宅ローン／payment 名 支払，返済 60 secret 名 秘訣，鍵／success 名 成功／lie Vi (関心・理由など抽象的なものが)ある／series 名 連続(のもの)／shrewd 形 目端のきく，的確な／move 名 措置，行動，方策／NTT 名 Nippon Telegraph and Telephone Corporation 日本電信電話株式会社／opt for Vt を選ぶ／thin 形 薄い／unlike 前 (…)と違って／bulky 形 かさばった，大きい／adopt Vt を採用する

61 演習61 （解答・解説→別冊：p.52）

次の英文を訳しなさい。 TR 68

Breakfast can actually help you lose weight. After a good breakfast, you are likely to eat less for lunch and dinner. Also, calories consumed early in the day are used primarily for fuel, while calories consumed at night tend to be stored as fat. （城西大）

【解答欄】

---

62 演習62 （解答・解説→別冊：p.53）

次の英文を訳しなさい。

An experiment was conducted on the behavior of a group of people waiting to cross a street. A red traffic light was on. Ignoring the light, a man in a suit and a tie, with a topcoat on, stepped into the road. Many others followed suit. （亜細亜大）

【解答欄】

【語句】61 actually 副 実際に／help O Ⓥ「O がⓋするのを助ける」／lose Vt（体重）を減らす／weight 名 体重／good 形（量が）十分の，たっぷりの／be likely to Ⓥ「Ⓥしそうである」／eat O for lunch「昼食に O を食べる」／calorie 名 カロリー（食物の含む熱量の単位）／consume Vt（栄養物）を摂取する／use O for N「O を N として使う」／primarily 副 主に／fuel 名 燃料／tend to Ⓥ「Ⓥする傾向がある」／store Vt を蓄える，蓄積する／fat 名 脂肪 62 experiment 名 実験／conduct Vt（実験・調査）を行う／behavior 名 行動／cross Vt を渡る，横切る／traffic light 名 交通信号／ignore Vt を無視する／topcoat 名 オーバーコート／step Vi 歩く，歩を進める／follow suit「先例にならう，人のするとおりにする」

63 演習 63 (解答・解説→別冊：p.54)

次の英文を訳しなさい。 TR 69

Compared with aircraft, conventional ships are incredibly slow. No significant increase in their speed occurred for centuries, until recently. Today novel kinds of craft are designed to be seagoing which are capable of speeds up to 150 km/h.（同志社大）

【解答欄】

64 演習 64 (解答・解説→別冊：p.55)

次の英文を訳しなさい。

If a person sets out on some undertaking, he doesn't want to stop in the middle with the job unfinished. When I took up a project, the main thing on my mind was that I didn't want to let everybody down.

（駒澤大）

【解答欄】

【語句】 63 compare O with N「O を N と比較する」／aircraft 名 航空機／conventional 形 在来型の／incredibly 副 非常に，(文修飾副詞で) 信じられないほど／significant 形 目立って大きい，注目に値する／increase 名 増加／occur Vi 起こる，生じる／until 前 (時を示して) …まで／recently 副 最近／novel 形 目新しい，今までにない／craft 名 船舶／design O to Ⓥ「O が Ⓥ するように計画・設定・設計する」／seagoing 形 (船が) 遠洋航海用の／be capable of N「N の能力がある」／up to 群前 (空間・時間・数量が) (…にいたる) まで 64 set out on N「N (事業など) を始める」／undertaking 名 仕事，事業／stop Vi (していることを) 途中でやめる／middle 名 (ある行為の) 中途／unfinished 形 できあがっていない，未完成の／take up Vt (仕事など) を始める，に取りかかる／project 名 事業／main 形 主要な／on one's mind「(人の) 気にかかって，頭から離れない」／down 形 (精神的に) 落ち込んで／let O down「O をがっかりさせる」

65 演 習 65 （解答・解説→別冊：p.56）

次の英文を訳しなさい。 TR 70

There are some people who actually enjoy work. They spend many extra hours on the job each week and often take work home with them. These workaholics are as addicted to their jobs as other people are to drugs or alcohol.

（中京大）

【解答欄】

---

66 演 習 66 （解答・解説→別冊：p.56）

次の英文を訳しなさい。

The custom of shaking hands in the United States varies in different parts of the country and among different groups of people. When men are introduced, they generally shake hands. Women shake hands less frequently.

（武庫川女子大）

【解答欄】

【語句】 65 actually 副 実際に／spend O on N「O を N に使う［費やす］」／extra 形 必要以上の，余分の／each week 副 毎週／workaholic 名 仕事中毒の人／addicted 形 中毒の／drug 名 麻薬／alcohol 名 アルコール（飲料） 66 custom 名 習慣／shake hands「握手する」／vary Vi 異なる／among 前 の間で／introduce Vt を紹介する／generally 副 普通，たいてい／frequently 副 しばしば，頻繁に

67 演習 67 （解答・解説→別冊：p.57）

次の英文を訳しなさい。 TR 71

Hunter-gatherers live together in small groups. These bands, which stay together for most of the year, are no larger than twenty-five individuals.

（東海大）

【解答欄】

68 演習 68 （解答・解説→別冊：p.58）

次の英文を訳しなさい。

If one were to shake an American awake in the middle of the night and ask what "rights" mean, he would say they were something belonging to him. A Japanese shaken awake would respond that "rights" were something belonging to us.

（西南学院大）

【解答欄】

【語句】 67 hunter-gatherer 名 狩猟採集生活者／live together「一緒に暮らす」／in a group 副 群れ［集団］をなして／band 名 一団，一群／stay together「（場所に）一緒にとどまる」／individual 名 個人
68 shake O C 「O を揺り動かして C（の状態にする）」／awake 形 目が覚めて／right 名 権利／mean Vt を意味する／belong to N「N（組織・団体）に所属する，N（人）のものである」／respond Vt と答える

69 演習69 (解答・解説→別冊：p.59)

次の英文を訳しなさい。 TR 72

Nowhere else in the universe have we been able to detect signs of culture. Is this merely bad luck, or have all other alien civilizations simply died out?

(東北大)

【解答欄】

---

70 演習70 (解答・解説→別冊：p.59)

次の英文を訳しなさい。

Ten years ago, when I began writing romantic novels, it seemed to me there was no reason I shouldn't simply write the kind of book I'd like to read. Nor could I see any reason why I shouldn't use the same methods I had used in writing suspense.

(同志社女子大)

【解答欄】

【語句】69 nowhere 副 どこにも…ない／else 副 ほかに／universe 名 宇宙／detect Vt (の存在)を見つける／sign 名 (否定文で)形跡，痕跡／culture 名 文化／merely 副 単に／luck 名 運／alien 形 宇宙人の，異星人の／civilization 名 文明／simply 副 単に／die out Vi 絶滅する 70 romantic 形 冒険的な，恋愛の，空想的な／novel 名 小説／it seems (that) S V ...「SがVするように思われる」／reason 名 理由／simply 副 単に／method 名 方法／suspense 名 サスペンス(小説・映画・劇などで，「次はどうなるか」とはらはらさせる作り)

日本語さくいん

い

□意味上の主語（不定詞） 112
□意味上の主語（分詞構文） 124

え

□S（主語）とP（述語）の関係 20,26,28,30,32,112,128
□SVN$_1$N$_2$のOOとOCの判別 20
□SVNのVCとVOの判別 16
□SVO + to Ⓥ 30
□SVO ＋形容詞（句） 28
□SVO + Ⓥ 32
□SVO ＋分詞 26

か

□格 70
□過去完了 40
□過去形と過去分詞の判別 122
□過去分詞 120
□仮定法過去 136
□関係詞 42
□関係詞節の位置 68
□関係代名詞 66
□関係代名詞の主格 70
□関係代名詞の目的格 70,72,87
□関係代名詞目的格の省略 73,78
□関係代名詞の継続［非制限］用法 67
□関係代名詞の限定［制限］用法 67
□関係代名詞 what 80
□関係副詞 82
□関係副詞の継続［非制限］用法 83
□間投詞 xiv
□完了形の基準時 40

き

□give 型の動詞 20
□疑問詞 42
□疑問詞節 54,56
□疑問副詞 47
□旧情報 27
□強調構文 94,98
□共通関係 34
□共通語 34
□共通語句の省略 38

く

□句 xv
□群前置詞 59

け

□形式主語構文 90,92,102
□形式目的語 52
□形式目的語構文 52,104
□形容詞 xiii
□形容詞句 xv,4
□形容詞節 43
□原級 130,132
□現在完了 9,40
□現在完了と過去形 40
□現在進行形 8

こ

□後置修飾（過去分詞） 120
□後置修飾（現在分詞） 118
□後置修飾（不定詞） 106

し

□使役動詞 32
□使役動詞＋O Ⓥ 33
□使役動詞＋O＋分詞 33
□指示代名詞 57
□自動詞 14,16
□自動詞と他動詞の判別 14
□修飾語（M） 3,4
□従属節 xvi,42,44,46
□従属接続詞 42,64
□主語（S） 2,6
□主節 42
□述語動詞（V） 2
□受動態 8,12,22
□受動態（get＋過去分詞） 75
□受動態と動詞の文型 22
□準動詞 100
□状態動詞 62
□省略 62,101
□助動詞（v） 2,8
□進行形 12
□新情報 6
□真目的語 52

せ

□節 xvi
□接続詞 xiv,11
□接続詞の支配範囲 44
□先行詞 66
□前置詞 xiv,4
□前置詞句 4
□前置詞の目的語 4
□前置詞＋関係代名詞 76
□前置詞＋名詞節 58

そ

□相関関係 37
□相関語句 36
□存在を表す構文 6

た

□代名詞 xii
□他動詞 14,16,48,50
□他動詞＋［（that）SVX］ 50

ち

□知覚動詞 32
□知覚動詞＋O＋Ⓥ 32
□知覚動詞＋O＋分詞 32
□直説法現在 136

と

□等位節 xvi
□等位接続詞 34
□同格語（句） 18
□同格節 97
□同格の関係 18
□同格（名詞＋［that SV］） 88
□動詞 xiii,2
□倒置 138,140
□同等比較 130
□動名詞 100,116

は

□buy 型の動詞 20

ひ

□比較級 132
□品詞 xii
□be 動詞 8,12

ふ

□付加的補語 16,25
□副詞 xiii
□副詞＋ as SV 64
□副詞句 xv,4
□副詞節 42,43,46,47,53
□副詞節の位置 44
□副詞節の役割 45
□付帯状況の with 128
□分詞 24,26,100,118
□分詞構文 124,126
□不定詞 100

ほ

□補語（C） 3,10,24
□補語を持つ動詞 10
□補語＋ as SV 64

む

□無生物主語構文 31,39,105

め

□名詞（N） xii
□名詞句 xv
□名詞節 42,43,46,47,48,53,56
□名詞的表現 14
□名詞の役割 18

も

□目的語（O） 2

英文さくいん

A

- □ A as well as B 125
- □ a good deal of 170
- □ a little (bit) 111
- □ a mountain of N 25
- □ advise O to Ⓥ 169,176
- □ agree with N 176
- □ all over 172
- □ all the way 141
- □ allow O to Ⓥ 163
- □ and so 31
- □ and so on 169
- □ arrest O for N 22
- □ as to 59
- □ as well 41
- □ as (前置詞) 23
- □ as (接続詞) 64
- □ as (副詞) 130
- □ As ... , so ～ 65
- □ A (,) such as B 95
- □ as ＋原級＋ as ＋比較の基準 130

B

- □ B (,) and not A 37
- □ B, not A 37
- □ be based on N 55
- □ be capable of N 187
- □ be concerned about N 29
- □ be content to Ⓥ 115
- □ be dressed in N 182
- □ be frightened of N 115
- □ be here to stay 53
- □ be likely to Ⓥ 166,186
- □ be master of N 115
- □ be prepared to Ⓥ 97
- □ be supposed to Ⓥ 158,177
- □ be the case 51
- □ be to 114
- □ be to be ＋過去分詞 114
- □ be true to N 61
- □ because of 9,57
- □ begin with N 170
- □ belong to N 189
- □ be true of N 19
- □ both A and B 119,137,160,179
- □ break down 63,123
- □ by accident 180
- □ by the time SV 89

C

- □ carry about 109
- □ carry out 59
- □ cause O to Ⓥ 163
- □ compare O with N 187
- □ confuse O with N 169
- □ consider O C 28
- □ consist of N 157
- □ convert O into N 173
- □ cut down 165
- □ cut up O into N 180

D

- □ day and night 89
- □ depend upon N 55
- □ die out 190
- □ do well 133

E

□ eat O for N 180
□ either A or B 157
□ emerge as N 164
□ enable O to Ⓥ 163
□ encourage O to Ⓥ 133
□ enough to Ⓥ 110
□ every ＋数詞＋複数名詞 129

F

□ fall apart 51
□ fall behind 103
□ favor O over N 163
□ for (接続詞) 11
□ for O to Ⓥ 112
□ force O to Ⓥ 31,174
□ from A to B 5

G

□ get O out of N 101
□ get O to Ⓥ 30
□ get to N 183
□ get ＋過去分詞 75
□ go by 65

H

□ have difficulty (in) Ving 79
□ have O in common 71
□ help O Ⓥ 186
□ hold one's attention 157

I

□ If S V (過去形) ... , S ＋助動詞の過去形＋ V (原形) ... 136
□ if-節 49
□ in fact 182
□ in general 172,176
□ in particular 29
□ in short 171
□ in that-節 50
□ in ... terms 71
□ It is ＋形容詞／過去分詞＋ that-節 98
□ It is ＋副詞 (句／節) ＋ that ... 98
□ It is ～ that ... (強調構文) 94
□ It is ＋名詞＋ that-節 93
□ it seems (that) S V 190

L

□ lead to N 172
□ learn to Ⓥ 160
□ less ＋原級 132
□ less ＋原級＋ than ＋比較の基準 132
□ let O down 187
□ little or no 59
□ look at O as C 137
□ look down on 71
□ look forward to 161

M

□ make a difference 47
□ make O of N 63
□ may ... but ～ 67
□ millions of N 156
□ mix O with N 180
□ move ahead 103

N

□ Neither/Nor VS 140
□ next to 139
□ no longer 119,127
□ no two ... 57
□ no＋比較級＋（than ～） 134
□ not A but B 95
□ not just A but also B 87
□ not simply A but also B 117
□ Not ＋ until-節 138

O

□ of course 65
□ of significance 97
□ off and on 71
□ only 31
□ only ＋副詞節 138
□ only（＋（時の）副詞表現） 103
□ out of 163
□ out of one's reach 183
□ over again 141

P

□ pick up 9
□ promise O to Ⓥ 31
□ provide for 127
□ pull down 183
□ put O to sleep 73
□ put together O into N 179

R

□ regard O as C 23
□ relate O to N 164
□ replace O with N 103

S

□ seem to Ⓥ 169
□ set out on N 187
□ shake O C 189
□ side by side 184
□ slow O down 53
□ so that S can V 133,180
□ so that S will Ⓥ 113
□ So VS 140
□ some（＋複数名詞）... others ～ 3
□ speak about 79
□ speak up 121
□ spend O on N 188
□ stand for 175
□ stand out against N 181
□ such A as B 95
□ suffer from N 179
□ sum up 109
□ SVX（,） with OP 128

T

□ take care of 177
□ take in 177
□ take O as C 53
□ take O for granted 166
□ take up 123,187
□ tear off 101
□ tend to Ⓥ 186
□ that-節 42,49
□（The） chances are（that）... 56
□ the ＋形容詞 103
□ the place SV 83
□ the reason SV 83
□ the time ＋ SV 83

□ The trouble is (that) ... 56
□ the way SV 83
□ There is [are] ... 6
□ think of 73
□ think of O as C 23
□ threaten to Ⓥ 178
□ too ~ to Ⓥ 110
□ try to Ⓥ 180

U

□ unless SVX 115
□ unlike in N 83
□ unwrap O from N 101
□ use O for N 186
□ used to Ⓥ 168, 180

V

□ Ving X, SVX (分詞構文) 125

W

□ wander away from N 164
□ weave O into N 13
□ Whatever-節 53
□ when-節 42, 47
□ where-節 43, 47
□ whether-節 46, 49
□ With OP, SVX 128

桑原　信淑（くわはら　のぶよし）

東京外国語大学英米語学科卒業。都立高校教諭，県立高校教諭を経て，私立中高一貫校の教諭となる。長年，難関大学を目指す受験生の指導にあたり，その実力がつく講義には定評がある。代々木ゼミナール，駿台予備学校，河合塾，Z会東大マスターコースなど，予備校での指導経験も豊富。著書に『英文解釈の技術100』『基礎英文解釈の技術100』（共著／桐原書店）がある。

英文校閲：Karl Matsumoto, David F. Goldberg
編集協力：（株）交学社

●大学受験スーパーゼミ　徹底攻略

入門英文解釈の技術70 音声オンライン提供版

2008年1月20日　初　版第1刷発行
2024年3月30日　音声オンライン提供版第1刷発行
2024年8月10日　音声オンライン提供版第2刷発行

著　者　　桑原　信淑
発行者　　門間　正哉
印刷・製本　TOPPANクロレ株式会社

発行所　　株式会社 桐原書店
〒114-0001 東京都北区東十条3-10-36
TEL　03-5302-7010（販売）
www.kirihara.co.jp

▶装丁／竹歳明弘（スタジオ・ビート）
▶本文レイアウト／新田由起子（ムーブ），大塚智佳子（ムーブ）
▶DTP／沼田和義（オフィス・クエスト），大塚智佳子（ムーブ）

Printed in Japan
ISBN978-4-342-21013-6

大学受験スーパーゼミ 徹底攻略・きっちりわかる

入門
英文解釈の技術70

桑原信淑　著

音声オンライン提供版

演習問題70／解説・解答

桐原書店

大学受験スーパーゼミ 徹底攻略・きっちりわかる

入門 英文解釈の技術70

桑原信淑　著

音声オンライン提供版

演習問題 70／解説・解答

桐原書店

もくじ

❶ 演習 1 …………2
❷ 演習 2 …………2
❸ 演習 3 …………3
❹ 演習 4 …………3
❺ 演習 5 …………4
❻ 演習 6 …………5
❼ 演習 7 …………6
❽ 演習 8 …………6
❾ 演習 9 …………7
❿ 演習 10 ………8
⓫ 演習 11 ………9
⓬ 演習 12 ………9
⓭ 演習 13 ……10
⓮ 演習 14 ……11
⓯ 演習 15 ……12
⓰ 演習 16 ……13
⓱ 演習 17 ……14
⓲ 演習 18 ……15
⓳ 演習 19 ……16
⓴ 演習 20 ……17
㉑ 演習 21 ……17
㉒ 演習 22 ……18
㉓ 演習 23 ……19
㉔ 演習 24 ……19
㉕ 演習 25 ……20
㉖ 演習 26 ……21
㉗ 演習 27 ……22
㉘ 演習 28 ……23
㉙ 演習 29 ……24
㉚ 演習 30 ……25
㉛ 演習 31 ……25
㉜ 演習 32 ……26
㉝ 演習 33 ……27
㉞ 演習 34 ……28
㉟ 演習 35 ……29
㊱ 演習 36 ……30
㊲ 演習 37 ……31
㊳ 演習 38 ……32
㊴ 演習 39 ……33
㊵ 演習 40 ……33
㊶ 演習 41 ……34
㊷ 演習 42 ……35
㊸ 演習 43 ……36
㊹ 演習 44 ……36
㊺ 演習 45 ……38
㊻ 演習 46 ……38
㊼ 演習 47 ……39
㊽ 演習 48 ……40
㊾ 演習 49 ……41
㊿ 演習 50 ……42
51 演習 51 ……43
52 演習 52 ……44
53 演習 53 ……45
54 演習 54 ……46
55 演習 55 ……47
56 演習 56 ……48
57 演習 57 ……49
58 演習 58 ……49
59 演習 59 ……50
60 演習 60 ……51
61 演習 61 ……52
62 演習 62 ……53
63 演習 63 ……54
64 演習 64 ……55
65 演習 65 ……56
66 演習 66 ……56
67 演習 67 ……57
68 演習 68 ……58
69 演習 69 ……59
70 演習 70 ……59

❶ 演習 1 (問題→本冊：p.156)

Nonsmokers often breathe in the smoke from other people's cigarettes. This is secondhand smoke.

【全文訳】非喫煙者は他人のたばこから出る煙を吸い込むことが多い。これが副流煙である。

【解説】

《第 1 文》

Nonsmokers often breathe in the smoke (from other people's cigarettes).
S (副) Vt (副) O M

▶ "breathe in" は breathe (Vt)「を吸う」+ in (副)「中へ」で，「を吸い込む」の意味。前置詞句 (from ... cigarettes) は直前の名詞 smoke を修飾している形容詞句。

《第 2 文》

This is secondhand smoke.
S Vi C

▶ This は前文の the smoke from other people's cigarettes「他人のたばこからの煙」を受ける指示代名詞。

❷ 演習 2 (問題→本冊：p.156)

Millions of immigrants from scores of homelands brought diversity to our continent. In a mass migration, some 12 million immigrants passed through the waiting rooms of New York's Ellis Island.

【全文訳】たくさんの故国から来た何百万人もの移民が私たちの大陸に多様性をもたらした。大規模な移住の際には，約 1,200 万人の移民がニューヨークのエリス島の待合室を通過した。

【解説】

《第 1 文》

Millions (of immigrants) (from scores) (of homelands) brought diversity
S M M M Vt O

(to our continent).
M

▶ million 自体は「100 万 (のもの)」という意味で，**of は「構成要素・内容」**を示す。millions of immigrants で「移民からなる数百万のもの」が直訳だが，和訳としては「数百万／何百万もの移民」とする。scores 自体も「多数」の意味。

《第２文》

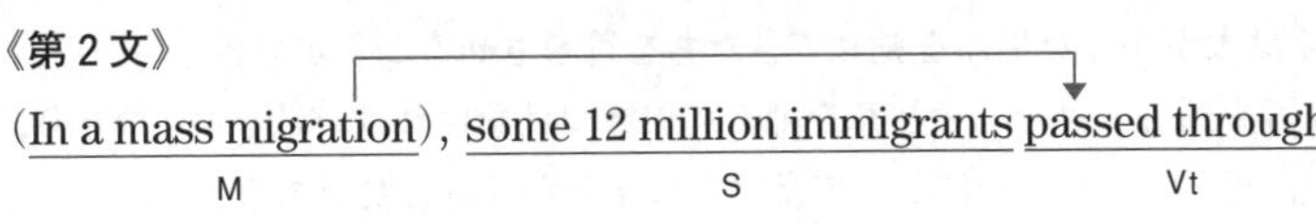

(In a mass migration), some 12 million immigrants passed through the waiting rooms (of New York's Ellis Island).

M / S / Vt / O / M

▶ (In a mass migration) は passed through (Vt) を，(of New York's Ellis Island) は rooms を修飾。前 in は「～のときに」。million の品詞は第１文とは異なり形。

3 演習３ （問題→本冊：p.157）

In the late 1800s and early 1900s, there were mainly two types of families in the United States: the extended and the nuclear. The nuclear family consists of only parents and children.

【全文訳】1800年代末期と1900年代初期には，アメリカ合衆国には主に２種類の家族があった。拡大家族と核家族である。核家族を構成するのは親と子どもだけである。

《第１文》

【解説】

(In the late 1800s and early 1900s), there were mainly two types (of families) (in the United States): the extended and the nuclear.

M（副）Vi（副）S / M / M /（同格語）→

▶ the 1800s/1800's「1800年代」。(of families) は types を修飾するが，和訳は「2種類の家族」とする。the extended と the nuclear はともに〈the＋形容詞〉で「…なもの」だが，それぞれ文脈から the extended family, the nuclear family と解釈する。これらは two types of families（中心的な語は types）の同格語。

《第２文》

The nuclear family consists (of only parents and children).

S / Vi /（副）M

▶ 直訳は「核家族は親と子どもからのみ成り立つ」。

4 演習４ （問題→本冊：p.157）

Radio cannot dazzle us with visual spectacles; it has to capture and hold our attention through our ears. That is, it has to speak to us, through either words or music.

【全文訳】ラジオは大がかりな場面を見せて私たちを驚嘆させることができない。それ(＝ラジオ)は耳を通して私たちの注意を捕えて引きつけなければいけない。つまり，それは言葉か音楽かのいずれかによって私たちに語りかける必要がある。

【解説】

《第 1 文》

Radio cannot dazzle us (with visual spectacles);
S　Vt　O　M

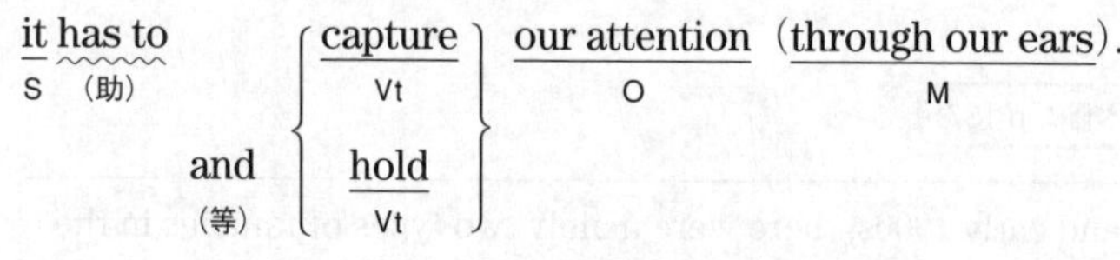

▶ cannot dazzle は〈助動詞＋Vt〉，has to は助動詞相当表現。and が capture と hold をつないでおり，to と attention (O) が共通語 (→ 17 課)。

▶ dazzle us with visual spectacles の直訳は「目で見える大がかりな場面によって私たちを感嘆させる」だが，少し手を加えて，**「大がかりな場面を見せて私たちを驚嘆させる」**とした。

《第 2 文》

That is, it has to speak to us, (through either words or music).
(副)　S (助)　Vt　O　M

▶ has to は助動詞とし，speak to を句動詞と見て Vt としてよい。

5 演習 5 (問題→本冊：p.158)

A desert in summer is a hot, dry place. In the daytime the ground is very hot. At night it is cool in the desert.

【全文訳】夏の砂漠は暑く，乾燥した場所である。日中，地面は非常に熱い。夜になると砂漠は涼しい。

【解説】

《第 1 文》

A desert (in summer) is a hot, dry place.
S　M　Vi (形) (形) C

▶ 前置詞句 (in summer) は desert を修飾している。a, hot, dry は各々別個に place を修飾する。

《第 2 文》

(In the daytime) the ground is very hot.
M S Vi C

▶ 前置詞句 (In the daytime) は述部 is ... hot を修飾する副詞句である。hot が is と結合する形容詞。

《第 3 文》

(At night) it is cool (in the desert).
M S Vi C M

▶ **it** は **「天候・寒暖を表す it」** で文の形式を整えるための主語として使われているだけなので，訳さない。前置詞句 (At night) (in the desert) は，ともに述部 is cool を修飾する副詞句である。

6 演習 6 (問題→本冊：p.158)

The computer age was supposed to herald the arrival of the "paperless office," but after 15 years of desktop computers we are using more paper than ever.

【全文訳】コンピューター時代は「紙を使用しないオフィス」の到来を告げると思われていたが，デスクトップのコンピューターを使用し始めて 15 年後，現在私たちはこれまで以上にたくさんの紙を使っている。

【解説】

The computer age was supposed (to herald the arrival (of the "paperless office))."
S V(受) C→(不)(Vt) (O) M

▶ 〈be supposed to〉と受動態になっている。能動態は〈suppose O to Ⓥ〉で，to Ⓥ は C になっている。前置詞句 (of the "paperless office") は形容詞句として arrival を修飾している。

but (after 15 years) (of desktop computers) we are using more paper (than ever).
(等) M M S Vt(進) O M(副)

▶ (after 15 years) (of desktop computers) の部分は (of ...) が years を修飾しているが，「デスクトップ・コンピューターの 15 年」とは「デスクトップ・コンピューターを使った 15 年」ということである。

7 演習 7 （問題→本冊：p.159）

A good journalist casts anxious and inquiring glances over his shoulder, and a good historian lifts his eyes from the page to look at the world around him. Sometimes the roles merge completely.

【全文訳】有能なジャーナリストというのは心配そうでいぶかしげな視線を肩越しに向けるし，有能な歴史家というのは自分の周囲の世界を見るために書物のページから目を上げる。時には両者の役割は完全に融合することがある。

【解説】

《第 1 文》

A good journalist casts anxious and inquiring glances (over his shoulder),
S Vt (形) (等) (形) O M

▶ casts と glances に着目して casts (Vt)，glances (O) と押さえる。(over ... shoulder) で casts (Vt) を修飾する前置詞句。

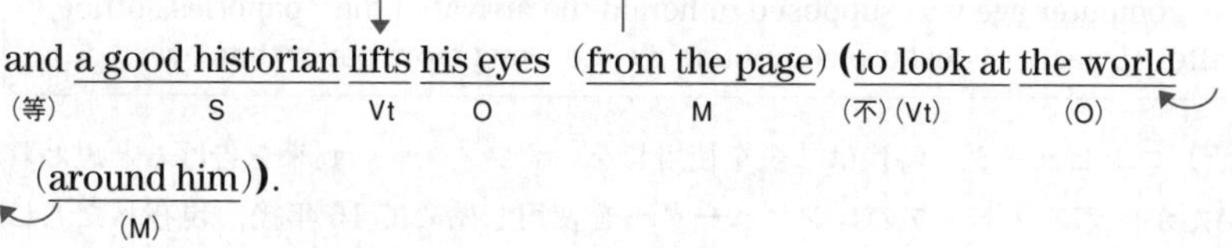
and a good historian lifts his eyes (from the page) (to look at the world (around him)).
(等) S Vt O M (不)(Vt) (O) (M)

▶ 等 and の後は historian (S)，lifts と eyes に着目し，lifts (Vt)，eyes (O) と押さえる。(from the page) は前置詞句で lifts (Vt) を修飾している。to look ... は副詞的 to Ⓥで，「Ⓥするために」という「目的」を表す (→ 54 課) が，lifts を先に訳して「目を上げて世界を見る」としてもよい。(around him) は前置詞句で，直前の world を修飾している。

《第 2 文》

Sometimes the roles merge completely.
(副) S Vi (副)

▶ merge が V だが，後に (代) 名詞がないので Vi である。

8 演習 8 （問題→本冊：p.159）

For some reason or other, I am an eager Sunday gardener. I will die one. I am a bit “touched” by every green-growing thing on earth. This strangeness has not put me in any hospital.

【全文訳】どういうわけか，私は日曜日には熱心に庭いじりをする。死ぬまでこうやっていこうと思う。私は地上の青々と育つ草木すべてにいささか「感動」を覚える。こんなふうに一風変わっていることで入院したことはこれまでにない。

【解説】

《第 1 文》

(For some reason or other), I am an eager Sunday gardener.
M S Vi (形) C

▶ gardener が am の C で，eager と Sunday は gardener を修飾している。

《第 2 文》

I will die one.
S (助) Vi C

▶ **die** が Vt になるのは die a dog's death「みじめな死に方をする」のようなときだけで，ここは die a hero「英雄として死ぬ」などのように使う **Vi** である。die を be に換えると，I will be one. で英文が成立する。one は代名詞で an eager Sunday gardener の代わり。one がなくても英文が成立するので，one は付加的補語（→ 8 課）である。

《第 3 文》

I am a bit "touched" (by every green-growing thing) (on earth).
S (助) (副) (過分) M M

▶ green-growing は grow (Vi) green (C)「生長して青々となる」をもとにして作った形容詞。

《第 4 文》

This strangeness has not put me (in any hospital).
S Vt (現完) (否) O M

▶ 無生物主語構文（→ 15 課・第 2 文解説）を意識して訳すこと。

9 演習 9 (問題→本冊：p.160)

Japan's trade with the outside world from the 14th to 16th centuries brought many new influences. *Kabocha*, the much-loved green-skinned pumpkin, was introduced via Cambodia by the Portuguese in the 16th century.

【全文訳】日本が外界と 14 世紀から 16 世紀まで貿易したことで新たに多くの影響を及ぼすものがもたらされた。「カボチャ」— 大いに好かれている皮が緑の南瓜 — はカンボジア経由で 16 世紀にポルトガル人によって持ち込まれた。

【解説】

《第１文》

Japan's trade (with the outside world) (from the 14th to 16th centuries)
S M M

brought many new influences.
Vt O

▶２つの前置詞句は trade を修飾している。trade, world, centuries, influences が名詞。trade が S, world が前置詞 with の O, centuries が前置詞 from/to の O, influences が brought (Vt) の O。

《第２文》

Kabocha, the much-loved green-skinned pumpkin, was introduced
S (同格語) V(受)

(via Cambodia) (by the Portuguese) (in the 16th century).
M M M

▶*Kabocha*, pumpkin, Cambodia, Portuguese, century が名詞。*Kabocha* が S, pumpkin が *Kabocha* の同格語, Cambodia が前置詞 via の O, Portuguese が前置詞 by の O, century が前置詞 in の O。

10 演習 10 (問題→本冊：p.160)

There are a few problems in Hawaii, but in general people have learned to live together in peace. They call Hawaii the Aloha State. Aloha means both hello and goodbye.

【全文訳】ハワイにはいくつかの問題はあるが，概して人々はともに平和に暮らすようになっている。世間の人はハワイをアロハ州と呼ぶ。アロハは「こんにちは」と「さようなら」の２つの意味を持つ。

【解説】

《第１文》

There are a few problems (in Hawaii), but (in general) people have learned
(副) Vi S M (等) M S Vt(現完)

(to live together (in peace)).
O→(不)(Vi) (副) M

▶前半の節は「存在」構文。live in peace は「平穏に生活する」が直訳。

《第2文・第3文》

They call Hawaii the Aloha State. Aloha means both hello and goodbye.
S Vt O C S Vt O

▶call (Vt) は〈**call O_1 O_2**〉の文型も〈**call O C**〉の文型も取るので，**判別が必要**。Hawaii is the Aloha State. が成立するので the Aloha State=C と判定する。

11 演習 11 (問題→本冊：p.161)

Americans look forward to their Saturdays and Sundays — days off — with great anticipation. And an annual 2- or 3-week vacation is taken for granted by most people.

【全文訳】アメリカ人は休日の土曜日と日曜日を大いに期待して待ち望む。また2～3週間の年次休暇をたいていの人は当然と考えている。

【解説】

《第1文》

Americans look forward to their Saturdays and Sundays — days off — (with great anticipation).
S Vt O (同格語) (副) M

▶名詞句 days off の **off は副詞**で，ここでは形容詞の働きをして days を修飾している。単数形は day off。days off は their Saturdays and Sundays の同格語（→9課）。

《第2文》

And an annual 2- or 3-week vacation is taken (for granted) (by most people).
(等) S V(受) C(過分) M

▶V が受動態なので能動態の文型を確認すること。〈**grant O**〉で「O を認める，容認する」の意味だが，過分 granted は「容認されて→当然の」の意味になる。〈**take O for C**〉は「O を C と思う」の意味で，ここでは granted が C。つまり問題文では能動態〈take O for granted〉が受動態になっている。

12 演習 12 (問題→本冊：p.161)

A tropical rain forest is a forest of tall trees in a region of year-round warmth and plentiful rainfall. Tropical rain forests stay green throughout the year. Almost all such forests lie near the equator.

【全文訳】熱帯雨林は高木からなる森林で，1年中温暖で雨の豊富な地域にある。熱帯雨林は年中青々としている。このような森林はほとんどすべて赤道近辺にある。

【解説】

《第1文》

A tropical rain forest is a forest (of tall trees) (in a region) (of year-round warmth and plentiful rainfall).

S: A tropical rain forest / Vi: is / C: a forest / M: (of tall trees) / M: (in a region) / M: (of year-round warmth and plentiful rainfall)

▶前置詞句 (in a region) が修飾しているのは C の a forest である。(of year-round ... rainfall) は region を修飾している。1番目の **of** は**「～からなる」**の意味で構成要素を示している。2番目の **of** は特徴・性質を表し，**「のある，を持つ」**が直訳。

《第2文》

Tropical rain forests stay green (throughout the year).

S: Tropical rain forests / Vi: stay / C: green / M: (throughout the year)

▶green は形容詞で，stay (Vi)「…のままである」の C である。

《第3文》

Almost all such forests lie (near the equator).

(副): Almost → all / S: all such forests / Vi: lie / M: (near the equator)

▶Almost は all を修飾，all と such はいずれも形容詞で，forests を修飾している。

⑬ 演習 13 (問題→本冊：p.162)

Even people in their 40s and 50s feel their memory starting to slip. "Why can't I remember names?" they sigh. "Where did I put my keys?" With the passing of the years, the questions move from annoyance to concern.

【全文訳】40歳代・50歳代の人々でさえ自分の記憶力が衰え始めているのを感じる。「なぜ名前が思い出せないんだろう」「鍵をどこに置いたのだろう」とため息まじりに言う。歳月が経過するにつれて，こういった問いは，いら立ちから不安に変わる。

【解説】

《第1文》

Even people (in their 40s and 50s) feel their memory starting (to slip).

(副): Even → people / S: people ← M: (in their 40s and 50s) / Vt: feel / O: their memory / C (現分) (Vt): starting / (O) (不) (Vi): (to slip)

▶Even は副詞で，ここでは S である people 名 を修飾している。feel の後の start は to Ⓥ（→ 50 課）を O にするが，その現在分詞 starting が memory を説明する C になっている可能性が高い。**their memory と starting to slip の間に S と P の関係**があることを期待して be 動詞を置き，Their memory is starting to slip. とすると文が成立する。したがって，feel their memory starting は **VOC** の関係になることが明確。知覚動詞 feel の文型に〈**feel O Ving（現分）**〉がある。

《第 2・第 3 文》

"Why can't I remember names?" they sigh. "Where did I put my keys?"
M（疑・副）（助）（否）S Vt O S Vt M（疑・副）（助）S Vt O

▶2 つ目の引用文も，他動詞 sigh「とため息をついて言う」の O ととる。

《第 4 文》

（With the passing）（of the years）, the questions move （from annoyance）（to concern）.
M M S Vi M M

▶**With** は「**同時**」を表すと解釈して「と同時に，につれて」とする。from / to で始まる前置詞句は連動している。**move**（**Vi**）は「進展する，進む，変わる」の意味。

14 演習 14（問題→本冊：p.162）

Leisure is a very important topic, for several reasons. Many people spend more time at their leisure than at work; many find their leisure more satisfying than their work; leisure can be a major source of happiness and of mental and physical health.

【全文訳】余暇は，いくつかの理由でとても重要な話題だ。職場よりも余暇のほうに時間をかける人が多い。仕事よりも余暇のほうに満足する人が多い。余暇は幸福と心身の健康の主要な源になりうる。

【解説】

《第 1 文》

Leisure is a very important topic,（for several reasons）.
S Vi C M

《第 2 文》

Many people spend more time （at their leisure） than （at work）;
S Vt O M M

▶at work「職場で」より at their leisure「余暇に」使う時間のほうが多い，ということ。比較級に注意（→ 66 課）。

many find their leisure more satisfying than their work;
S(代) Vt O C

▶their work「(自分の) 仕事」より their leisure「(自分の) 余暇」のほうがもっと satisfying「満足がいく」と find「とわかる」のである。**OとCはSとPの関係にあるので** their leisure more satisfying を文として復活させると，their leisure is more satisfying が得られる。

leisure can be a major source {(of happiness) M and (of M→ {mental and physical} health)}.
S Vi C

▶2つの and がつなぐ表現を押さえる（→ 17 課）のが英文読解の鍵。

⑮ 演習 15（問題→本冊：p.163）

Positive and negative effects occur hand-in-hand. Telephones allow us to communicate with anyone anywhere; yet they also cause us to forget the pleasure of sending and receiving letters. Television enables us to view distant places, though it also teaches us to favor images over actual experiences.

【全文訳】 好ましい結果と好ましくない結果は同時に生じる。電話のおかげで私たちはどこででも誰とでも話ができる。だが，また，電話があるために私たちは手紙を送り受け取る喜びを忘れてしまう。テレビのおかげで遠く離れた場所を見ることができる，もっとも私たちは実際の経験よりも画像のほうを好むようになるのだが。

【解説】

《第 1 文》

Positive and negative effects occur hand-in-hand.
S Vi (副)

《第 2 文》

Telephones allow us (to communicate (with anyone) anywhere);
S Vt O C→(不)(Vi) M (副)

yet they also cause us (to forget the pleasure (of {sending and receiving} letters).
(副) S (副) Vt O C→(不)(Vt) (O)

▶ **allow**, **cause** の後は **O と to Ⓥの間に S と P の関係**が認められる。どちらも We communicate / forget ... が成立する。文型は **VOC**。

▶ **yet** は品詞としては接続詞もあるが，セミコロン (;) の後には通常，接続詞は使わないので，ここでは**副詞**。

▶ 等 and がつなぐものを押さえる。**sending** も **receiving** も**動名詞**（→ 58 課）で，前置詞 of の O であり，letters を O にしている。2 つの動名詞にとって **of と letters は共通語**（→ 17 課）。

《第 3 文》

Television enables us (to view distant places), [though it also teaches us
S Vt O C→(不)(Vt) (O) (接) S Vt O_1

(to favor images (over actual experiences))].
O_2→(不)(Vt) (O) (M)

▶ **enable** は S と P の関係にある **O to Ⓥ**を後に持って，**VOC** の文型になる。We view ... が成立することが確認できる。though-節の中に also があるので **though-節は追加的に訳す**とよい。

▶ 第 2 文・第 3 文ともに人間が S になっていない**無生物主語構文**なので，**O である us を S のようにして訳す**とよい。

16 演習 16 （問題→本冊：p.163）

Although I have a car, I prefer to travel by train. As the train travels at speed through the countryside, I can relax, drink coffee, read a book, or just gaze out of the window. Sometimes the movement of the train makes me fall asleep.

【全文訳】私は，車を持っているけれども，列車で旅行するのが好きだ。私は，列車が高速で田園地帯を走るときに，くつろいだり，コーヒーを飲んだり，読書をしたり，ただ窓の外をじっと見たりすることができる。ときには，列車の振動でぐっすり寝入ることがある。

【解説】

《第 1 文》

[Although I have a car], I prefer (to travel (by train)).
(接) S Vt O S Vt O→(不)(Vi) M

▶ **Although-節は副詞節**にしかならない（→ 23 課）。prefer (Vt) は to Ⓥ（→ 50 課）を O にしている。

《第 2 文》

[As the train travels (at speed) (through the countryside)], I can relax,
(接) S Vi M M S (助) Vi

drink coffee, read a book, or just gaze (out of the window).
Vt O Vt O (等) (副) Vi M

▶ **As-節** (→ 32 課) も副詞節の代表格。**travel の訳語については，第 1 文とは S が**違うので使い分けること。助動詞 can と 等 or でつながれた relax 以下の 4 個の Ⓥが一緒になって述語動詞になっている。just (副) は gaze を修飾している。

《第 3 文》

Sometimes the movement (of the train) makes me fall asleep
(副) S M Vt O C→ (Vi) (C)

▶ makes me の直後にある **fall が動詞の原形**であることを見逃さないこと。**make は使役動詞**で，文型は **VOC** になる。me と fall asleep をもとに I fall asleep. の文が得られることから，**S と P の関係**が確認できる。なお **fall** (**Vi**) は **C を必要と**して，「(の状態) になる」の意味を持ち，asleep が C になる形容詞。

17 演習 17 (問題→本冊：p.164)

> Sometimes an indigenous language emerges as a lingua franca — usually the language of the most powerful ethnic group in the area. The other groups then learn this language with varying success, and thus become to some degree bilingual.

【全文訳】ときには，地域固有の言語が共通語—通常はその地域で最も勢力のある民族の言語なのだが—として台頭してくることがある。それから，ほかの民族は，首尾よくいったりそうでなかったりいろいろだが，この言語を習得するので，ある程度 2 言語併用になる。

【解説】

《第 1 文》

Sometimes an indigenous language emerges (as a lingua franca) — usually
(副) S Vi M (副)

the language (of the most powerful ethnic group) (in the area).
(同格語) → M M

▶ "the language ... in the area" は a lingua franca に対する**同格語**になっている。

《第2文》

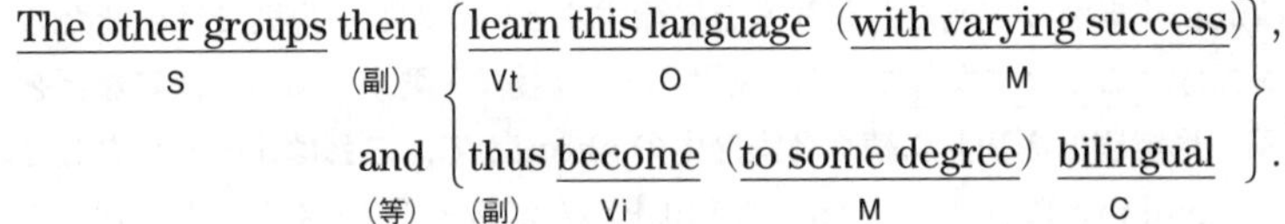

The other groups then learn this language (with varying success),
S (副) Vt O M
and thus become (to some degree) bilingual.
(等) (副) Vi M C

▶ and がつなぐ語句を確認するには，and の後の副詞 thus に続く **become (Vi) をマークして and の前に戻る。そして learn (Vt) をキャッチ。** with varying success「さまざまな成功をもって→成功の仕方がさまざま」とは，「難なく成功したり，苦労して成功したり，成功の仕方もいろいろで」ということ。

18 演習 18 （問題→本冊：p.164）

> One of the rules of a good discussion is that the participating speakers should remember the subject being discussed, and not wander away from it. Their remarks and examples should be clearly related to the subject.

【全文訳】よい議論をするのに守るべきことの1つは，議論に参加する人が討議中の議題を忘れないで，それから脱線しないことだ。また，参加者の発言や（主張を裏づける）例は議題と明らかに関連していることである。

【解説】

《第1文》

One (of the rules) (of a good discussion) is [that the participating speakers
S M M Vi C→(接) S

should (助) { remember the subject being discussed, (Vt O M→(現分)(過分)) / and (等) not wander away (from it) (Vi (副) M) }].

▶ participating speakers の直訳は「参加している話し手」。the subject being discussed「論じられている議題」のもとになっている文は，The subject is being discussed.「議題は（今）論議されている」で，**現在進行形の受動態**。助動詞の is を削除すると文ではなくなる。[現分] の being が [過分] discussed を従えたまま subject を修飾（→ 59 課）して，[名] subject を中心とした語群，すなわち名詞群になる。

▶この that-節の中の should は，The rule is that students should clean their classrooms.「規則は生徒たちが教室を掃除するということ→規則では生徒たちが教室を掃除することになっている」のように，**「提案・要求・命令・決定などを表す動詞・形容詞・名詞」に続く名詞節中の should で，これは「…すべき」と訳さない。** and not に着目して〈not A but B〉の変形タイプであることを押さえる。

《第 2 文》

Their remarks and examples should be clearly related (to the subject).
S　V→（助）（助）（副）（過分）　M

▶第 1 文の that-節の should との関連を考慮すれば，**第 2 文が第 1 文の that に支配されていることに気づく。** should ... related はまとまって V。

19 演習 19 （問題→本冊：p.165）

The Swiss mountains make up nearly two-thirds of the country's area, with only 12 percent (750,000) of the population, and have always been a problem. Incomes have been lower than in the rest of the country, services fewer, opportunities more limited, and populations decreasing.

【全文訳】スイスの山々は国土の面積の 3 分の 2 近くを占めるが，人口のわずか 12 パーセント（75 万人）しか住んでいないし，これまで常に問題になっていた。国内のほかの地域と比べて所得は低いし，公益事業などは少なく，雇用などの機会も限られ，人口は減少している。

【解説】

《第 1 文》

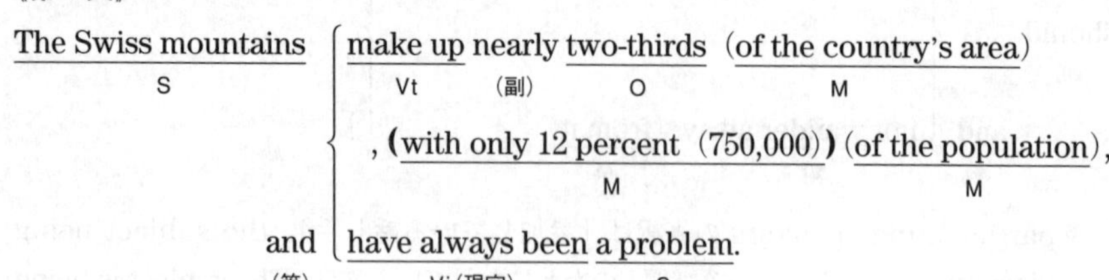

▶with で始まる前置詞句は述語動詞 make up を修飾しているので，「わずか 12 パーセントをもって…を占める」が直訳。

《第 2 文》

Incomes have been lower than in the rest of the country,
S Vi(現完) C(比)

services (have been) fewer,
S Vi(現完)(省略) C(比)

opportunities (have been) more limited, } (than in the rest ...)
S Vi(現完)(省略) C(比)

and populations (have been) decreasing.
(等) S Vi(現完・進行)(省略) (現分)

▶ services 以降の構造で，and が Incomes から populations までの 4 つの名詞だけをつなぐなら，Incomes ... and populations have been lower .... となるはず。したがって and が 4 つの名詞だけをつなぐことは構造上あり得ない。そこで同じ品詞・似た語形を縦に並べると，**have been の省略**が見えてくる。

20 演習 20 （問題→本冊：p.165）

The Amazon forest, in Brazil, covers five million square kilometers. It contains one third of the world's trees. However, the trees are disappearing. By 1974, a quarter of the forest had already been cut down.

【全文訳】ブラジルにあるアマゾン森林地帯は面積が 500 万平方キロメートルに及ぶ。そこには世界の木の 3 分の 1 がある。しかしながら，木々が消滅しかかっている。1974 年までには，森林地帯の 4 分の 1 の樹木がすでに伐採されてしまっていた。

【解説】

《第 1 文》

The Amazon forest, (in Brazil), covers five million square kilometers.
S M Vt O

《第 4 文》

(By 1974), a quarter (of the forest) had already been cut down.
M S M V(過完)(受)

▶ By 1974「1974 年までには」に示された **1974 が過去完了の「基準時」**になる。

21 演習 21 （問題→本冊：p.166）

Whether we like it or not, the world we live in has changed a great deal in the last hundred years, and it is likely to change even more in the next hundred.

【全文訳】好むと好まざるとにかかわらず，私たちの生きる世界はこの 100 年で大いに変化したし，次の 100 年でさらにいっそう変化しそうである。

【解説】

《第１文》

[Whether we like it or not], the world [(that) we live in] has changed
(接) S Vt O S (関代)O S Vi (前) Vi(現完)

a great deal (in the last hundred years),
M M

▶[Whether ... not], のようにカンマが打ってあるので，**Whether-節は副詞節**。Whether ... or not は「…であろうとなかろうと」と訳す(→ 23 課)。なお，"Whether we like it or not" 自体イディオムで，it は主節の内容を指す。この文では it=the world ... next hundred である。主節では S である the world に we live in が続いていて，前置詞 in の O が後ろになく，**隠れた 関代 が in の O になっているタイプ**(→ 39・42 課)。the world [(that) we live in] で，「私たちが生きている世界」の意味。この that は which に換えられる。

and it is likely (to change even more (in the next hundred)).
(接) S Vi C (不)(Vi) (副) (副・比) M

▶副詞 even は比較級の more を修飾している。

22 演習 22 (問題→本冊：p.166)

Although the skillfulness and acts of courage of the immigrants — our ancestors — shaped the North American way of life, we sometimes take their contributions for granted.

【全文訳】私たちの祖先である移民が器用で行為が勇敢だったおかげで，北アメリカの生活様式が形づくられたにもかかわらず，私たちは，彼らがいろいろ貢献してくれたことを当たり前のことのように思って感謝の気持を忘れることがある。

【解説】

《第１文》

[Although the {skillfulness (S) and (等) acts (S) (of courage) (M)} (of the immigrants) — our ancestors —
(接) M (同格語)

shaped the North American way (of life)],
Vt O M

we sometimes take their contributions (for granted).
S (副) Vt O C(過分)

▶**Although で始まる副詞節は無生物主語構文**。この節の S 部分の直訳は「移民の器用さと勇気ある行為」。our ancestors は the immigrants の同格語。**of**

courage は〈**of＋抽象名詞**〉で形容詞の **courageous** に相当する。

23 演習 23 （問題→本冊：p.167）

All writing that is not directly copied from another source is creative. A letter is creative. An advertising slogan is creative. Whatever goes through the mind of a human being and is altered by it is creative.

【全文訳】 他人の文のまる写しではない文は，すべて創造的である。手紙は創造的である。広告のキャッチフレーズは創造的である。人間の頭を通過し，それによって変えられたものは何でも創造的である。

【解説】

《第 1 文》

All writing [that is not directly copied (from another source)] is creative.
(All writing = S, that = (関代)S, is not directly copied = (否)(副)V(受), (from another source) = M, is = Vi, creative = C)

▶ 名 writing の直後に that (S) is ... copied (V) と続くことから，that は 関代 で主格と判断する (→ 33 課)。関代 that の支配範囲は source まで (→ 34 課)。another source は「ほかの出所→他人の文」と訳すとわかりやすい。

《第 4 文》

[Whatever {goes through the mind (of a human being) and is altered (by it)}] is creative.
(Whatever = S, goes through = Vt, the mind = O, (of a human being) = M, and = (等), is altered = V(受), (by it) = M, is = Vi, creative = C)

▶ **Whatever の支配範囲**は，等 and が goes through the mind ... と is altered (by it) をつないでいることをつかめば，2 つ目の is の前まで，とわかる。つまり [**Whatever ... it**] が S になっている名詞節。

24 演習 24 （問題→本冊：p.167）

The ozone layer over Europe is now dangerously thin, and over Australia holes have actually developed in it. This means that people will not be able to sit freely in the sun. In Britain, as everywhere, people are now saying: “Mother Earth needs our help!”

【全文訳】 ヨーロッパ上空のオゾン層は今危険なほど薄くなっていて，オーストラリア上空では穴が現実にその層に発生している。これは，人々が好きなように日光浴をすることができなくなるということである。イギリスでは，どこの国とも同じように，人々は次のように言っている。「母なる地球が私たちの助けを必要としている」と。

【解説】

《第 1 文》

The ozone layer (over Europe) is now dangerously thin,
S M Vi (副) C

and (over Australia) holes have actually developed (in it).
(等) M S (助) (副) Vi(現完) M

▶ 等 and は節と節をつないでいる。後の節では前置詞句 (over Australia) が V である have developed を修飾している。

《第 2 文》

This means [that people will not be able to sit freely (in the sun)].
S Vt O→(接) S (助)(否) (助) Vi (副) M

▶ means の後が that SV ... になっていることに気づくこと。**名詞節の先頭に立つ that の用法**。this は前文を受ける。

《第 3 文》

(In Britain), [as (they are saying) everywhere], people are now saying:
M (接) (省略) (副) S Vt(進)

"Mother Earth needs our help!"
O→ S Vt O

▶ 接続詞 as は様態「～ように」を表す (→ 32 課)。as の後に they are saying ... が隠れているが，短縮して **they are saying を補う**だけでよい。コロン (:) の後の引用文が実質的に saying の O になっている。

25 演習 25 (問題→本冊：p.168)

Roman soldiers built many roads. The emperors thought road building was useful work for soldiers in peacetime. The soldiers did not share that view. They complained they had not joined the army to use a pick and shovel.

【全文訳】ローマの兵士たちはたくさんの道路を建設した。皇帝は，平時には道路建設が兵士たちにとって有益な仕事だと考えた。兵士たちはそのような考えには同調しなかった。彼らは，自分たちはつるはしやシャベルを使うために軍隊に入ったのではないと不平を言った。

【解説】

《第 2 文》

The emperors thought [(that) road building was useful work (for soldiers) (in peacetime)].
S Vt O→(接) S Vi C M M

▶ thought の後に SV が続いていることに着目して，**thought［(that) S V ...］の構造ととらえる**。

《第 4 文》

They complained［(that) they had not joined the army (to use a {pick and shovel})］.
S Vt O→(接) S Vt(過完)(否) O (不)(Vt) (O) (等) (O)

▶ 過去完了 had not joined は complained を「基準時」とし，それより前に join the army していたことを示している（→ 20 課）。

▶ to use 以下は「…するために」の意味で，述語動詞 had not joined を修飾する副詞的用法の to Ⓥ（→ 54 課）。a pick and shovel で，**後の名詞 shovel の前に不定冠詞の a がないことに注意**。冠詞・所有格を 1 度しか表示しないのは，

① **a knife and fork** のように**同時に使用するか付随関係**にあり，「1 組・単一」と考えられている場合

② **a jacket and tie** や **my pen and pencil** のように，**2 つの名詞が個別だが密接な関係がある**と認識されている場合

などである。ここでは②に該当する。

26 演習 26 （問題→本冊：p.168）

> One often hears it said, in Japan and in the West, that young people are not as well educated as they used to be. They do not write as well, nor do they read with as much speed and understanding.

【全文訳】日本でも西洋でも，若者は以前ほど十分な教育を受けていない，と言われるのをよく耳にする。彼らは以前と比べると書くのも，また，読むときの速度も理解力も劣る，ということもよく聞くことである。

【解説】

《第 1 文》

One often hears it said, (in Japan) and (in the West),
S (副) Vt O(形) C(過分) M (等) M

【that young people are not as well educated [as they used to be]】.
(接) S (否) (副) (副) V(受) (接) S (助) Vi

▶ One は強いて訳せば「人は」で，硬い感じの語。訳さなくてもよい。**hears**（Vt）**it**（O）**said**（過分）で文型は VOC，その後に〈that SVX〉ときたら間違いなく形式目的語構文。「〜ということが言われるのを聞く」が直訳。

▶ **as は副詞**で「同等比較の先導役」（→ 65 課）。educated は過分。They = young people で「若者の過去のあり方」を比較の基準にして，「若者が現在どういう教育を受けているか」を述べている。

《第 2 文》

They do not write as well （[as they did before]），
S　Vi(否)　(副)(副)　(接)　S (代動)
　　　　　　　　　　　　 (省略)

nor do they read （with as much ⎰ speed (名)　⎱ ）（[as they did before]）.
(等) v S Vi (前)(副)(形) and understanding (接) S (代動)
　　 (助)　　　　　　　　　(等)　　(名)　　　　　　　　(省略)

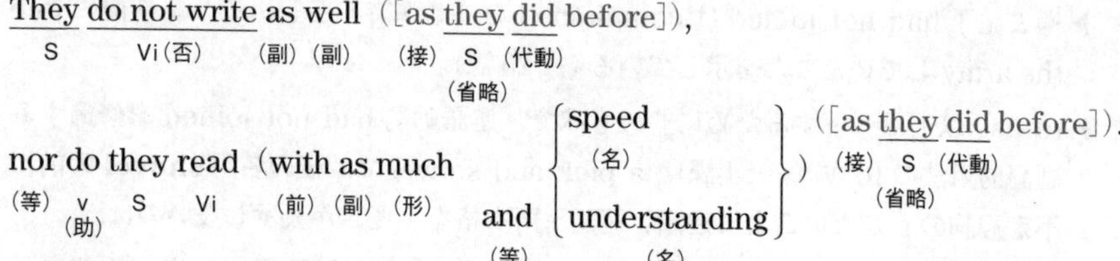

▶ 後半は **〈nor vS〉の倒置**（→ 70 課）。**同等比較では 2 つ目の as 以降が省略されることがある**。省略を補った部分の **did は代動詞**で，それぞれ wrote と read（過去形）という動詞の代役をしている。第 2 文は独立した文だが，内容上，**第 1 文の** 等 **that が支配**している。後半の節は「そしてまた（以前したのと）同程度の速度と理解力では読まない」が直訳。

27 演習 27 （問題→本冊：p.169）

> An English passenger kindly drew me into conversation. He was older than I. He asked me what I ate, what I was, where I was going, why I was shy, and so on. He also advised me to dine with him.

【全文訳】1 人のイギリス人乗客が，親切にも私に話しかけてくれたので話をすることができた。彼は私より年上だった。彼は私に，どんな食事をし，どんな職業で，行先はどこか，なぜ恥ずかしがるのか，などを尋ねた。また，彼は私を食事に誘ってくれた。

【解説】

《第 1 文》

An English passenger kindly drew me (into conversation).
S (副) Vt O M

▶ drew me into conversation の直訳は，「私を会話に引き込んでくれた」。

《第 3 文》

He asked me [what I ate], [what I was], [where I was going],
S Vt O1 O2 O S Vt O2 C S Vi O2 M S Vi(進行)

[why I was shy], and so on.
O2 M S Vi C (等) O2

▶ asked に続く what, where, why が疑問詞であることは自明で，いずれの節も O2 の役割をする名詞節。

《第 4 文》

He also advised me (to dine (with him)).
S (副) Vt O C→(不)(Vi) M

▶ **me と to dine の間には S と P の関係**，つまり I dined. が成立するので to dine ... は C である (→ 15 課)。

28 演習 28 (問題→本冊：p.169)

I think part of the uproar over cloning is that many people simply don't understand what it is. They seem to have it confused with genetic alteration, another technology that's creating a stir.

【全文訳】クローニングをめぐりごうごうたる非難の声が上がる要因の 1 つは，クローニングとは何かを全然理解していない人が多い，ということだと私は思う。彼らはそれを，騒ぎを起こしているもう 1 つの技術，遺伝子組み換えと間違えているようだ。

【解説】

《第 1 文》

I think【(that) part (of the uproar)(over cloning) is【that many people
S Vt (接/省略) S M M Vi (接) S

simply don't understand [what it is]]】.
(副) Vt(否) O→C S Vi

▶ まず think SV ... を **think [that SV ...]** と押さえて (→ 25 課)，次に is の後が that SV ... なので，**part is [that SV ...]** の構造を読み取る。is に続く that-節は is の C である。that-節の中の構造を見てみると，understand の直後に what が見える。**what は名詞節の始まりを予告**する (→ 27 課)。つまり what-節は understand の O になっている。

▶ part of の part の前には a がつかないことが多い。part の辞書的意味は「部分」だが，文脈から「(ごうごうたる非難の) 1 構成要素→要因の 1 つ」と訳す。it = cloning。

《第 2 文》

They seem (to have it confused (with genetic alteration), another technology
S Vi C→(不)(Vt) O C(過分) M (同格語)→(先)

[that 's creating a stir]).
(関代)S Vt(進) O

▶to Ⓥ に注目して have it confused with ... が〈**have O C(過分)**〉の構造であることをつかむこと(→ 13・16 課)。次にその**意味が問題**となる。オブラートの役をしている seem を外して断言する表現にすると，They have it confused .... となる。文脈から「他者によって confuse される」のではなく，confuse する主体は They である。16 課にはない意味で，**「(主語が目的語の)状態を継続させたり，引き起こす」**に当たる。「O が(主語によって) confuse される」のであるから，have cloning confused with ... は「**クローニングを…と混同される状態にしている→混同している**」ということになる。another technology 以下は genetic alteration の言い換え，同格語。

29 演習 29 (問題→本冊：p.170)

The historian's method begins with the collection and questioning of so-called factual information. Once historians have collected a good deal of information, they study it and develop explanations of how the facts relate.

【全文訳】歴史家の方法は，いわゆる事実に基づく情報を収集し，それを疑うことから始まる。歴史家は，いったん多量の情報を集めてしまうと，それを詳しく調べて集めた諸事実がどう関係しているかを詳しく説明する。

【解説】

《第 1 文》

The historian's method begins (with the {collection and questioning} (of ... information)).
S Vi M→ and(等) M

▶and が collection と questioning をつないでいる。この 2 語は前置詞 with の O であり，定冠詞 the と of で始まる前置詞句によって修飾されている(→ 17 課)。

《第 2 文》

Once historians have collected a good deal of information,
(接) S Vt(現完) (形) O

they study it and develop explanations (of [how the facts relate]).
S Vt O (等) Vt O M→ (疑・副) S Vi

▶ **how で始まる従属節は名詞節**(→ 27 課)だから，how-節が前 of の O であることをとらえる。

30 演習 30 (問題→本冊：p.170)

In India, some land has been so badly damaged by farming and tree cutting that mud now slides into the Indus and Ganges rivers.

【全文訳】インドでは，土地によっては農業や木材の伐採のためにひどく荒れてしまい，今や泥がインダス川とガンジス川にすべるように流れ込むところがある。

【解説】

(In India), some land has been so badly damaged (by {farming and tree cutting})
M S (副) (副) V(現完)(受) M→ (等)

[that mud now slides (into the {Indus and Ganges} rivers)].
(接) S Vi M→ (等)

▶ so が目に入り，that SV ... が見える。**〈so ... that ～〉の相関表現**である。2 つの and がつなぐものをきちんと押さえる。some land の直訳は「いくらかの土地」で，land は不可算名詞。「程度」を表す訳にすると，「…土地によっては，泥が～流れ込むほどひどく荒れたところがある」となる。

31 演習 31 (問題→本冊：p.171)

Language, in short, while in itself the most significant invention, or product, of culture, is the foundation on which culture is erected. The social life of humans is dramatically affected by language.

【全文訳】要するに，言語は本質的に文化が発明，いや生み出した最も重要なものであると同時に，文化が築かれる土台である。人間の社会生活は，言語によって目をみはるほどの影響を受ける。

【解説】

《第１文》

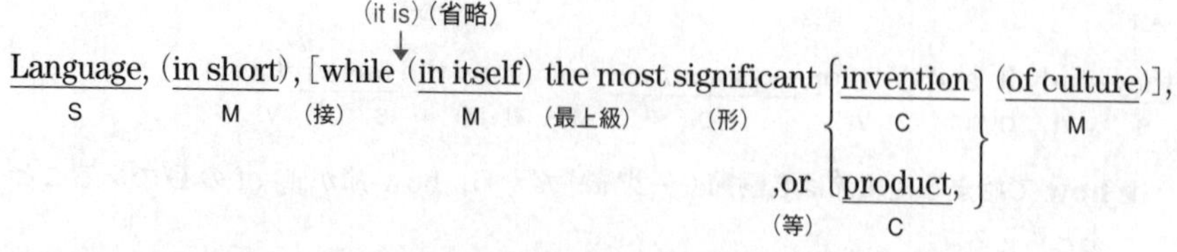

(it is)（省略）
Language, (in short), [while (in itself) the most significant invention (of culture)],
S M (接) M (最上級) (形) C M
,or product,
(等) C

is the foundation [(on which) culture is erected].
V C（先） M S V（受）

▶**カンマに続く**[接] **while は副詞節の始まり**を示す接続詞だがSVがない。**〈S＋be〉の省略**と判断する。**it is を補うと文型が整う**。[名] foundation に続くのは〈前＋[関代]〉で，関係詞節（→ 33 課）の始まりを知らせている。(on which) が修飾しているのはVの is erected（→ 38 課）。[接] **while の意味**は「～している間」ではなく，「**～ではあるが，同時に**」。[等] or は前の表現を訂正・修正している。

《第２文》

The social life (of humans) is dramatically affected (by language).
S M (副) V（受） M

32 演習 32 （問題→本冊：p.171）

> Learning a foreign language is a double experience: as we learn about the new language, this new knowledge makes us discover more about our own language.

【全文訳】外国語を学習することは二重の経験である。つまり，外国語のことを知るにつれて，こういった新たな知識のおかげで，私たちは自分自身の言語についてより多くのことを発見するのである。

【解説】

《第１文》

Learning a foreign language is a double experience:
S（動名）(Vt) (O) Vi C

▶**Learning** は a foreign language をOにしている**動名詞**（→ 58 課）で，is のS。

[as we learn (about the new language)], this new knowledge makes us
(接) S Vi M S Vt O

discover more (about our own language).
C→(Vt) (O) M

▶主節の C の部分に比較級 more があるので 接 as は「比例」の意味になる可能性が高いと考える。

▶**makes は使役動詞**で discover は Ⓥ（→ 16 課）。more は代名詞 much の比較級。much は本来形容詞なので比較級がある。a foreign language「（ある）1 つの外国語」を受けて後半では the new language となっている。このように冠詞が a から the に変わったのを見逃さないこと。**new は foreign の言い換え**。

33 演習 33（問題→本冊：p.172）

> In general, social groups are divided into a few who rule and the many who are subject. Subjects are sometimes mistreated but usually can do little about it.
> In the nineteenth century, when the Industrial Revolution was leading to the establishment of factories all over western Europe, a new class of underlings — factory workers — came into existence.

【全文訳】一般的に，社会集団は，支配する少数の集団と多数の被支配集団に分けられる。被支配者は時々虐待されるが，ふつうはそのことについてほとんど何もできない。19 世紀 — その時代には産業革命の結果，西ヨーロッパ中で工場が建設されていたのだが — に，工場労働者という新たな被支配者階級が生まれた。

【解説】

《第 1 文》

(In general)
M , social groups
S are divided
V（受） (into
M→ { a few
（先） [who
（関代）S rule]
Vi and
（等） the many
（先） [who
（関代）S are
Vi subject]
C }).

▶a few，the many はそれぞれ a few groups，many groups の代役をしている代名詞。2 つの who は a few, the many を先行詞とする 関代 主格。the many who are subject の直訳は「支配される多くのもの」。**many に the** が付いているのは「（少数を除いた）すべての」と，**many を特定化**する意味合いがある。subject の品詞は 形。その証拠に are に続きながら，subjects となっていない。

《第 2 文》

Subjects
S are sometimes
（副） mistreated
V（受） but
（等） usually
（副） can do
Vt little
O (about it)
M.

▶little に a がついていないので「ほとんど…ない」という否定的なニュアンスがある。it は but の前の節（Subjects ... mistreated）を指している。

《第 3 文》

(In the nineteenth century), [when the Industrial Revolution was leading
M (先) (関副) S Vi

(to the establishment) (of factories) (all over western Europe)],
M M M

a new class (of underlings) — factory workers — came into existence.
S M (同格語) Vt O

▶when は the nineteenth century を先行詞とする 関副 (→ 41 課)。factory workers は underlings の同格語 (→ 9 課)。

34 演習 34 (問題→本冊：p.172)

> Cartoons make people laugh at their own personal worries. Young people who are not always sure of how to act can smile at their awkwardness. Students who have studied too little before an examination can laugh at their anxiety.

【全文訳】漫画のおかげで人は自分自身の悩み事を一笑に付す。どう行動したらいいのかいつも自信があるわけではない若者は，自分の不器用さを苦笑することができる。試験前の勉強があまりにも足りない学生は，不安を一笑に付すことができる。

【解説】

《第 1 文》

Cartoons make people laugh at their own personal worries.
S Vt O C→(Vt) (O)

▶〈**make O Ⓥ**〉を押さえる。make は使役動詞 (→ 16 課)。無生物主語構文を意識して和訳する。

《第 2 文》

Young people [who are not always sure (of (how to act))] 切れ目 can smile at
S(先) (関代)S Vi(否) (副) C M→ (疑) (不) (Vi) Vt

their awkwardness.
O

▶まず **who の支配範囲**を確定するのが重要。act は〈疑問詞 + to Ⓥ〉に組み込まれているし，how to act は 前 of の O だから can smile と act はつながりを持たない。したがって **act と can の間が「切れ目」**。否定語と「全部」「両方とも」を表す語句が一緒になると**「部分否定」**になり，この文では **not** と **always** が組み合わさって「いつも…とは限らない (＝…のときもあれば…でないこともある)」の意味になる。

《第 3 文》

Students ［who have studied too little （before an examination）］ can laugh at their anxiety.

S（先） （関代）S Vt（現完） （副） O M Vt O

▶ examination は前置詞 before の O だから，can laugh at の S にはならない。little は不定冠詞 a が付いていないので否定的。**little は代名詞で have studied の O ととらえる。** little は本来形なので副 too に修飾される。

35 演習 35 （問題→本冊：p.173）

Fever is an example of a biological defense mechanism that is often regarded as merely an unpleasant symptom of disease. A raised body temperature is a standard biological response to infection by bacteria and viruses, and a good indicator of illness.

【全文訳】熱は，生物の防衛機構を示す 1 例だが，単なる不愉快な病気の症状と考えられることが多い。普段より体温が上がるのはバクテリアやウイルスによる感染に対する普通の生物的反応であり，病気であることを十分に示すものである。

【解説】

《第 1 文》

Fever is an example （of a biological defense mechanism） ［that is often regarded **(**as merely an unpleasant symptom （of disease）**)**］.

S Vi C（先） M （関代）S （副） V（受） （前） （副） C M

▶ **〈N that V ...〉 なら that は S で関代主格。** that の V が is なので先行詞は単数。先行詞が直前の名詞だと話は簡単なのだが，常にそうとは限らない。that に前出の名詞を代入して意味が成立するかを点検する。a biological defense mechanism を代入すると，「生物の防衛機構は不快な症状にすぎないと考えられることが多い」となり，意味が不明瞭。an example を that に代入すると，「(生物の防衛機構の) 1 つの例は，不快な症状にすぎないと考えられることが多い」となり，こちらのほうが意味が通るので，an example が関代の先行詞だと決められる。example of ... の **of** は **「の→を示す」と言い換え**られる。

▶ **〈regard O as C〉** は重要表現（→ 11 課）。

《第 2 文》

A raised body temperature
S

is (Vi) { a standard biological response (C_1) (to infection) (M) (by (M→) { bacteria and (等) viruses }), and (等) a good indicator (C_2) (of illness) (M). }

▶A raised body temperature は「(普段より) 上がった体温」が直訳。indicator のもとになる Vt は indicate「(…) を示す)」, good を副詞に変えると well「十分に, 申し分なく, りっぱに」なので, a good indicator of illness とは「病気だということをちゃんと示すもの」。

36 演習 36 (問題→本冊：p.173)

In the winter of 1988, a group of nuns working under Mother Teresa were walking through the snow in New York City in their Indian clothes. They were looking for an abandoned building that they might convert into a shelter for people who are homeless.

【全文訳】1988 年の冬, マザー・テレサのもとで働いている修道女の一団が, インドの民族衣装をまとい, 雪が降る中, ニューヨーク市内を歩いていた。彼女たちはホームレスの人々の保護施設に改造してもいいような人の住まない建物を探していた。

【解説】

《第 1 文》

(In the winter) (M) (of 1988) (M), a group (S) (of nuns) (M) working (M(現分)(Vi)) (under Mother Teresa) (M)

were walking (Vi(進行)) (through the snow) (M) (in New York City) (M) (in their Indian clothes) (M).

▶working は 現分 で直前の 名 nuns を修飾している (→ 59 課)。work (Vi) は「働く・活動する」と訳してよい。Indian clothes は sari「サリー」のこと。前 in は「身に付けて」の意味。

《第 2 文》

They were looking for an abandoned building【that they might convert
S Vt(進行) O(先) (関代)O S Vt

(into a shelter) (for people [who are homeless])】.
M M (先) (関代)S Vi C

▶ an ... building that S Vt ... に着目。**convert の O が必要**で，それを that とする。[前] into は shelter を O にしている。これで that から shelter までの構造説明が成り立つ。**that は [関代] 目的格。**

▶ [助] may は「容認・可能」を表し，「…できる（かもしれない），…して（も）さしつかえない」の意味。people の後の who は [関代] 主格で are の S。a shelter for people は「人々のための保護施設」が直訳。

37 演習 37 (問題→本冊：p.174)

Looking back at my childhood, I can see my mother's strong influence in making me the shy person that I am today.

【全文訳】子どものころを振り返ると，今日の自分が内気な人間であることについては母の影響が強かったことが理解できる。

【解説】

《第 1 文》

Looking back (at my childhood), I can see my mother's strong influence
(分詞構文)(現分)(Vi) M S Vt O

(in making me the shy person [that I am today]).
M→(動名)(Vt) (O) (C) (関代)C S Vi

▶ **〈Ving X, SVX.〉**のスタイルでは **Ving は 100 %分詞構文**（→ 62 課）。「振り返ると」ぐらいに訳す。see は「がわかる，を理解する」。my mother's strong influence の直訳は「母の強い影響」。

▶ in 以下は influence を修飾している。making は [前] in「(…) に関しての」の O になっている動名詞（→ 58 課）。me と the shy person をもとに I am the shy person. という文が得られるので，**me と the shy person は S と P の関係**にあり，me が O で the shy person が C の文型になる（→ 10 課）。**〈make O C〉**で**「O を C にする」**の意味。influence から person までの直訳は「自分を内気な人間にすることに関しての影響」。

▶ that は am の C の役割をする [関代] 主格。the shy person [that I am today] の直訳は「今日自分が（そういう人物）である内気な人間」。

38 演習 38 (問題→本冊：p.174)

In 1893, Doyle wrote a story in which the great detective Holmes was killed. Holmes' death upset his readers very much. Finally, public demand forced Doyle to bring Holmes back to life in another story.

【全文訳】1893年，ドイルは名探偵ホームズが殺される小説を書いた。ホームズが死んだことで読者はひどく動揺した。ついに，世論に押されてドイルは新たな小説でホームズを生き返らせた。

【解説】

《第1文》

(In 1893), Doyle wrote a story [(in which) the great detective Holmes was killed].

(In 1893) = M, Doyle = S, wrote = Vt, a story = O(先), (in which) = (関代)M, the great detective = (同格語), Holmes = S, was killed = V(受)

▶ (in which) を (in a story) に換えると，この前置詞句は述語動詞の was killed と結合するから，修飾先が確認できる。the great detective と Holmes の関係は，Holmes という登場人物は周知なので，the great detective が Holmes を説明・修飾している，つまり the great detective を同格語とする。ホームズは『最後の事件』(*The Final Problem*) で殺される。

《第2文》

Holmes' death upset his readers very much.

Holmes' death = S, upset = V, his readers = O, very = (副), much = (副)

▶ 無生物主語構文を意識して訳す。"Holmes' death" とは「ホームズが死んだこと」。

《第3文》

Finally, public demand forced Doyle (to bring Holmes back (to life) (in another story)).

Finally = (副), public demand = S, forced = Vt, Doyle = O, to bring = C→(不)(Vt), Holmes = (O), back = (副), (to life) = M, (in another story) = M

▶ この文も**無生物主語構文**。**Doyle と to bring は S と P の関係にあるので，構造上は O と C**(→ 15課) になる。another は〈an + other〉で「1つ別の→もう1つの」が直訳。ホームズは『空き家の冒険』(*The Adventure of the Empty House*) で再登場する。

39 演習 39 （問題→本冊：p.175）

Have you ever heard of the SAT? The letters stand for the Scholastic Aptitude Test. The SAT is a test that almost every high school student in America knows about.

【全文訳】SAT のことを今までに聞いたことがあるだろうか。この文字は「大学進学適性検査」を意味している。SAT はアメリカのほとんどすべての高校生がよく知っているテストである。

【解説】

《第 3 文》

The SAT (S) is (Vi) a test (C(先)) ［that ((関代)O) almost (副) every high school (形) student (S) (in America) (M) knows about (Vt)］.

▶ 関代 that は句動詞または群動詞 knows about の，直接的には 前 about の O。

40 演習 40 （問題→本冊：p.175）

What everyone remembers about Charlie Chaplin is the unique clothes and makeup he wore — a derby hat on his head, a short mustache, baggy trousers, heavy work shoes and a cane.

【全文訳】すべての人がチャーリー・チャップリンのことで覚えているのは，彼が身に付けていた独特の衣服と彼のユニークな扮装 — 頭に乗せた山高帽，ちょび髭，だぶだぶのズボン，分厚く頑丈な作業靴，そして杖 — である。

【解説】

［What (S→(関代)O) everyone (S) remembers (Vt) (about Charlie Chaplin) (M)］

is (Vi) the unique (形) {clothes (C(先)) and (等) makeup (C(先))} ［(that) ((関代)O) he (S) wore (Vt)］ — a derby hat (on his head) (M), ((同格語句)→)

a short mustache, baggy trousers, heavy work shoes and (等) a cane.

▶ What-節全体が is の S。What 自体は remembers の O。makeup の直後に SV があるので **that を補って**構造を考える。that に makeup を代入して wore の O にできれば，that は 関代 になる。wear a makeup「扮装を身に付けている→扮装をしている」が成り立つので **that** は関代 **目的格**で，これが「透明接着代名詞」の実体（→ 36 ・ 42 課）。

▶［(that) he wore］は **clothes** をも修飾する。このことは，the と unique が clothes だけを修飾すると考えた場合，構造図のバランスおよび意味が不自然なことからも明らか。"the unique clothes and makeup" の言い換えが，ダッシュ（—）の後の同格語句になっている5個の名詞群。

41 演習 41 （問題→本冊：p.176）

> British tourists going abroad are often advised to drink only boiled or bottled water. The few occasions when I have ignored this advice have been followed by expensive visits to the doctor's.

【全文訳】イギリス人の外国旅行者は，白湯(さゆ)か瓶詰の水以外は飲まないように，と忠告を受けることが多い。私は何回かこの忠告を聞かなかったことがあるが，そうすると必ず医者に診てもらいに行くことになり，結局高くつくのである。

【解説】

《第1文》

British tourists (S) going (M(現分)(Vi)) abroad (副) are often (副) advised (V(受)) (to drink (C→(不)(Vt)) only (副) {boiled / or (等) bottled} water (O)).

▶ going は前の名詞 tourists を修飾している現分（→ 59 課）。only「単に・もっぱら」は副で，or でつながれた2つの形 boiled と bottled を修飾している。「単に・もっぱら」boiled か bottled（の状態の）water ならいいが，それ以外の状態の（water）はだめだ，ということ。

《第2文》

The few occasions (S (先)) ［when (関副) I (S) have ignored (Vt(現完)) this advice (O)］ have been followed (V(現完)(受))

(by expensive visits) (M) (to the doctor's) (M).

▶ a few occasions は「少しの場合・時」という意味だが，when-節で限定しているので冠詞が the になっている。when は関副で on which に相当し，when-節内の述語動詞 have ignored を修飾している。The few ...［when ... advice］の直訳は「私がこの忠告を無視したことのある少ない場合」。have been ... 以下の直訳は「費用のかかる通院によって続かれた」。**〈S（出来事）is followed by N（出来事）〉**は，**「S の後に N が起きる」**と訳すとよい。

42 演習42 (問題→本冊：p.176)

> I read with interest the article on American families. In general I agree with it. But there are some important things it left out. It didn't tell the reader much about the life of a househusband. It's not an easy life. I know this, because I'm now a househusband myself.

【全文訳】私はアメリカの家庭に関する記事を興味を持って読んだ。私はほとんどその記事に賛成である。しかし，記事が触れなかった重要なことがある。読者に専業主夫の生活についてたいして伝えていなかった。主夫生活は安楽なものではない。私はこのことがわかっている。そのわけは，私自身が，現在専業主夫だからである。

【解説】

《第1文》

I read (with interest) the article (on American families).
S Vt M O M

▶read は現在形ではない。**現在形**なら「読む」のような**「習慣」の意味合いが強**くなり，第2文の「それ(=その記事)に賛成である」とのつながりがよくなく，不自然。**第3文の left が過去形**で，read ([red] と発音する)は過去形であることが裏づけられる。

《第3文》

But there are some important things [(that) it left out].
(等) (副) Vi S(先) (関代)O S Vt

▶things の後に「透明接着剤」の実体として **that を補う**(→36・42課)。some は「いくらか，多少」だが，無理に訳さなくていい。that は left out の O となる。it = the article (on American families)

《第4文》

It didn't tell the reader much (about the life) (of a househusband).
S Vt(否) O_1 O_2 M M

▶**much は代名詞**で「多くのこと」。not ... much で「あまり(多くないこと)」と訳す。

《第6文》

I know this, [because I'm now a househusband myself].
S Vt O (接) S Vi(副) C (同格語)

▶this は，直前の第5文「主夫の生活は安楽なものではない」を受けている。myself は I の同格語で強調用法だが，構造上は副詞的。

43 演習 43 （問題→本冊：p.177）

While my friends spent six months in Europe, I took care of their husky, Misha. Misha could jump most fences and travel freely. He jumped our fence the day I took him in.

【全文訳】私の友人が6か月をヨーロッパで過ごす間，私は，彼らのミシャという名のハスキー犬を世話した。ミシャはたいていのフェンスを跳び越えて自由に動き回ることができた。彼は，私が彼を引き取った日に我が家のフェンスを跳び越えた。

【解説】

《第1文》

［While my friends spent six months （in Europe）], I took care of their husky, Misha.

（接） my friends = S, spent = Vt, six months = O, (in Europe) = M, I = S, took care of = Vt, their husky = O, Misha = （同格語）

▶ Misha は their husky の同格語で名称を示している。

《第2文》

Misha could jump most fences and travel freely.

Misha = S, could = （助）, jump = Vt, most fences = O, and = （等）, travel = Vi, freely = （副）

▶ **travel を動詞の原形と見抜く**。現在形なら S に合わせて -s が必要。and は jump と travel をつないでいる。could が 2 つの原形の動詞の共通語（→ 17 課）。

《第3文》

He jumped our fence （(on) the day ［(that) I took him in］).

He = S, jumped = Vt, our fence = O, (on) the day = M（先）, (that) = （関副）, I = S, took = Vt, him = O, in = （副）

▶ the day は名詞だが **“the day I ... in” 全体の役割は副詞**。V の jumped は day を O にも C にもしていないことでわかる。本来は on the day ... なのだが，「on が脱落した」と考えるとわかりやすい。day の後に **that を補う**。I took him in で文型が成立しているから that は 関副 で when の代役。

44 演習 44 （問題→本冊：p.177）

What is interesting is the way the salesperson is supposed to catch the eyes of passengers. It would be discourteous to look at the eyes of a passenger too long. A short look might give the impression that the salesperson is indifferent.

【全文訳】興味深いのは，販売員に義務づけられている乗客の視線をとらえる方法である。あまり長く乗客の目を見ると失礼になるだろう。また見る時間が短いと，販売員は無関心なのだという印象を与えるかもしれない。

【解説】

《第 1 文》

[What is interesting] is the way [(that) the salesperson is supposed (to catch the eyes (of passengers))].

S→(関代)S Vi C Vi C(先) (関副) S V(受) C→(不)(Vt) (O) (M)

▶ What は 関代 。the way の後に SV があるので「透明接着剤」の実体として **that を置く**。that を含めないで文型が成立していること，that の先行名詞が the way であることから，**that は 関副 で the way が先行詞**。

▶ 〈suppose O to Ⓥ〉の受動態〈**be supposed to Ⓥ**〉は，この場合，職務上「Ⓥすることになっている」と解して「…をとらえる義務がある(その方法)→義務づけられている…をとらえる(方法)」と訳した。

《第 2 文》

It would be discourteous (to look at the eyes (of a passenger) too long).

S(形) Vi(仮過) C S(真)→(不)(Vt) (O) M (副) (副)

▶ **形式主語構文**(→ 51 課)を押さえる。問題は **would** である。第 1 文からの意味の流れで過去の事実を述べていないことに気づく。**仮定法過去**(→ 68 課)の文である。真主語の to look ... を条件として「…を見れば」と訳し，It would be discourteous を「失礼だろうに」と訳す。

《第 3 文》

A short look might give the impression [that the salesperson is indifferent].

S Vt(仮過) O (接) S Vi C

▶ この文も **might に着目して「仮定法では？」と考えてみる**。条件になりそうなのは S の A short look で，「短時間の一見→ちょっと(だけ)見るなら」と訳せる。might give the impression は「印象を与えるかもしれない(だろう)」とする。

▶ that 以下の構造は that を含めないで文型が成立するので that は 関代 ではない。that の先行する名詞の impression は 関副 の先行詞にはならない。**that は 接 と**決定し，that-節は同格の名詞節と決める。

45 演習 45 （問題→本冊：p.178）

> To date it has been shown that there is little relationship between employed women and divorce. In fact busy wives and higher double incomes seem to be a factor towards greater stability.

【全文訳】現在までのところ，女性が職を持っていることと離婚にはほとんど関係がないことが明らかになっている。実際，妻が仕事に精を出して夫婦２人でより高収入を得ることは，より大きな安定をもたらす要因だと思われる。

【解説】

《第１文》

(To date) it has been shown [that there is little relationship (between employed women and divorce)].

To date: M / it: S (形) / has been shown: V (現完)(受) / that: S (真)→(接) / there: (副) / is: Vi / little relationship: S / between employed women and divorce: M

▶ it の V を現在形にすると，〈**it is shown (過分) that-節**〉なのは明らか。**it は形式主語で，that-節が真主語**。little の前に a がないので否定的なニュアンス「ほとんどない関係がある→ほとんど関係がない」とする。

《第２文》

(In fact) busy wives and higher double incomes seem (to be a factor (towards greater stability)).

In fact: M / busy wives and higher double incomes: S / seem: Vi / to be: C→(不)(Vi) / a factor: (C) / towards greater stability: M

▶ busy wives「忙しい妻」ではピンとこないので「仕事に精を出す妻→妻が仕事に精を出すこと」とする。a factor towards ... stability の直訳は「…な安定への要因」→「…な安定に資する要因」だが，「結果として安定につながる要因」ということ。

46 演習 46 （問題→本冊：p.178）

> Technology — which took us to new continents and world domination, transforming our appearance and surroundings — now threatens to rebound on us. It is an irony that our own creations threaten to bring us down.

【全文訳】科学技術 — そのおかげで，私たち人間は新しい大陸に到達し世界を支配し，また外見と環境が変わった — による報いが今や私たちに跳ね返ってくる恐れがある。自分自身が作り上げたものによって私たち人間が破滅する恐れがあるというのは皮肉である。

【解説】

《第１文》

Technology — [which {took us (to new continents and world domination) / , transforming our appearance and surroundings] —

S(先)　(関代)S　Vt　O　M　(分詞構文)(現分)(Vt)　(O)

now threatens (to rebound (on us)).

(副)　Vt　O→(不)(Vi)　M

▶ **transforming** は which-節内で**名詞としての働きを持っていない**ので動名詞（→58 課）ではない。文の内容上，意味上の主語は which（もとの実体は Technology）なので，transforming は **took を修飾する分詞構文**（→ 62 課）。

▶ **which-節**は**無生物主語構文**。直訳は「（それは）私たちを…に連れて行った，そして…を変えた」

《第２文》

It is an irony [that our own creations threaten (to bring us down)].

S(形)　Vi　C　S(真)→(接)　S　Vt　O→(不)(Vt)　O　(副)

▶ It に that-節を代入すると文構造も意味も成立するので，**It は形式主語**。**that-節内は無生物主語構文**であることを意識する。

47 演習 47 （問題→本冊：p.179）

In the 1700s, sailors often suffered from scurvy. When the sailors started eating fresh limes, the disease disappeared. They knew that limes controlled scurvy, but they did not know that it was the vitamin C in this fresh fruit that was helping them.

【全文訳】1700 年代，船乗りはよく壊血病にかかった。そういった船乗りが新鮮なライムを食べ始めると，病気が治った。彼らは，ライムに壊血病を抑える力があるとわかったものの，自分たちが助かっているのはこの新鮮な果物に含まれるビタミン C のおかげ，とはわからなかった。

【解説】

《第２文》

[When the sailors started eating fresh limes], the disease disappeared.

(接)　S　Vt　O→(動名)(Vt)　(O)　S　Vi

▶ the sailors の the は「壊血病にかかった船乗り」と，sailors を特定化している。

▶ eating fresh limes を削除すると start は Vi「出発する」の意味になり，文意が不明。eating 以下は削除不可で，**eating は started の目的語になる動名詞**（→58 課）。

《第 3 文》

They knew [that limes controlled scurvy], but they did not know
S Vt O→(接) S Vt O (等) S Vt(否)

[that it was the vitamin C (in this fresh fruit) that was helping them].
O→(接) S M Vt(進行) O

▶ 等 but は 2 つの節をつないでいて，各々の節は等位節。but の後の等位節の that-節に注目。前出の単数の名詞は scurvy しかなく，it が scurvy を受けるのは論理的に無理。it が前出の名詞を受けていないことから，fruit の後の that は the vitamin C を先行詞とする 関代 ではないと決められる。さらに that was を見れば that の後に was の S がないので形式主語構文でもない，とわかる。したがって，**〈it was, that〉は the vitamin C を強調する「枠」**。

48 演習 48 (問題→本冊：p.179)

Both reading and writing demand the full use of one's mental powers. When you write, you have to probe the deep understanding of relationships, ideas, and facts. All this must be put together into a whole, a composition, a letter, or a report. It is an activity that literally stimulates the brain cells.

【全文訳】 読み書きのいずれを行うにしても知的能力を十分活用する必要がある。書くにあたっては，もろもろの関係，考え，そして事実を深く理解してそれをよく検討しなければならない。この行為すべてを，1 つの完全な形式 — 作文，手紙，あるいは報告書 — にまとめる必要がある。この作業はまさに脳細胞を刺激する活動である。

【解説】

《第 1 文》

Both reading and writing demand the full use (of one's mental powers).
S Vt O M

▶ **無生物主語構文を意識して訳す**とよい。the full use of one's mental powers は use one's mental powers fully を**名詞化した表現**。「知的能力を十分に使うこと」と読み取る。one's は「一般の人」を示す代名詞 one の所有格だが，あとから you が使われているので your に置き換えられる。無理に訳す必要はない。

《第 2 文》

[When you write], you have to probe the deep understanding
(接) S Vi S (助) Vt O

(of relationships, ideas, and facts).
M

▶probe the deep understanding「深い理解を精査する」とは,「深く理解してその理解したことをよく検討する」ということ。

《第3文》

All this must be put together (into a whole, a composition, a letter, or a report).
S / V(受) / M / (同格語句)→

▶All this は「"probe ... facts" という行為すべて」ということ。a composition 以下は a whole の具体的な言い換えであり同格語句。whole は抽象的な意味合いだが,それに続く3語は具体的。

《第4文》

It is an activity [that literally stimulates the brain cells].
S Vi C(先) (関代)S (副) Vt O

▶It は前文で示された「まとめる」行為を受ける。

49 演習 49 (問題→本冊:p.180)

More than a thousand years ago, people used to cut up green coffee beans into very small pieces, mix them with fat, and eat them for dessert. Then it became the custom to boil the green beans in water to make a kind of tea. Probably it was quite by accident that somebody dropped coffee beans into a fire and cooked them, which made a wonderful smell!

【全文訳】千年前より昔のことだが,人々は青々したコーヒー豆を非常に細かく切り刻み,油であえてデザートとして食べたものだ。その後,青いコーヒー豆をお湯でゆでて一種のお茶を作るのが習慣になった。十中八九,まさにまったく偶然だろうが,誰かが火の中にコーヒー豆を落として炒ったところ,すばらしい香りがしたのだ。

【解説】

《第1文》

... people used to { cut up green coffee beans (into very small pieces), mix them (with fat), and eat them (for dessert) }.

- people: S / used to: (助)
- cut up: Vt / green coffee beans: O / (into very small pieces): M
- mix: Vt / them: O / (with fat): M
- and: (等) / eat: Vt / them: O / (for dessert): M

▶**used to が3つのⓋと関係していることをつかむ。**More than a thousand years は「千年以上」と訳さないのが望ましい(→66課)。

《第 2 文》

Then it became the custom (to boil the green beans (in water) (to make a kind (of tea))).

(副) S(形) Vi C S(真)→(不)(Vt) (O) M (不)(Vt) (O) (M)

▶ become は be 動詞の仲間なので，〈**It is C to Ⓥ**〉(→ 51 課) と押さえる。to make は構造上 boil を修飾している副詞的用法の to Ⓥ で，「目的」を示す。「一種のお茶を作るために」が原則的な訳だが，文脈から「コーヒー豆をゆでること」は「一種のお茶を作ること」の前提となっているので，「コーヒー豆をゆでて一種のお茶を作ること」と訳せる。

《第 3 文》

Probably it was quite (by accident) that

(副) (副) M

somebody {dropped coffee beans (into a fire) and cooked them}

S Vt O M (等) Vt O

, [which made a wonderful smell]!

(関代)S Vt O

▶ **"quite by accident"** が副詞句だから，即，**強調構文**と決めてよい。which の前にカンマがあるので 関代 の継続用法 (→ 33 課)。**先行詞は「すばらしい香りを発生した」のは何かで決まる。**coffee beans を炒ったからいい香りがしたし，落とした結果として炒ることになった。すべては偶然の可能性が高い。したがって**先行詞は "somebody dropped coffee beans into a fire and cooked them"** という節全体。

50 演習 50 (問題→本冊：p.180)

Westerners like to make friends so that they can express their feelings. With the exception, perhaps, of the British, they seek intimacy and try to avoid small talk. They don't like talking around a subject when they can discuss it head-on.

【全文訳】欧米人は，自分の感情を話せるように友人を作りたがる。恐らくはイギリス人を除いて，欧米人は親しくなりたがるので世間話を避けようと努める。彼らは，問題を真正面から議論できるというのに回りくどく論じるのを嫌がる。

【解説】

《第 1 文》

Westerners like (to make friends [so that they can express their feelings]).
S Vt O→(不)(Vt) (O) (接) S Vt O

▶ like の直後の to make ... を削除すると意味不明となる。**to make ... は like の O** である。

《第 2 文》

(With the exception), perhaps, (of the British), they seek intimacy and try
M (副) M S Vt O (等) Vt

(to avoid small talk).
O→(不)(Vt) (O)

▶ try の後の to avoid ... も削除不可。**to avoid ... は try の O** である。

《第 3 文》

They don't like talking around a subject [when they can discuss it head-on].
S Vt(否) O(動名)(Vt) (O) (接) S Vt O (副)

▶ **when-節が修飾しているのは talking around**。主節の前に従属節の when-節を置くと，When they ... (,) they don't .... で「…を真正面から話せるのに～を嫌がる」となり，文意が不自然。したがって，when-節が修飾しているのは don't like ではない。意味の点で talk around a subject と discuss a subject head-on が対立していることも裏づけとなる。なお，文脈から 接 **when の意味**は「～するとき」から**「～なのに」**へと転じる。「欧米人は単刀直入に論じたがる」ということが文の主旨。

51 演習 51 (問題→本冊：p.181)

People often think and act differently in groups from the way they would do as individuals. It takes a considerable effort of will, and often calls for great courage, to stand out against one's fellows and insist that they are wrong.

【全文訳】人は，群がっていると，個々人であるときとは違った思考，違った行動をすることが多い。仲間に屈することなく，彼らが間違っていると主張するのは，かなりの意志力を要するし，大変な勇気を必要とすることが多い。

【解説】

《第1文》

People often { think / and act } differently (in groups) (from the way
S (副) Vi (等) Vi (副) M M

[(that) they would do (as individuals)]).
(関副) S V(仮過)(代動) M

▶think, act の2つのVの共通語句が **often, differently, in groups**。from the way は differently を修飾している。

▶the way の直後に「透明接着剤」の実体 **that を補って**構造を考える。文脈から **do** を think, act の代役をする**代動詞**と判定する。**would** が過去を示すと考えると文脈に合わないので,**条件になりそうな表現があれば仮定法過去**と考える(→ 68 課)。条件になりそうなのは主節の in groups と意味の点で対立する **as individuals**。the way 以下の直訳は「彼らが個々人としてならばするであろうやり方」。

《第2文》

It { takes a considerable effort (of will), / and often calls for great courage, }
S(形) Vt O M (等) (副) Vt O

(to { stand out (against one's fellows) / and insist [that they are wrong] }).
S(真)→(不) (Vi) M (等) (Vt) O→(接) S Vi C

▶**形式主語構文**で述語動詞が一般動詞の例。2つの動詞を含む **to Ⓥが真主語**。**insist が原形**であることを把握する。

52 演習 52 (問題→本冊:p.181)

One of the biggest problems facing Japanese companies is the strength of the yen. The value of the yen has increased dramatically in recent years and some Japanese businesses have found it difficult to sell their goods abroad.

【全文訳】日本の会社が直面している最大の問題の1つは,円高である。円の価値は近年目をみはるほど増していて,日本企業の中には海外で自社商品を販売するのは困難だと思っているところがある。

【解説】

《第 1 文》

One (of the biggest problems) (facing Japanese companies) is the strength (of the yen).
S M (現分) (Vt) (O) Vi C M

▶現在分詞 facing は直前の problems を修飾している (→ 59 課)。facing Japanese companies の直訳は「日本の会社に立ちはだかっている (問題)」となり，これでもよいが，全文訳のように，会社を S に見立てた訳も可能。the strength of the yen は「円が強いこと→円高」とする。

《第 2 文》

The value (of the yen) has increased dramatically (in recent years) and
S M Vi (現完) (副) M (等)

some Japanese businesses have found it difficult (to sell their goods abroad).
S Vt (現完) O (形) C O (真)→(不) (Vt) (O) (副)

▶後の等位節 (→ 17 課) が形式目的語構文。〈**find O C**〉の文型は重要 (→ 14 課)。

53 演習 53 (問題→本冊：p.182)

On July 20, 1969, one of the most memorable moments in America and scientific history occurred. Neil Armstrong, dressed in a white spacesuit, stepped down from his spacecraft onto the moon. He became the first human being to set foot on another world.

【全文訳】1969 年 7 月 20 日，アメリカのそして科学史上の最も記憶すべき瞬間の 1 つが起こった。白い宇宙服を着たニール・アームストロングが，宇宙船から月へと降り立った。彼は人間として初めて別世界に足を踏み入れることとなったのだ。

【解説】

《第 1 文》

(On July 20,1969), one (of the most memorable moments) (in {America and scientific history}) occurred.
M S (最上級) M M→ (等) Vi

《第 2 文》

Neil Armstrong, dressed (in a white spacesuit), stepped down
S M (過分) M Vi (副)

(from his spacecraft) (onto the moon).
M M

▶ 過分 dressed は Neil Armstrong を修飾していると理解するのが自然。この前に who was を補うことができる

《第 3 文》

He became the first human being (to set foot (on another world)).
S Vi C M→(不)(Vt) O M

▶ to set の set を過去形にするとやはり set だが，the first human being を意味上の S とすると，The first human being set foot ... . のように文が成立する。文脈上も問題がない。to set ... は the first human being を修飾している形容詞的な to Ⓥ。「彼は別世界に足を踏み入れる最初の人間になった」が直訳。

54 演習 54 (問題→本冊：p.182)

> Every ancient Greek city-state, wherever it might be, was an independent city and an independent state: in fact, the Greeks used the same word to mean both "state" and "city." The word was "polis."

【全文訳】すべての古代ギリシャの都市国家は，どこにあったとしても，独立した都市であり独立した国家であった。実際，ギリシャ人は「国家」と「都市」の両者を言い表すために同一の語を使った。その語とは「ポリス」だった。

【解説】

Every ancient Greek city-state, [wherever it might be], was {an independent city and an independent state:}
S (接) S Vi Vi C (等) C

▶ wherever-節の中に may の過去形 **might** が使われているので，**「〜であろうとも」**を表す「譲歩の副詞節」とわかる。It = Every ancient Greek city-state。**be** は C を持っていないので，**「ある，存在する」の意味**(→ 6 課)。

(in fact), the Greeks used the same word (to mean both {"state" and "city"}).
M S Vt O (不)(Vt) (O) (等) (O)

▶ use (Vt) は O を持ち，**〈use O to Ⓥ〉**のスタイルの場合，**「Ⓥするために O を使う」**の意味。つまり to Ⓥ は副詞的用法で目的を表す。〈both A and B〉「A も B も両方とも」はおなじみの相関表現。

▶ the Greeks は**国民全体を表す** the Americans「アメリカ人，アメリカ国民」などと同じ形だが，本文の趣旨から，古代ギリシャは統一国家という形態ではなかったので「ギリシャ国民」と訳さない。

55 演習 55 （問題→本冊：p.183）

Köhler found that his chimpanzees could use sticks as tools to pull down bananas which were hanging out of their reach. They were intelligent enough to see that this tool — the stick — could be used to extend their arms and get the banana.

【全文訳】ケーラーは，チンパンジーが手の届かないところにぶら下がっているバナナを引き降ろす道具として棒を使えることがわかった。彼らは，この道具 — 棒 — を握って腕を長くしバナナを手に入れるのに使えることが理解できるほど知能が高かった，ということだった。

【解説】

《第 1 文》

Köhler (S) found (Vt) [that (O→(接)) his chimpanzees (S) could use (Vt) sticks (O) (as tools) (M) **(**to pull down ((不)(Vt)) bananas ((O)(先)) [which ((関代)S) were hanging (Vi(進)) (out of their reach) (M)]**)**].

▶ to pull down ... は tools を修飾し，その目的を説明している形容詞的 to Ⓥ。

《第 2 文》

They (S) were (Vi) intelligent (C) enough ((副)) **(**to see ((不)(Vt)) [that (O→(接)) this tool (S) — the stick ((同格語)) — could be used (V(受)) (to ((不)→) extend ((Vt)) their arms ((O)) and ((等)) get ((Vt)) the banana ((O)))**)**.

▶ enough が intelligent を，to see が enough を修飾していることを押さえる。全文訳は「程度」の意味で訳した。

▶ the stick は this tool の同格語。extend their arms の直訳「腕を伸ばす」は，実際には「(腕に棒を継ぎ足して) 腕を長くする」ということ。

▶ 第 2 文は形式上は独立した文だが，内容から見て，**第 1 文の 接 that に支配されている**。ただし「～とわかった」と訳さないで**「～ということだった」**とすると自然な訳になる。

56 演習56（問題→本冊：p.183）

> I'm not sure how the boy got to my clinic but when I walked into the waiting room he was lovingly petting his cat lying in his lap. He had brought his sick cat in for me to heal.

【全文訳】私はその男の子がどうやって私の診療所まで来たのかわからないが，私が待合室に入って行ったとき，彼は愛情を込めてひざで寝ている彼の猫をなでていた。彼は，私に治療してもらおうと思って，自分の病気の猫を連れてきたのだった。

【解説】

《第1文》

I'm not sure ［how the boy got (to my clinic)］
S Vi(否) C (疑・副) S Vi M

but ［when I walked (into the waiting room)］
(等) (接) S Vi M

he was lovingly petting his cat (lying (in his lap)).
S (副) Vt(進) O (現分)(Vi) M

▶ **when-節が副詞節**であることを瞬時に見抜く。when の前に関副の先行詞になる語はないから，形容詞節にはなり得ない。名詞節だとすると but は how-節と when-節をつなぐことになるが，そうすると he was lovingly petting ... という節を I'm not sure ... の節につなぐ接続詞がないことになる。これでは構造の説明がつかない。つまり，when-節は名詞節ではなく，副詞節でなければならない。

▶ **lying 以下を削除しても文型も意味も成立する**ので，**lying** は動名詞ではなく**現在分詞**で，直前の名詞 cat を修飾している（→ 59 課）。

《第2文》

He had brought his sick cat in (for me to heal).
S Vt(過完) O (副) (前) O (不)(Vt)

▶ 過去完了 had brought の「基準時」（→ 20 課）は，前文の過去形で書かれている出来事。in の後に（代）名詞がないので **in** は「中へ」の意味の**副詞**。「中へ」とは「my clinic（の中）へ」。つまり had brought his sick cat in は，had brought his sick cat into my clinic を意味している。

▶ **for me to heal** を1つの「かたまり」と考えて，文構造上の働きを検討する。for me to heal を削除してもこの文は SVO で文型が成立しているので名詞的ではない。形容詞的か副詞的かは意味の流れに左右される。cat と had brought のどちらと結合しているか。「私が治療する猫を連れてきた」と**「私に治療してもらうために連れてきた」**を比べる。意味の流れは後者が勝る，つまりは**副詞的用法の to Ⓥ**。

57 演習 57 （問題→本冊：p.184）

Side by side with the political revolutions that swept Europe at the end of the 18th century, there occurred an Industrial Revolution which was to transform the lives of everyone in the Western world.

【全文訳】18 世紀末にヨーロッパを席巻した政治革命と密接に関連して，欧米世界のすべての人の生活を変えることとなる産業革命が起こった。

【解説】

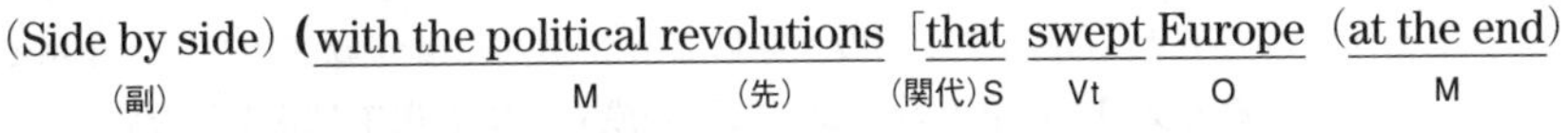

(of the 18th century)]), there occurred an Industrial Revolution
M (副) Vi S(先)

[which was to transform the lives (of everyone) (in the Western world)].
(関代)S Vt O M M

▶ 18 世紀末の the political revolutions とは，アメリカ独立革命・フランス革命のこと。an Industrial Revolution は最初にイギリスで起きた。

▶ 〈**There occurred S ...**〉は「存在構文」の仲間（→ 3 課）。was to transform が be to Ⓥで，意味の分類を意識すると「を変える運命にあった」が直訳。

58 演習 58 （問題→本冊：p.184）

A good sense of humor is important to Americans. Laughing at themselves or their country is something they do very well. But they may not appreciate a foreigner doing the same, especially in a critical tone.

【全文訳】すぐれたユーモア感覚はアメリカ人にとって重要である。自分自身や自国を笑いものにするのが彼らはとても上手である。だが，彼らは外国人が同じことを特に批判的な口調でするのを快しとしないかもしれない。

【解説】

《第 1 文》

A good sense (of humor) is important (to Americans).
S M Vi C M

《第 2 文》

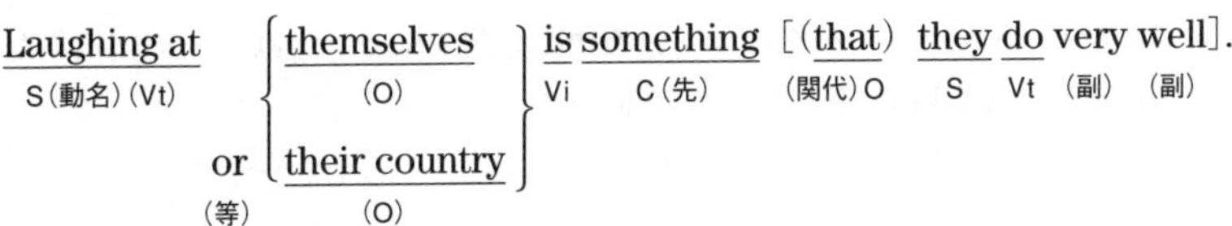

▶直訳は「自身や自国を笑いものにすることは，彼らがとても上手にすることである」。

《第3文》

But they may not appreciate a foreigner doing the same, especially (in a critical tone).

(等) S Vt(否) (意味上のS) O(動名)(Vt) (O) (副) M

▶**appreciate のOが a foreigner か否かがポイント。**①appreciate が人をOにすると「(人)を正しく評価する」の意味になる。②doing が動名詞なら，doing以下を削除すると文型が成立しないか，文型が成立しても意味が成立しない。

▶doing 以下を削除しても文型は成立するが，訳すと「彼らは外国人の良さがわからないかもしれない」。これでは，前文とのつながりを考えると意味が不明である。以上のことから，**doing は(現在分詞ではなく)動名詞で appreciate のOと判明する**。a foreigner が動名詞 doing の意味上のSで，a foreigner('s) doing the same の訳は「外国人が同じことをすること」。

59 演習59 (問題→本冊：p.185)

Although many college students do temporary work, many part-timers are also housewives working to meet rising educational costs or the monthly housing loan payment.

【全文訳】アルバイトをする大学生は多いけれども，さらに，アルバイトをする人の多くは，上昇する教育費の支払いと月々の住宅ローンの返済にあてるために働く主婦である。

【解説】

[Although many college students do temporary work], many part-timers

(接) S Vt O S

are also housewives working (to meet {rising educational costs or the monthly housing loan payment}).

Vi (副) C (現分)(Vi) (不)(Vt) (形) (O) (等) (O)

▶**working** 以下を削除しても，文型・意味ともに成立する。したがって，working は直前の**名詞 housewives を修飾している現在分詞**。to meet は「…を支払うために」の意味で，working を修飾している to Ⓥ。

▶文脈上 part-timer は「temporary work をする人→アルバイトをする人」。

60 演習 60 (問題→本冊：p.185)

> The secret of the phone card's success in Japan lies in a series of shrewd moves made by the main telephone company, NTT. It opted for a very thin kind of card, unlike the bulky pieces of plastic adopted by other countries like Britain.

【全文訳】日本でテレホンカードがヒットした秘訣は，大手の電話会社 NTT が講じた一連の的確な方策にある。NTT は，他国，たとえばイギリスが採用したかさばったプラスチック製のカードではなく，かなり薄型のカードを選んだ。

【解説】

《第 1 文》

The secret (S) (of the phone card's success) (M) (in Japan) (M) lies (Vi) (in a series) (M)

(of shrewd moves) (M) made (過分) (by the main telephone company, NTT (同格語)) (M).

▶ the phone card's success in Japan「テレホンカードの日本での成功→テレホンカードが日本でヒットしたこと」。

▶ a series (of shrewd moves) では，of ... moves が前置詞句になって series を修飾している。**of は「構成要素・内容」を示す**ので「的確な行動からなる一連のもの」が直訳だが，「一連の的確な行動」とする。

▶ made の直後に by があるので，**made は受動を示す過去分詞**とわかる。能動を考える（→ 11 課）と make a move「策を講じる，手を打つ」。made 以下は moves を修飾している。

《第 2 文》

It (S) opted for (Vt) a very thin kind (O) (of card) (M), (unlike the bulky pieces) (M) (of plastic) (M)

adopted (過分) (by other countries) (M) (like Britain) (M).

▶ of card / of plastic の **of** も**「構成要素・内容」を示す**。adopted by other countries が修飾するのは adopt の O になる語。前文からの流れで a very thin kind (of card) に対応するのは the bulky pieces (of plastic) とわかるので，adopted 以下が修飾しているのは pieces「片（へん）→カード」。like は前置詞で「(たとえば)…のような」の意味。

61 演習 61 (問題→本冊：p.186)

Breakfast can actually help you lose weight. After a good breakfast, you are likely to eat less for lunch and dinner. Also, calories consumed early in the day are used primarily for fuel, while calories consumed at night tend to be stored as fat.

【全文訳】朝食を実際に減量に役立てることができる。十分な朝食を摂った後は，昼食と夕食に食べる量をより少なめにするだろう。また，一日の早い時間に摂取したカロリーは主にエネルギーとして消費されるのに対し，夜に摂取したカロリーは脂肪として蓄積されがちである。

【解説】

《第1文》

Breakfast (S) can actually (副) help (Vt) you (O) lose (C→(Vt)) weight (O).

▶**C の lose が原形**であることに注意。**〈help O to Ⓥ〉**のときもある。**無生物主語構文**を意識して訳す。直訳は「朝食は実際に体重を減らすのに役立つことができる」。you は「総称の you」で「人は，だれでも」の意味なので，無理に訳す必要はない。

《第2文》

(After a good breakfast) (M), you (S) are (Vi) likely (C) (to eat less (不)(Vt)(O) (for (M→) {lunch and (等) dinner})).

▶you are likely to eat less の直訳は「たぶんより少なく食べるだろう」。**less** は little の比較級で，ここでは **eat の O になっている代名詞**。「(朝食をたっぷりは摂らない場合の，通常の昼食・夕食と比べた場合の) より少ない食物」。

《第3文》

Also (副), calories (S) consumed (過分) early (副) (in the day) (M) are used (V(受)) primarily (副) (for fuel) (M),
[while (接) calories (S) consumed (過分) (at night) (M) tend (Vi) (to be stored (C→(不)(受)) (as fat) (M))].

▶are used と tend が現在形なので，述語動詞になっているのは明らか。仮に2つの consumed が過去形だとすると，その直前の calories が S になるはず (→1課)。通常は consume は Vt として使われ O を持つのにそれが見当たらない。他方，calories が S で consumed が V とすると，are used と tend の S がないことになる。つまり，「2 つの consumed が過去形」という仮定が崩れたわけである。**consumed は過去分詞で，calories を修飾**している（→ 60 課）。人間の fuel とは「エネルギー」のこと。主節の内容と while-節の内容が対照の関係にあることをつかんで，「～であるのに対し…」と訳す。

62 演習 62 （問題→本冊：p.186）

An experiment was conducted on the behavior of a group of people waiting to cross a street. A red traffic light was on. Ignoring the light, a man in a suit and a tie, with a topcoat on, stepped into the road. Many others followed suit.

【全文訳】通りを渡ろうと待っている一群の人々の行動について実験が行われた。赤の交通信号がついていた。その信号を無視して，スーツにネクタイそしてオーバーコートを着用した男性が通りに足を踏み入れた。ほかの多くの人々がそれにならったのだった。

【解説】

《第 1 文》

An experiment (S) was conducted (V(受)).

(on the behavior) (M) (of a group) (M) (of people (M) waiting ((現分)(Vi)) (to cross ((不)(Vt)) a street ((O)))).

▶ 現分 waiting は直前の people を修飾している（→ 59 課）。on the behavior 以下は experiment を修飾している。to cross は waiting を修飾している副詞的 to Ⓥ。

《第 2 文》

A red traffic light (S) was (Vi) on (C).

▶ **on** は「（機械などが）作動して」「（明かりなどが）ついて」「（ガス・水道などが）出て」の意味の副詞だが，構造上 was の C となって形容詞の働きを持たされている。

《第 3 文》

Ignoring ((分詞構文)(Vt)) the light ((O)), a man (S) {(in {a suit and a tie}), (with ((付帯状況)) a topcoat (O) on (P)),} stepped (Vi) (into the road) (M).

▶ **"Ignoring the light,"** は，S がなくカンマがあることから，一見して分詞構文とわかる。前文の A red traffic light を受けて the light となっているのを意識する。

▶ in は前置詞で「…を身に付けて」の意味。with は「付帯状況」の前置詞で，on は「身に付けて」の意味の副詞で意味上 a topcoat の P（述語）になっている。前置詞句（with a topcoat on）全体は前置詞句（in ... tie）と同様，形容詞句として man を修飾している。第 1 文の a street を受けて the road となっている。

《第 4 文》

Many others followed suit.
（形） S Vt O

▶ others ＝ other people。

63 演習 63 （問題→本冊：p.187）

Compared with aircraft, conventional ships are incredibly slow. No significant increase in their speed occurred for centuries, until recently. Today novel kinds of craft are designed to be seagoing which are capable of speeds up to 150 km/h.

【全文訳】航空機と比較して，これまでの船舶は非常にのろい。船の速度が目立って増したことは，最近までの数世紀間全然なかった。今日，時速 150 キロまで速度の出せる今までにない新しい種類の船舶が，遠洋航海用に設計されている。

【解説】

《第 1 文》

(Being) Compared (with aircraft), conventional ships are incredibly slow.
（分詞構文） （過分） M S Vi （副） C

▶ 過去形の V は必ず S が前にあるので，**S が直前に見当たらない Compared は過去分詞**。Being を前に置いてやると分詞構文の基本形ができあがる。意味上の S は文全体の S と同じ conventional ships。

《第 2 文》

No significant increase (in their speed) occurred (for centuries),
（形） （形） S M Vi M

(until recently).
M

▶ No increase occurred. で「ない（＝ゼロの）増加が生じた→増加は全然なかった」という意味。increase in their speed「（それらの）速度においての増加→（それらの）速度が増すこと」。

《第 3 文》

Today novel kinds (of craft) are designed (to be seagoing)
(副) (形) S(先) M V(受) C→(不)(Vi) (C)

[which are capable (of speeds) (up to 150 km/h)].
(関代)S Vi C M M

▶ 文構造上は are designed の S は kinds。関代 which の V が are だから，**先行詞は kinds**。

64 演習 64 (問題→本冊：p.187)

If a person sets out on some undertaking, he doesn't want to stop in the middle with the job unfinished. When I took up a project, the main thing on my mind was that I didn't want to let everybody down.

【全文訳】人は，ある事業を始めると，その事業を未完成のまま中途でやめたくはないものだ。私が事業に取りかかったとき，一番頭から離れなかったのは，みんなをがっかりさせたくない，ということだった。

【解説】

《第 1 文》

[If a person sets out (on some undertaking)], he doesn't want (to stop
(接) S Vi M S Vt(否) O→(不)(Vi)

(in the middle) (with the job unfinished)).
M (付帯状況) O P

▶ with the job unfinished の **the job と unfinished が S と P の関係にあること**を押さえる。The job is unfinished.の文を思い浮かべる。あっさり「～のまま(で)」と訳す。some undertaking を受けているのが the job という表現。

《第 2 文》

[When I took up a project], the main thing (on my mind) was
(接) S Vt O S M Vi

[that I didn't want (to let everybody down)].
C→(接) S Vt(否) O→(不)(Vt) (O) (C)

▶ 〈**let O C**〉で「**O を C(の状態に)する**」。C になるのは形容詞・副詞・前置詞句。この down は「落胆して，悲しんで」などを表す形容詞。

65 演習 65 （問題→本冊：p.188）

> There are some people who actually enjoy work. They spend many extra hours on the job each week and often take work home with them. These workaholics are as addicted to their jobs as other people are to drugs or alcohol.

【全文訳】仕事を実際に楽しんでいる人もいる。そういう人たちは，毎週かなりの超過勤務労働をし，仕事を家に持ち込むことが多い。こういった仕事中毒の人たちは，ほかの麻薬やアルコール中毒の人々と同じくらい仕事に毒されている。

【解説】

《第 1 文》

There (副) are (Vi) some people (S(先)) [who ((関代)S) actually (副) enjoy (Vt) work (O)].

《第 2 文》

They (S) spend (Vt) many (形) extra (形) hours (O) (on the job) (M) (each week) (副) and (等) often (副) take (Vt) work (O) home (副) (with them) (M).

▶ spend many extra hours on the job は「多くの余分な時間を仕事に費やす」が直訳。with them の 前 with は「身に付けて」を意味するが，普通は訳さない。

《第 3 文》

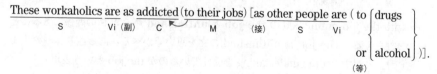

These workaholics (S) are (Vi) as (副) addicted (C) (to their jobs) (M) [as (接) other people (S) are (Vi) (to {drugs or (等) alcohol})].

▶「ほかの人々が drugs や alcohol の中毒になっているのと同程度に仕事の中毒になっている」が直訳。other people are の後に addicted を補うことはできない。

66 演習 66 （問題→本冊：p.188）

> The custom of shaking hands in the United States varies in different parts of the country and among different groups of people. When men are introduced, they generally shake hands. Women shake hands less frequently.

【全文訳】アメリカ合衆国の握手をする習慣は所により，また人の集団によって異なる。男性は紹介されると普通握手をする。それに比べ，女性は握手をすることはまれだ。

【解説】

《第 1 文》

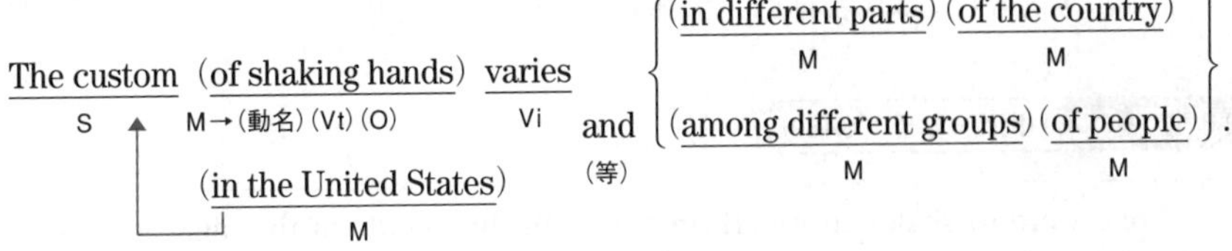

The custom (of shaking hands) varies and {(in different parts) (of the country) / (among different groups) (of people)}.
S ← M→(動名)(Vt)(O) Vi (等) M M M M
(in the United States) M

▶ and が (in different parts) と (among different groups) の 2 つの前置詞句をつないでいる (→ 17 課)。

《第 2 文》

[When men are introduced], they generally shake hands.
(接) S V(受) S (副) Vt O

《第 3 文》

Women shake hands less frequently ([than men do]).
S Vt O (副) (副) (省略)→(接) S V(代動)

▶ less frequently「より少なく頻繁に→回数が少なく・よりまれに」。「回数が(男性)以下」と理解すると，その回数も含まれてしまう。英語の比較級には等号は含まないので注意。frequently の後に**省略を補ったとき**の代動詞 do= shake hands。

67 演習 67 (問題→本冊：p.189)

> Hunter-gatherers live together in small groups. These bands, which stay together for most of the year, are no larger than twenty-five individuals.

【全文訳】狩猟採集生活者は小集団をなして一緒に暮らす。こういった集団 — 1 年のほとんどの間一緒にいるのだが — には，わずか 25 人しかいない。

【解説】

《第 1 文》

Hunter-gatherers live together (in small groups).
S Vi (副) M

《第 2 文》

These bands, [which stay together (for most) (of the year)], are no larger
S S(関代) Vi (副) M M Vi (副) C

(than twenty-five individuals).

▶These bands は前文の small groups を受けた表現。no larger than＝as small as。small は「(数量・程度が) わずかな，小さい，小規模の」の意味。most の品詞は名詞もしくは代名詞で，「大部分，大多数」の意味。

68 演習 68 (問題→本冊：p.189)

If one were to shake an American awake in the middle of the night and ask what "rights" mean, he would say they were something belonging to him. A Japanese shaken awake would respond that "rights" were something belonging to us.

【全文訳】仮に真夜中にアメリカ人を揺さぶって起こして「権利」とは何のことかと尋ねたら，それは自分が持っているものだと答えるだろう。日本人ならゆり起こされたとすると，「権利」はわれわれが持っているものだ，と答えるだろう。

【解説】

《第 1 文》

[If one were to {shake an American awake (in the middle) (of the night) and ask [what "rights" mean]}],
(接) S (助)(仮過) Vt O C M M (等) Vt O→O S Vt

he would say [(that) they were something belonging (to him)].
S Vt(仮過) O→(接) S Vi C (現分)(Vi) M

▶**were to Ⓥ** は〈be to Ⓥ〉(→57 課) の「仮定法過去」版。**未来のことに対する仮定**を表すが，可能性のありそうなことからなさそうなことまで使われる。「仮にⓋしたら」と訳す。one を「人」と訳さないほうが自然な訳になる。

▶belonging は直前の something を修飾している (→59 課)。

《第 2 文》

A Japanese shaken awake would respond [that "rights" were something belonging (to us)].
S (過分)(Vt) (C) Vt(仮過) O→(接) S Vi C (現分)(Vi) M

▶**shaken** は C の awake を伴って Japanese を修飾している (→60 課)。直訳は「揺り起こされた日本人」だが，前文が仮定法過去であること，文の流れから **would respond を仮定法過去と考えて条件を探す**。A Japanese shaken awake がこの条件を表していて，「揺り起こされた日本人なら→日本人なら揺り起こされた場合…」としてよい。

69 演習 69 （問題→本冊：p.190）

Nowhere else in the universe have we been able to detect signs of culture. Is this merely bad luck, or have all other alien civilizations simply died out?

【全文訳】宇宙のほかのどこにも，私たちは文化の形跡を見つけられないでいる。これは運が悪いだけなのか，それとも，地球以外の宇宙の文明が単に滅びてしまっただけなのだろうか。

【解説】

《第 1 文》

Nowhere else (in the universe) have we been able to detect signs (of culture).
(副)(否) (副) M (助) S (過分) (助) Vt O M

▶ **否定の副詞が文頭に来たために**，本来は we have been able ... のところ，**現在完了を作る助動詞 have が S である we の前に出た**。else は「地球以外に」の意味。

《第 2 文》

Is this merely bad luck, or have all other alien civilizations simply died out?
Vi S (副) C (等)(助) S (副) Vi(過分)

▶ simply=merely / only「単に…だけ」。

70 演習 70 （問題→本冊：p.190）

Ten years ago, when I began writing romantic novels, it seemed to me there was no reason I shouldn't simply write the kind of book I'd like to read. Nor could I see any reason why I shouldn't use the same methods I had used in writing suspense.

【全文訳】10 年前，私が恋愛小説を書き始めたとき，自分が読みたい種類の本だけを書くべきではない理由など何一つないように自分には思えた。また，サスペンスを書くのに使ったのと同じ手法を用いるべきではない理由も，何ら見出せなかった。

【解説】

《第 1 文》

(Ten years ago), [when I began writing romantic novels], it seemed (to me)
(副) (接) S Vt O(動名)(Vt) (O) S(形) Vi M

[(that) there was no reason [(that) I shouldn't simply write the kind (of book)
(省略) (副) Vi S(先) (関副) S (否) (副) Vt O(先) M

[(that) I'd like (to read)]**]]**.
(関代)O S (助)Vt O→(不)(Vt)

▶ **writing** は began の O になっている**動名詞** (→ 58 課)。名 reason の後に SV ... なので, **that を補う**。reason 以下は I から book までで文型が成立するので, **that は why の代役の** 関副 (→ 43 課)。

▶ the kind of book の後も SV。read が Vt で, **補った that を** 関代 **目的格**と考えると, 文型が成立する (→ 42 課)。

▶ It seems (that) S V...「S が V するように思える」は成句的な表現。

▶ simply = merely / only が修飾しているのは write ではなく the kind of book I'd like to read。

《第 2 文》

Nor could I see any reason【why I shouldn't use the same methods
(等) (助) S Vt O (先) (関副) S Vt O (先)

[(that) I had used (in writing suspense)]】.
(関代) O S Vt (過完) M → (動名) (Vt) (O)

▶ 等 **の nor が文頭に来た倒置**。本来なら S である I の後に続く助動詞 could が I の前に出てきた。

▶ 名 methods の後に SV ... なので, **that を補う**。過去分詞 used を Vt, 補った **that** を 関代 **目的格**と考えると文型が成立する (→ 42 課)。**writing** は前置詞 in の O になっている**動名詞**。

▶ 文脈から in writing suspense = when I wrote suspense。主節の V が過去完了の場合, 副詞節も過去完了にする必要はない。過去完了の重複を避けるのと, 過去形でも誤解が生じないからである。